Microsoft Teams Para leigos

Microsoft Teams é um produto de comunicação e colaboração anunciado há poucos anos e passou a ser o produto de crescimento mais rápido da história da Microsoft. O Teams dá suporte a quase qualquer tipo de comunicação instantânea e assíncrona. Por exemplo, é possível enviar mensagens, fazer chamadas de voz e vídeo e reuniões online — tudo dentro do programa. Além disso, pode-se compartilhar conteúdo digital e colaborar em tempo real.

©Round Pebble Design/Shutterstock.com

Pense no Microsoft Teams como um painel de controle de seu trabalho online. E, é claro, o Teams se integra intimamente ao restante dos produtos da Microsoft, como SharePoint, Word Excel, PowerPoint, OneNote e Outlook.

COMO COMEÇAR COM O MICROSOFT TEAMS

O Microsoft Teams está disponível como aplicativo gratuito e independente que pode ser baixado da internet ou como parte de um pacote de softwares, como o Microsoft 365 e o Office 365. A versão gratuita e sem compromisso do Teams oferece recursos como mensagens ilimitadas e capacidades de busca, 10GB de armazenamento compartilhado pelo aplicativo e chamadas de voz e vídeo entre os membros. A versão mais robusta, disponível pela assinatura do Microsoft 365 ou do Office 365, fornece todos esses recursos, além de vários outros, incluindo 1TB de armazenamento por organização; hospedagem de e-mail no Exchange; acesso ao OneDrive, SharePoint e outros serviços do Office 365; recursos de segurança melhorados; e suporte 24 horas por telefone e internet, entre outras ferramentas administrativas. Descubra detalhes sobre as diferenças entre as várias versões do Teams.

O Teams pode ser instalado nos seguintes sistemas operacionais:

- **Windows:** Existe uma boa probabilidade de você estar usando um computador com Windows, provavelmente o Windows 10. Mas, se estiver em uma organização que usa uma versão mais antiga, ainda é possível instalar o Teams. Desde que foi lançado, esse aplicativo é suportado em todas as versões do sistema desde o Windows 7.
- **Mac:** Uma das coisas de que gosto muito no Teams é que posso usá-lo em meu MacBook Air da Apple. É possível instalar o Teams e outros aplicativos Office, como o Word e o Excel, no Mac.
- **Linux:** Muitos desenvolvedores de software e entusiastas da tecnologia que conheço usam o Linux, um sistema operacional gratuito e de código aberto. O Microsoft Teams para Linux é o primeiro aplicativo do Microsoft 365 disponível para desktops Linux.
- **iOS:** O iPhone e o iPad usam o sistema operacional iOS. O aplicativo do Teams pode ser encontrado na App Store da Apple.
- **Android:** A maioria dos smartphones usa o sistema operacional Android. O aplicativo do Teams pode ser encontrado na Google Play Store.
- **Navegadores da web:** Se não conseguir instalar o cliente Teams em seu dispositivo, sempre poderá usar seu navegador da web e fazer login no Teams. A versão web oferece um modo de acessar o Teams de computadores em cafeterias ou na casa de um amigo. Só não se esqueça de fazer logoff e usar apenas computadores de confiança!

Microsoft Teams

Para leigos

Microsoft Teams

Para leigos

Rosemarie Withee

ALTA BOOKS
E D I T O R A
Rio de Janeiro, 2020

Microsoft® Teams Para Leigos®
Copyright © 2021 da Starlin Alta Editora e Consultoria Eireli. ISBN: 978-65-552-0375-2

Translated from original Microsoft® Teams For Dummies®. Copyright © 2020 by John Wiley & Sons, Inc. ISBN 978-1-119-66055-2. This translation is published and sold by permission of John Wiley & Sons, Inc., the owner of all rights to publish and sell the same. PORTUGUESE language edition published by Starlin Alta Editora e Consultoria Eireli, Copyright © 2021 by Starlin Alta Editora e Consultoria Eireli.

Todos os direitos estão reservados e protegidos por Lei. Nenhuma parte deste livro, sem autorização prévia por escrito da editora, poderá ser reproduzida ou transmitida. A violação dos Direitos Autorais é crime estabelecido na Lei nº 9.610/98 e com punição de acordo com o artigo 184 do Código Penal.

A editora não se responsabiliza pelo conteúdo da obra, formulada exclusivamente pelo(s) autor(es).

Marcas Registradas: Todos os termos mencionados e reconhecidos como Marca Registrada e/ou Comercial são de responsabilidade de seus proprietários. A editora informa não estar associada a nenhum produto e/ou fornecedor apresentado no livro.

Impresso no Brasil — 1ª Edição, 2021 — Edição revisada conforme o Acordo Ortográfico da Língua Portuguesa de 2009.

Produção Editorial	**Produtor Editorial**	**Equipe de Marketing**	**Editor de Aquisição**
Editora Alta Books	Thiê Alves	Livia Carvalho	José Rugeri
Gerência Editorial		Gabriela Carvalho	j.rugeri@altabooks.com.br
Anderson Vieira		marketing@altabooks.com.br	
Gerência Comercial		**Coordenação de Eventos**	
Daniele Fonseca		Viviane Paiva	
		comercial@altabooks.com.br	
Equipe Editorial	Raquel Porto	**Equipe Design**	**Equipe Comercial**
Ian Verçosa	Rodrigo Dutra	Larissa Lima	Daiana Costa
Illysabelle Trajano	Thales Silva	Marcelli Ferreira	Daniel Leal
Juliana de Oliveira		Paulo Gomes	Kaique Luiz
Luana Goulart			Tairone Oliveira
Maria de Lourdes Borges			Vanesssa Leite
Tradução	**Revisão Gramatical**	**Revisão Técnica**	**Diagramação**
Samantha Batista	Eveline Vieira Machado	Daniel Vargas	Luisa Maria Gomes
	Thaís Pol	Especialista em plataformas de trabalho compartilhado	
Copidesque			
Alessandro Thomé			

Publique seu livro com a Alta Books. Para mais informações envie um e-mail para autoria@altabooks.com.br

Obra disponível para venda corporativa e/ou personalizada. Para mais informações, fale com projetos@altabooks.com.br

Erratas e arquivos de apoio: No site da editora relatamos, com a devida correção, qualquer erro encontrado em nossos livros, bem como disponibilizamos arquivos de apoio se aplicáveis à obra em questão.

Acesse o site **www.altabooks.com.br** e procure pelo título do livro desejado para ter acesso às erratas, aos arquivos de apoio e/ou a outros conteúdos aplicáveis à obra.

Suporte Técnico: A obra é comercializada na forma em que está, sem direito a suporte técnico ou orientação pessoal/exclusiva ao leitor.

A editora não se responsabiliza pela manutenção, atualização e idioma dos sites referidos pelos autores nesta obra.

Ouvidoria: ouvidoria@altabooks.com.br

```
Dados Internacionais de Catalogação na Publicação (CIP) de acordo com ISBD

W822m    Withee, Rosemarie
             Microsoft Teams Para Leigos / Rosemarie Withee ; traduzido por
         Samantha Batista. - Rio de Janeiro : Alta Books, 2021.
             304 p. : il. ; 17cm x 24cm.

             Tradução de: Microsoft Teams For Dummies
             Inclui índice.
             ISBN: 978-65-552-0375-2

             1. Tecnologia. 2. Comunicação. 3. Microsoft Teams. I. Batista,
         Samantha. II. Título.
2020-2403                                                   CDD 004.6
                                                            CDU 004

             Elaborado por Vagner Rodolfo da Silva - CRB-8/9410
```

Rua Viúva Cláudio, 291 — Bairro Industrial do Jacaré
CEP: 20.970-031 — Rio de Janeiro (RJ)
Tels.: (21) 3278-8069 / 3278-8419
www.altabooks.com.br — altabooks@altabooks.com.br
www.facebook.com/altabooks — www.instagram.com/altabooks

ASSOCIADO

Sobre a Autora

Rosemarie Withee é presidente da Portal Integrators (www.portalintegrators.com) e fundadora do Scrum Now (www.scrumnow.com) em Seattle, Washington. Portal Integrators é uma empresa de serviços e software baseado em Scrum. Rosemarie é a principal autora dos livros *Office 365 For Dummies* e *Microsoft SharePoint For Dummies*.

Ela fez seu mestrado em Economia na Universidade Estadual de São Francisco e seu MBA Executivo na Quantic School of Business and Technology. Além disso, também estudou Marketing na UC Berkeley Extension e tem bacharelado em Economia e licenciatura em Marketing pela De La Salle University, nas Filipinas.

Dedicatória

Gostaria de dedicar este livro ao meu marido, Ken, que esteve por perto para me estimular quando mais precisei. Aos meus familiares, tanto nas Filipinas quanto aqui nos Estados Unidos. E especialmente à minha sobrinha e afilhada Victoria, que me inspira a criar um futuro no qual as mulheres tenham igualdade de voz e valores no trabalho e na sociedade.

Agradecimentos da Autora

Gostaria de agradecer ao meu marido, Ken, e aos nossos familiares, tanto nos Estados Unidos quanto nas Filipinas. E um agradecimento extraordinariamente especial a Steven Hayes, Katharine Dvorak, Guy Hart-Davis e ao restante da equipe *For Dummies* por fornecer mais suporte do que eu achava que seria possível. É realmente incrível o quanto é trabalhoso produzir um único livro.

Sumário Resumido

Introdução 1

Parte 1: Começando com o Microsoft Teams 7
CAPÍTULO 1: Operando com o Microsoft Teams 9
CAPÍTULO 2: Navegando pelo Microsoft Teams 19
CAPÍTULO 3: Criando Sua Primeira Equipe e Administrando as Configurações ... 29

Parte 2: Explorando Chat, Equipes, Canais e Aplicativos 43
CAPÍTULO 4: Mantendo Contato com Canais e o Chat 45
CAPÍTULO 5: Ampliando o Teams com Aplicativos 63
CAPÍTULO 6: Libertando-se com o Teams para Dispositivo Móvel 79
CAPÍTULO 7: Trabalhando com Pessoas Fora de Sua Organização 91
CAPÍTULO 8: Domando o Barulho e Mantendo o Foco 105

Parte 3: Ficando Sincronizado com Reuniões e Conferências 115
CAPÍTULO 9: Adotando o Teams para Aprimorar Reuniões 117
CAPÍTULO 10: Levando o Teams para o Mundo Físico 129

Parte 4: Levando a Comunicação a Outro Nível com a Voz 137
CAPÍTULO 11: Fazendo e Recebendo Chamadas 139
CAPÍTULO 12: Permitindo que o Teams Seja Seu Operador Pessoal 157

Parte 5: Tornando-se Administrador do Microsoft Teams 173
CAPÍTULO 13: Conhecendo o Centro de Administração do Teams 175
CAPÍTULO 14: Investigando a Administração do Teams 187

Parte 6: Adequando o Teams à Sua Organização Ímpar 203
CAPÍTULO 15: Usando o Teams em Pequenas e Médias Empresas 205
CAPÍTULO 16: Liberando Recursos Projetados para Grandes Empresas 213
CAPÍTULO 17: Aprendendo como o Teams Acolhe Necessidades Específicas ... 229

Parte 7: A Parte dos Dez 239

CAPÍTULO 18: Dez Dicas para Melhorar as Reuniões no Teams 241

CAPÍTULO 19: Dez Aplicativos do Teams que Valem a Pena Descobrir 257

CAPÍTULO 20: Dez Maneiras de Aprender Mais Sobre o Teams 269

Índice 279

Sumário

INTRODUÇÃO 1
    Sobre Este Livro 1
    Penso que... 2
    Como Este Livro Está Organizado 2
        Parte 1: Começando com o Microsoft Teams 2
        Parte 2: Explorando o Chat, as Equipes, os Canais
        e os Aplicativos 3
        Parte 3: Ficando Sincronizado com Reuniões e Conferências ... 3
        Parte 4: Levando a Comunicação a Outro Nível com a Voz 3
        Parte 5: Tornando-se um Administrador do Microsoft Teams ... 4
        Parte 6: Adequando o Teams à Sua Organização Ímpar 4
        Parte 7: A Parte dos Dez 4
    Ícones Usados Neste Livro 4
    Além Deste Livro 5
    De Lá para Cá, Daqui para Lá 5

PARTE 1: COMEÇANDO COM O MICROSOFT TEAMS 7

CAPÍTULO 1: Operando com o Microsoft Teams 9
    Começando com o Aplicativo do Teams 10
        Obtendo o Teams gratuitamente 11
        Obtendo o Teams pelo Office 365 13
    Compreendendo o Microsoft Teams 15
    Familiarizando-se com a Terminologia do Teams 17

CAPÍTULO 2: Navegando pelo Microsoft Teams 19
    Baixando, Instalando e Abrindo o Teams 20
    Dando uma Volta Rápida pelo Teams 24
        Atividade 24
        Chat 25
        Equipes 25
        Reuniões 25
        Chamadas 26
        Arquivos 26
    Usando o Teams em Vários Dispositivos e Plataformas 28

CAPÍTULO 3: **Criando Sua Primeira Equipe e Administrando as Configurações**...........29
  Criando uma Nova Equipe..........30
  Convidando Pessoas para Sua Equipe..........34
  Gerenciando as Configurações de Sua Equipe..........37
  Gerenciando Suas Configurações
    de Usuário..........39
      Geral..........41
      Privacidade..........41
      Notificações..........42
      Dispositivos..........42
      Permissões..........42
      Chamadas..........42

PARTE 2: EXPLORANDO CHAT, EQUIPES, CANAIS E APLICATIVOS..........43

CAPÍTULO 4: **Mantendo Contato com Canais e o Chat**..........45
  Conversando no Teams..........46
  Enviando Mensagens nos Canais..........47
  Criando um Novo Canal..........49
  Configurando um Canal..........51
  Indo de um Canal para um Chat..........55
    Iniciando um chat privado..........56
    Adicionando várias pessoas a um chat..........56
    Dando um título a um chat..........57
    Fixando um chat no topo da lista..........58
  Enviando Mais do que Texto ao Conversar..........59
    Adicionando emojis, GIFs e figurinhas..........59
    Adicionando um arquivo..........61
    Reagindo às mensagens..........62

CAPÍTULO 5: **Ampliando o Teams com Aplicativos**..........63
  Descobrindo Aplicativos Já Instalados..........64
    A guia Arquivos..........64
    A guia Wiki..........65
  Pesquisando e Adicionando Aplicativos..........66
  Explorando Aplicativos Populares..........70
    Aplicativos populares da Microsoft..........70
    Aplicativos populares de empresas externas..........73
  Configurando Permissões para os Aplicativos..........77
  Tagarelando com Bots..........78

CAPÍTULO 6: Libertando-se com o Teams para Dispositivo Móvel 79

Instalando o Aplicativo Móvel do Teams 80
    Instalando no iOS 80
    Instalando no Android 81
Navegando pelo Aplicativo Móvel do Teams 83
Navegando pelas Equipes 87
    Interagindo com mensagens 87
    Acostumando-se com a navegação 89

CAPÍTULO 7: Trabalhando com Pessoas Fora de Sua Organização 91

Entendendo como o Teams Trabalha com Pessoas Fora de Sua Organização 92
Trabalhando com Usuários Convidados 93
    Habilitando o acesso de convidado 93
    Configurações de convidados 95
    Fazendo convites para a equipe 97
    Entendendo a experiência do usuário convidado 100
    Configurando permissões para usuários convidados no nível da equipe 101
Interagindo com Usuários Externos 103

CAPÍTULO 8: Domando o Barulho e Mantendo o Foco 105

Aproveitando o Feed Atividade 106
Ocultando e Exibindo Equipes e Canais 107
Filtrando por Equipe ou Canal 109
Mudando a Ordem das Equipes em Sua Lista 110
Silenciando Canais para Diminuir as Notificações 111
Acompanhando Atividades Importantes com as Notificações 111
Procurando Conversas Antigas 112
Sendo Criativo com Busca e Hashtags 114

PARTE 3: FICANDO SINCRONIZADO COM REUNIÕES E CONFERÊNCIAS 115

CAPÍTULO 9: Adotando o Teams para Aprimorar Reuniões ..117

Atualizando-se Sobre os Tipos de Reuniões do Teams 118
Vendo Seu Calendário no Teams 118
Criando uma Nova Reunião e Convidando Pessoas 119
Ingressando em uma Reunião Existente 124
Usando o Teams para Conferências 125

Sumário   XV

Usando o Teams para Videochamadas........................125

CAPÍTULO 10: Levando o Teams para o Mundo Físico..........129

O Teams É Mais do que um Software.........................130
Ficando com as Mãos Livres no Teams........................131
Visualizando com Câmeras..................................132
Usando Telefones de Mesa
 para o Teams...133
Transformando uma Sala de Conferências em uma
 Sala do Teams..134

PARTE 4: LEVANDO A COMUNICAÇÃO A OUTRO NÍVEL COM A VOZ......................................137

CAPÍTULO 11: Fazendo e Recebendo Chamadas................139

Fazendo Ligações no Teams.................................140
 Ligando para outro usuário do Teams....................141
 Encontrando o painel de Chamadas.......................141
Recebendo Ligações no Teams...............................143
Usando o Teams com Números de Telefone....................144
Adicionando Números de Telefone ao Teams..................145
 Obtendo uma licença e um plano telefônico..............146
 Assinando um novo número de telefone...................148
 Atribuindo um número de telefone a um usuário
  do Teams..151
 Importando um número de telefone existente
  para o Teams..153
 Cancelando a atribuição ou mudando o número
  atribuído a um usuário................................154
Configurando um Telefone do Teams.........................155

CAPÍTULO 12: Permitindo que o Teams Seja Seu Operador Pessoal...157

Configurando Seus Dispositivos de Áudio no Teams..........158
Customizando as Chamadas Recebidas........................161
Restringindo Chamadas com o Status Não Incomodar..........163
Delegando Acesso a Outras Pessoas.........................163
Mergulhando na Caixa Postal Moderna.......................166
Entendendo os Tipos de Números Telefônicos................168
 Atendendo chamadas de forma ordenada com
  as filas de espera....................................169
 Roteando chamadas com o autoatendimento...............171

PARTE 5: TORNANDO-SE ADMINISTRADOR DO MICROSOFT TEAMS ... 173

CAPÍTULO 13: Conhecendo o Centro de Administração do Teams ... 175
Encontrando e Entrando no Centro de Administração do Teams ... 176
Familiarizando-se com o Centro de Administração do Teams ... 178
Adicionando Novos Usuários ao Office 365 e ao Teams ... 183
Gerenciando Usuários do Teams ... 185

CAPÍTULO 14: Investigando a Administração do Teams ... 187
Configurando o Teams ... 188
Fazendo Alterações nas Configurações de Reuniões ... 190
   Ponte de audioconferências ... 190
   Políticas de reuniões ... 191
   Configurações de reuniões ... 191
   Políticas de eventos ao vivo ... 192
   Configurações de eventos ao vivo ... 193
Ajustando Configurações para Toda a Organização ... 194
Identificando a Localização de Escritórios e Edifícios ... 195
Adicionando Aplicativos Padrões do Teams ... 197
Definindo Políticas para Chat e Canais ... 200
Gerenciando Dispositivos para Sua Organização ... 201

PARTE 6: ADEQUANDO O TEAMS À SUA ORGANIZAÇÃO ÍMPAR ... 203

CAPÍTULO 15: Usando o Teams em Pequenas e Médias Empresas ... 205
Focando a Internet ... 206
Entendendo como o Teams se Encaixa na Sua Organização ... 207
   Simplificando (1 ou 2 pessoas) ... 208
   Aumentando o nível de sua organização (2 a 25 pessoas) ... 210
   Crescendo (25 a 250 pessoas) ... 211

CAPÍTULO 16: Liberando Recursos Projetados para Grandes Empresas ... 213
Gerenciando Muitas Equipes ... 214
   Arquivando uma equipe ... 216
   Excluindo uma equipe ... 218

Introduzindo os Engenheiros de Rede 219
Dividindo e Conquistando com o Ajuste de
  Funções Administrativas 221
Criando uma Política para Reter ou Excluir Conteúdo........... 222
Explorando os Recursos Empresariais de Voz................... 224
Relatórios e Análises.. 225
Fazendo a Atualização do Skype for Business para o Teams 227
Obtendo Ajuda de Especialistas................................ 227

CAPÍTULO 17: Aprendendo como o Teams Acolhe Necessidades Específicas 229

Aproveitando o Teams ao Máximo na Educação 230
Usando o Teams com o FlipGrid 231
Modernizando o Governo com o Teams 232
Aproveitando o Teams para Empresas de Consultoria
  e Serviços... 233
Mantendo a Saúde com o Teams na Assistência Médica 233
Modernizando o Varejo com o Teams........................ 234
Aproveitando o Teams para Trabalhadores de
  Linha de Frente... 235

PARTE 7: A PARTE DOS DEZ........................... 239

CAPÍTULO 18: Dez Dicas para Melhorar as Reuniões no Teams 241

Conversas Durante uma Reunião........................... 242
Capturando uma Reunião com uma Gravação 242
Controlando o Ruído...................................... 244
Desfocando o Plano de Fundo 245
Tomando Notas... 247
Usando uma Lousa Branca................................. 250
Compartilhando Sua Tela................................. 252
Controlando a Tela de Outra Pessoa........................ 253
Adequando o Teams às Suas Necessidades de Reunião........ 254
Usando o Teams Durante a Realização de uma Reunião 254

CAPÍTULO 19: Dez Aplicativos do Teams que Valem a Pena Descobrir 257

    Microsoft Office 258
    Gerenciamento de Tarefas 258
    Design 259
    Atendimento ao Cliente 260
    Desenvolvimento 262
    Educação 263
    Redes Sociais 264
    Pesquisa 265
    Marketing 266
    Diversos 266

CAPÍTULO 20: Dez Maneiras de Aprender Mais Sobre o Teams 269

    Obtendo Informações Diretamente da Microsoft 270
    Matriculando-se em Aulas Online 271
    Acompanhando os Especialistas 272
    Participando de Grupos e Encontros de Usuários 272
    Obtendo uma Certificação 273
    Assinando o Podcast do Microsoft Teams 274
    Participando da Conferência Microsoft Ignite 275
    Recebendo Atualizações em Sua Caixa de Entrada 276
    Descobrindo o Roteiro Microsoft Teams 277
    Continuando o Aprendizado com Rosemarie (Sua Autora) 278

ÍNDICE 279

Introdução

É impressão minha ou o ritmo da tecnologia parece acelerado? A sensação é de que ontem mesmo a Microsoft comprou a Skype e transformou seu produto Lync no Skype for Business. Mas espere um pouco, porque o Microsoft Teams chegou e deixou todos eles no chinelo! Depois de seu lançamento em 2017, o Teams passou a ser o produto de crescimento mais rápido na história da Microsoft.

O Microsoft Teams é uma ferramenta de comunicação e colaboração que permite realizar chats, ligações e reuniões, além da colaboração com outras pessoas em tempo real. Está disponível como um aplicativo independente gratuito que pode ser baixado da internet ou como parte de um pacote de softwares, como o Microsoft 365 e o Office 365. Se você estiver pronto para entender o porquê de tanto barulho acerca do Microsoft Teams, está no lugar certo.

Sobre Este Livro

Este livro é destinado a fornecer as informações necessárias para usar o Microsoft Teams rápida e eficientemente, sem enrolação. Você aprende a executar o programa em poucos minutos. Depois, descobre como adicionar usuários, criar equipes, se comunicar e colaborar com outras pessoas em tempo real. Além de aprender o básico do Teams, você descobrirá muitas dicas e truques necessários para aproveitar o produto ao máximo. Mais adiante no livro, verá o Centro de Administração e que não precisa ser um profissional de TI para ser administrador do Teams. Também aprenderá a instalar aplicativos adicionais no Teams e a conectá-lo com outros softwares utilizados em sua organização.

Além disso, aprenderá como o Teams pode substituir seu telefone do escritório e o sistema de conferências, e como pode usar reuniões instantâneas para permanecer conectado com outras pessoas, sendo elas parte de sua organização ou não. Finalmente, aprenderá a usar o Teams em um pequeno ou médio negócio, ou em uma gigante empresa multinacional. O livro finaliza com algumas listas de dez dicas que o ajudarão a prosseguir em sua jornada com o Teams.

Eu uso as convenções técnicas padrões da *Para Leigos* ao longo deste livro. Então, se você estiver familiarizado com elas, já passou da metade de sua jornada. Se não conhece a série *Para Leigos*, a lista de convenções a seguir o ajudará:

» Texto em negrito significa que você deve digitá-lo exatamente como aparece no livro. A exceção é quando existe uma lista de passos, pois cada passo está em negrito, e o texto a ser digitado não.

- » Endereços da web aparecem em fonte monoespaçada. Se estiver lendo uma versão digital deste livro em um dispositivo conectado à internet, note que pode clicar nos links para visitar o site, assim: `www.dummies.com`
- » Eu utilizo as setas de comando padrão da *Para Leigos*. Por exemplo: clique no ícone Perfil à direita superior do Teams e selecione Configurações ➪ Notificações ➪ Menções para mudar como você será notificado se alguém mencionar seu nome no Teams.

Penso que...

Neste livro, suponho que você tenha pelo menos ouvido falar do Microsoft Teams, esteja interessado em aproveitar o produto ao máximo e tenha acesso a um computador. No capítulo sobre usar o Teams em um dispositivo móvel, suponho que você tenha interesse em usá-lo em seu smartphone ou tablet com iOS ou Android. A Microsoft criou o Teams do zero para ser intuitivo e fácil de usar, então, se você tiver acesso a um computador, já estará pronto.

Como Este Livro Está Organizado

Este livro está organizado em sete partes. Cada parte foi organizada com base no modo como você utilizará o Teams. Por exemplo, na Parte 2, você aprenderá sobre a comunicação por meio de chats, canais e reuniões no Teams. Na Parte 5, aprenderá sobre a administração do Teams. Talvez você precise ir direto para a administração se estiver em uma situação de "administrador por acaso", ou pode querer começar pelo início deste livro e acumular conhecimento pouco a pouco. Esta obra foi projetada para que você possa ler os capítulos e as partes em qualquer ordem, prosseguir ou voltar enquanto explora e usa o Teams.

Parte 1: Começando com o Microsoft Teams

Na Parte 1 você executará o Teams sem perder tempo. Aprenderá a se inscrever para uma versão de teste do Microsoft 365 ou Office 365, como navegar pelo Teams e como iniciar sua primeira equipe.

Parte 2: Explorando o Chat, as Equipes, os Canais e os Aplicativos

Nessa parte, você conhecerá alguns dos principais recursos do Teams, como enviar mensagens para outras pessoas e grupos usando chats e canais. Também aprenderá sobre aplicativos de terceiros que aumentam as funcionalidades no Teams, a encontrar e instalar esses aplicativos adicionais e como usar alguns deles.

Nessa parte, você aprende também a usar o Teams em um dispositivo móvel para que possa se manter conectado independentemente de onde esteja e do que esteja fazendo. E, se ficar tão conectado parece meio bizarro, você descobre como domar e silenciar os sons vindos do Teams para ficar conectado na medida certa. Você fica atualizado sobre coisas que acha importante, abstrai e salva para mais tarde o que for menos importante.

Finalmente, aprende sobre ficar conectado com pessoas fora de sua organização.

Parte 3: Ficando Sincronizado com Reuniões e Conferências

A Parte 3 mergulha no mundo das reuniões e das conferências. Você descobre como criar novas reuniões de equipes no calendário; como usar o Teams com o e-mail testado e aprovado do Outlook e cliente de calendário; e como se reunir instantaneamente com os outros quando necessário.

Você aprende também sobre alguns dispositivos físicos destinados especialmente para o Teams, como câmeras de vídeo, sistemas telefônicos, fones de ouvido e caixas de som. Esses dispositivos podem fazer toda a diferença quando se trata de comunicação e colaboração com outras pessoas pela internet ou pessoalmente em uma sala de reuniões. Essa parte apresenta alguns dos dispositivos certificados à sua disposição.

Parte 4: Levando a Comunicação a Outro Nível com a Voz

Na Parte 4, você entende como o Teams pode substituir o telefone de seu escritório e todo o sistema telefônico de sua organização, e como obter um número de telefone para realizar e receber ligações de qualquer telefone. Aprende também a configurar o Teams para ser sua operadora pessoal, direcionar e lidar com chamadas do jeito como achar melhor.

Parte 5: Tornando-se um Administrador do Microsoft Teams

A Parte 5 mergulha no mundo da administração. A Microsoft criou um site conhecido como Centro de Administração do Microsoft Teams, no qual você pode gerenciar e administrar equipes. Essa parte o familiarizará com o Centro e apresentará algumas das tarefas comuns que você precisa realizar para gerenciar equipes em sua organização.

Parte 6: Adequando o Teams à Sua Organização Ímpar

Na Parte 6, você aprenderá como o Teams pode ser adequado para se encaixar ao tamanho de sua organização e ao seu setor específico de trabalho. Se você é um consultor individual ou parte de uma grande empresa, está trabalhando na indústria da saúde, no governo ou em serviços de consultoria privada, o Teams pode funcionar no seu caso. Essa parte fornece orientações para usar o programa de modo que se encaixe em suas necessidades individuais.

Parte 7: A Parte dos Dez

Este não seria um livro *Para Leigos* sem uma de minhas partes favoritas, A Parte dos Dez. Nela, forneço três listas de dez itens: dicas para aproveitar o Teams ao máximo, os melhores aplicativos para instalar no Teams e os melhores lugares para aprender mais e prosseguir em sua jornada.

Ícones Usados Neste Livro

O ícone Dica dá dicas (dã!) e mostra atalhos que podem ser usados para facilitar o aprendizado do Teams.

Ícones Lembre-se marcam informações especialmente importantes. Para extrair as informações mais relevantes em cada capítulo, basta ler esses ícones.

O ícone Papo de Especialista marca informações de natureza altamente técnica, que você pode pular se não quer tantos detalhes.

CUIDADO

O ícone Cuidado sugere que você preste atenção! Ele marca informações importantes que podem evitar dores de cabeça ao ficar por dentro do Teams.

Além Deste Livro

Ao seguir aprendendo e trabalhando com o Microsoft Teams, você pode querer encontrar atalhos. Mantenho uma folha de cola online que pode ser usada como uma referência rápida para realizar tarefas comuns no Teams em um momento de pressa. Você pode acessar a Folha de Cola Online no site da Editora Alta Books (www.altabooks.com.br). Procure pelo título do livro ou ISBN.

De Lá para Cá, Daqui para Lá

Agora que você sabe um pouco sobre este livro, é hora de começar. Se não estiver familiarizado com o Microsoft Teams, vá direto ao Capítulo 1, onde se atualizará em poucos minutos. Se já tiver o programa instalado, pule para a área do Teams que gostaria de conhecer melhor imediatamente. Se estiver precisando realizar tarefas de administração do Teams, vá direto à Parte 5. O melhor conselho que dou é mergulhar e começar a usá-lo para se comunicar com os outros!

1 Começando com o Microsoft Teams

NESTA PARTE...

Descubra o que torna o Teams tão especial e por que ele superou o SharePoint como o produto de maior crescimento da história da Microsoft.

Descubra o aplicativo online do Teams e dê uma volta rápida por sua interface.

Aprenda a terminologia básica do Teams.

Comece a entender o layout do Teams e como ele pode ser usado em vários dispositivos.

Crie uma nova equipe e convide pessoas para participarem dela.

Descubra como administrar a equipe criada e faça configurações personalizadas para cada equipe.

NESTE CAPÍTULO

» Encontrando o Microsoft Teams na internet

» Descobrindo onde assinar e logar

» Compreendendo o Teams de modo geral

» Familiarizando-se com a terminologia básica do Teams

Capítulo 1
Operando com o Microsoft Teams

Admito que quando ouvi falar do Microsoft Teams pela primeira vez, não fiquei muito impressionada. O mercado já estava cheio de programas de chat. A Microsoft até comprou o mais popular, o Skype! Então por que decidiu criar mais um software redundante? Bem, isso foi há alguns anos e, desde então, experimentei em primeira mão a visão que a Microsoft teve para o Teams, o que ele se tornou e por que superou o SharePoint como o produto de crescimento mais rápido da história da Microsoft.

Neste capítulo, você verá o que torna o Teams tão especial. Primeiro, você se atualizará sobre o aplicativo do Teams em um rápido tutorial que o ajudará a encontrá-lo online. Depois descobrirá como fazer o registro e o login. Em seguida, dará uma volta rápida pela interface do Teams e aprenderá um pouco de terminologia básica.

Começando com o Aplicativo do Teams

O Microsoft Teams está disponível como aplicativo gratuito e independente que pode ser baixado da internet ou como parte de um pacote de softwares, como o Microsoft 365 e o Office 365. A versão gratuita e sem compromisso do Teams oferece recursos como mensagens ilimitadas e capacidades de busca, 10GB de armazenamento compartilhado pelo aplicativo e chamadas de voz e vídeo entre os membros. A versão mais robusta, disponível pela assinatura do Microsoft 365 ou do Office 365, fornece todos esses recursos, além de vários outros, incluindo 1TB de armazenamento por organização, hospedagem de e-mail no Exchange, acesso ao OneDrive, SharePoint e outros serviços do Office 365, recursos de segurança melhorados e suporte 24 horas por telefone e internet, entre outras ferramentas administrativas. Descubra detalhes sobre as diferenças entre as várias versões do Teams em https://products.office.com/microsoft-teams (veja a Figura 1-1).

DICA

O Microsoft 365 e o Office 365 são termos de marketing guarda-chuva para um pacote de assinatura de serviços. O Office 365 foca produtos Office, enquanto o Microsoft 365 inclui assinaturas adicionais, como o serviço de gerenciamento de dispositivo móvel baseado em nuvem do Windows e da Microsoft chamado Intune. A assinatura do Office 365 inclui serviços como SharePoint, Word, Excel, Teams e muitos outros. A assinatura do Microsoft 365 é mais ampla, e inclui os produtos do Office 365 e outros, como o Windows, Intune e mais.

FIGURA 1-1: As diferenças entre as versões gratuita e paga do Microsoft Teams.

Obtendo o Teams gratuitamente

O Teams pode ser assinado de graça, sem a necessidade de comprar os pacotes Microsoft 365 ou Office 365. Você não terá todas as combinações e benefícios que esses pacotes fornecem, mas terá o Teams.

Para assinar a versão gratuita do Microsoft Teams, siga os passos:

1. **Abra seu navegador favorito e acesse** `https://www.microsoft.com/pt-br/microsoft-365/microsoft-teams/group-chat-software?rtc=1`.

2. **Clique no botão Inscreva-se gratuitamente.**

3. **Insira seu e-mail e faça login com sua conta Microsoft existente, ou crie uma nova.**

    Se esta for a primeira vez que estiver utilizando um serviço Microsoft, será necessário verificar seu endereço de e-mail. Um código será enviado ao seu e-mail, e você precisará inseri-lo.

    Assim que verificar sua conta (ou entrar com sua conta existente), precisará baixar o aplicativo do Teams para seu computador local ou usar a versão web, como mostra a Figura 1-2. Para este exemplo, escolhi a versão web.

FIGURA 1-2: Escolhendo a opção para usar a versão web do Teams.

4. **Clique na opção para usar a versão web.**

    Seu navegador recarregará e fará seu login na aplicação web do Teams localizada em `https://teams.microsoft.com`.

    Uma mensagem aparecerá informando como convidar pessoas para entrarem na sua equipe, como mostra a Figura 1-3.

5. **Clique em Ok para ser levado ao novo espaço de trabalho Teams em seu navegador, como mostra a Figura 1-4.**

   Parabéns! Agora você está usando a versão gratuita do Teams.

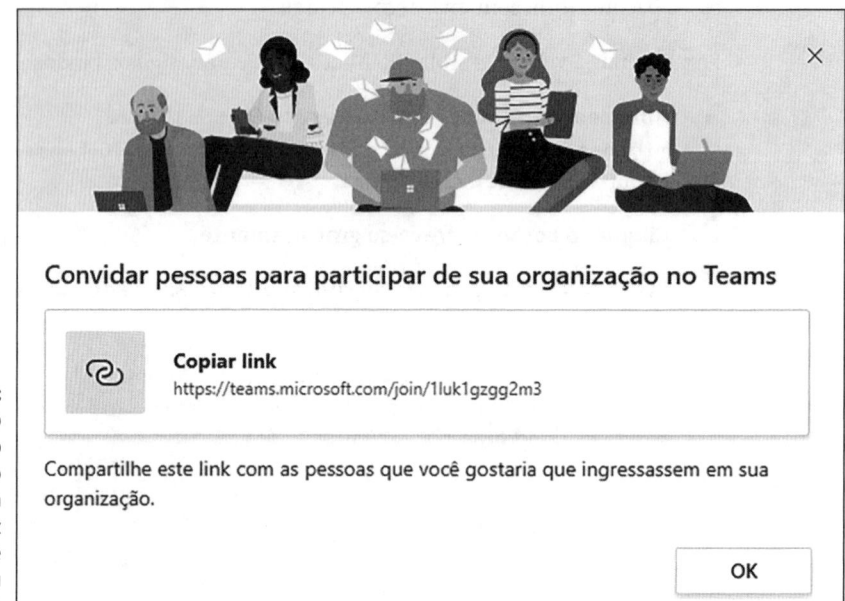

FIGURA 1-3: Carregando a versão web do Teams pela primeira vez depois de verificar seu e-mail.

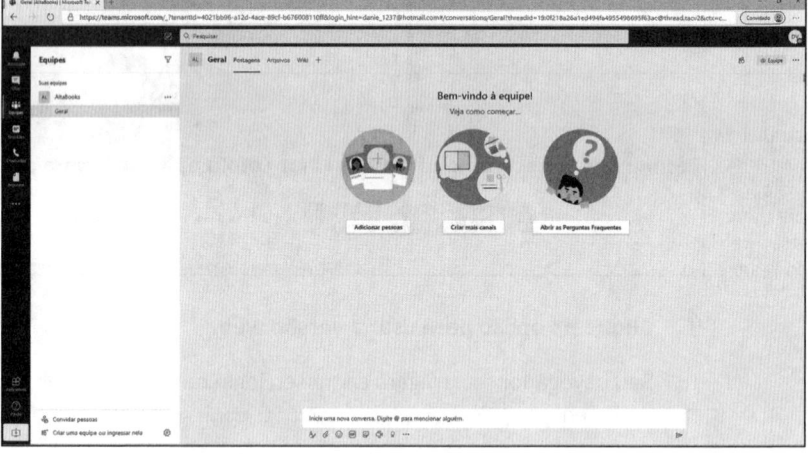

FIGURA 1-4: A aplicação Teams principal rodando em um navegador.

Ao convidar usuários para seu canal Teams, eles passarão por um processo muito similar ao seu para logar. No entanto, em vez de ter de navegar no site do Microsoft Teams, eles receberão um e-mail convidando-os a entrar no seu canal. O acesso externo é um tópico popular que será tratado em detalhes no Capítulo 7.

DICA Descobri que o valor do Teams vem de como ele se integra e trabalha com outros softwares da Microsoft, como o Office. Por isso, recomendo usar o Teams com o Microsoft 365 ou o Office 365, em vez do aplicativo de chat independente gratuito. A seguir, falo mais sobre acessar o Teams por esses serviços de assinatura.

Obtendo o Teams pelo Office 365

Você pode entrar no Teams assinando o Office 365. Ele oferece um teste grátis, então você pode começar sem ter de pagar antecipadamente. Veja como:

1. **Abra seu navegador favorito e acesse www.office.com.**

2. **Clique no botão Obter o Office, como mostra a Figura 1-5.**

   Para obter o Teams, você precisará de uma assinatura empresarial (os planos pessoais não incluem o Teams).

FIGURA 1-5: A página principal do office.com.

3. **Clique na guia Para pequenas e médias empresas para ver os planos empresariais disponíveis, como mostra a Figura 1-6.**

   Você pode escolher entre o plano Microsoft 365 Business Basic, o Microsoft 365 Business Standard ou o Microsoft 365 Business Premium, que inclui os clientes Office mais recentes, como Word, Excel, Outlook e PowerPoint. Para este exemplo, escolhi o plano Microsoft 365 Business Standard.

4. **Clique no link "Experimente gratuitamente por um mês" na coluna do plano Microsoft 365 Business Standard.**

5. **Forneça as informações requeridas e siga o assistente de instalação para iniciar o Office 365.**

   Note que você pode usar seu próprio nome como nome empresarial e selecionar a opção que indica o tamanho de sua empresa como sendo de apenas uma pessoa. Em seguida, será solicitado que escolha um nome de domínio, que é `<sua escolha>.onmicrosoft.com`. Esse será seu domínio Office 365. Neste exemplo, escolhi `teamsfd.onmicrosoft.com` para o domínio. Você sempre pode adicionar um domínio personalizado mais tarde, se preferir. Por exemplo, posso conectar o `teamsfordummies.com` à nossa conta Office 365 e receber e-mail por lá também.

   Depois de preencher as informações, seu teste grátis será criado, como mostra a Figura 1-7. Isso pode levar alguns minutos, então tenha paciência.

FIGURA 1-6: Escolhendo um plano Microsoft 365 Business.

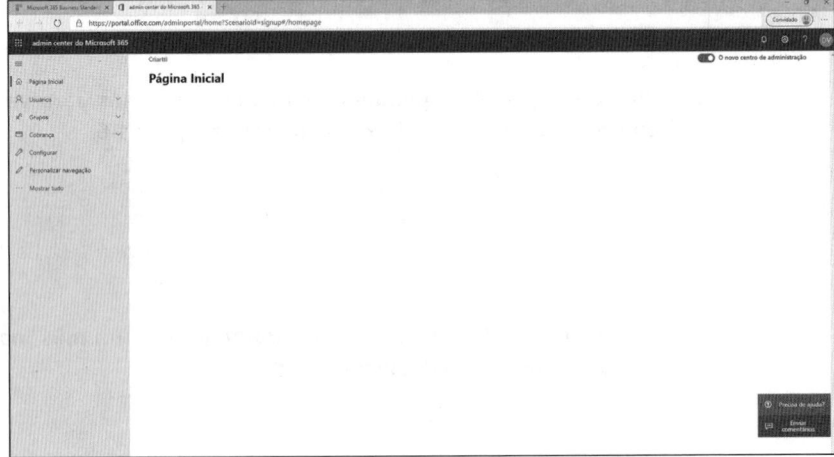

FIGURA 1-7: A página Office 365 criando seu teste e lhe dando as boas-vindas.

6. **Clique no botão Começar.**

   Um tutorial apresentará como acrescentar um domínio e usuários adicionais. Depois de finalizar a instalação, você verá o painel do Office 365 onde haverá um tutorial rápido. Depois dele, a página principal do Office 365 aparecerá, como mostra a Figura 1-8.

   Parabéns! Você está pronto para executar o Office 365 e o Microsoft Teams.

FIGURA 1-8: A página principal do Office 365.

DICA

É sempre possível voltar ao painel do Office 365 abrindo seu navegador ou acessando www.office.com e fazendo login com o nome de usuário e a senha que você criou.

Compreendendo o Microsoft Teams

O Microsoft Teams é um software relativamente novo no mundo da comunicação empresarial. Foi anunciado pela primeira vez em 2017 e quando ouvi falar dele, não tive certeza do que pensar. Estava há anos usando o Skype para conversar com amigos e familiares, e usei o Lync (mais tarde reformulado como Skype for Business) para comunicações empresariais. Desde seu anúncio, o Teams foi integrado em praticamente todas as ofertas de produtos da Microsoft e englobou todos os recursos que costumavam tornar o Skype for Business tão bom. Podemos fazer ligações telefônicas, conversar por chat, realizar reuniões, compartilhar a tela e fazer chamadas de vídeo, só para citar alguns dos recursos oferecidos pelo Teams.

O Microsoft Teams como plataforma de comunicação, substituindo o Skype for Business, é bom, mas não é isso que o tornou o produto de crescimento mais rápido na história da Microsoft. Ele é tão especial porque a Microsoft investiu pesado para transformá-lo na fachada e na porta de entrada para quase todos os outros serviços Office. Por exemplo, estou escrevendo este livro usando o Microsoft Word, mas a partir do aplicativo do Teams, como mostra a Figura 1-9.

Além de se integrar ao Microsoft Office, o Teams também se integra a várias aplicações externas, como mostra a Figura 1-10.

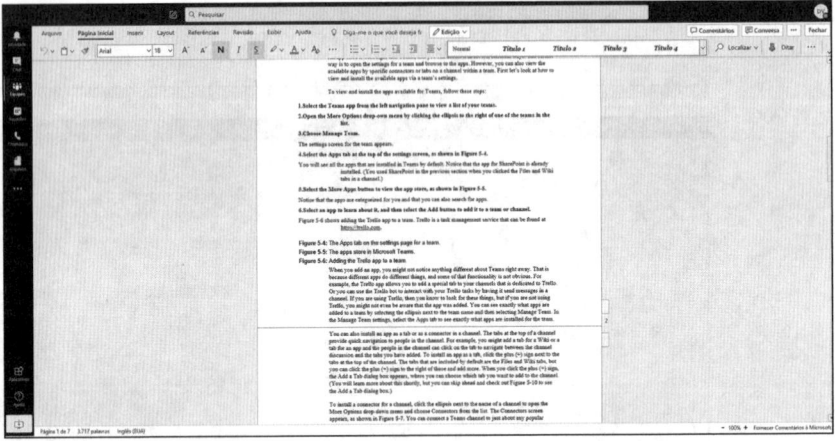

FIGURA 1-9: Usando o Microsoft Word a partir do Teams.

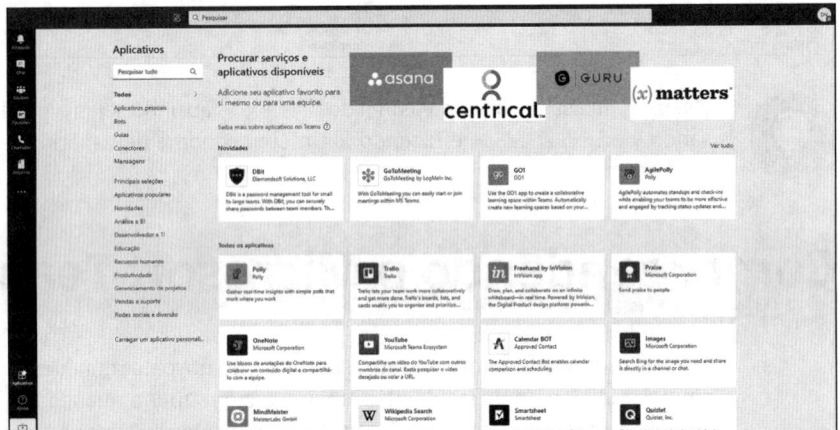

FIGURA 1-10: Alguns dos aplicativos que se integram ao Teams.

Para ser justa, o grande concorrente do Teams, chamado Slack (https://slack.com), também está correndo para integrar outros softwares e ser a principal ferramenta empresarial usada para comunicação e produtividade. O Slack teve uma vantagem — chegou ao mercado em 2013 — e se tornou incrivelmente popular com rapidez. No entanto, a Microsoft teve uma vantagem maior, pois muitas pessoas já usavam produtos Office, então, quando integrou o Teams ao Office, foi fácil fazer com que os usuários começassem a utilizá-lo.

Na verdade, em 2020 foi anunciado que há mais usuários ativos do Teams do que do Slack. É um grande marco.

Não me entenda mal, eu ainda uso o Slack em meu negócio de consultoria, já que alguns de meus clientes utilizam apenas ele, e não o Teams. Na verdade, também uso outros aplicativos, como o Google Hangouts (https://hangouts.google.com) e o Zoom (https://zoom.us). É essa diversidade de softwares resultante de minha consultoria que me deixa confiante em comparar essas ferramentas.

O Microsoft Teams está se tornando "um aplicativo para a todos governar" no mundo da Microsoft. Ele se transformou na porta de entrada para aplicações Office, bem como outros softwares fora da Microsoft. Essa é a razão de ter crescido tão rápido. Se você estiver usando o Microsoft 365 ou o Office 365, pode se ver usando os serviços integrados pelo Teams, em vez de tentar se lembrar de como usá-los de modo independente.

Familiarizando-se com a Terminologia do Teams

No decorrer do livro, exploraremos os conceitos do Teams detalhadamente, e acompanhar a terminologia pode ser um desafio. Por exemplo, às vezes você convidará um de seus colegas para sua equipe do Teams ou perguntará sobre qual equipe ele está falando. Quando estiver acostumado, essa terminologia parecerá normal.

Para começarmos com os termos, veja algumas definições breves:

- **Teams:** Use o termo *Teams* para se referir ao produto em si.
- **Equipe:** Uma *equipe* é um grupo de usuários. Podemos especificar configurações para equipes ou ter várias dentro do Microsoft Teams. Por exemplo, você pode querer criar uma equipe para a contabilidade, uma jurídica e outra para contatos externos.
- **Canal:** Um *canal* é um chat de grupo dentro de uma equipe. Cada equipe pode ter vários chats de grupo, sendo a ideia criar um chat para tópicos diferentes.
- **Thread:** Uma *thread* é um tópico específico de discussão dentro de um canal. Por exemplo, uma pessoa pode começar uma nova thread no canal, e as outras podem respondê-la. Pode haver diversas threads acontecendo ao mesmo tempo em um canal.

» **Usuário externo/convidado:** Um *usuário externo* ou *convidado* é um usuário que não faz parte de sua organização. Por exemplo, você pode ser um consultor e precisar se comunicar com o contador da empresa, então poderá convidar essa pessoa para sua equipe como um usuário convidado.

Certamente há muitos outros termos que se tornarão familiares à medida que você progredir em sua jornada pelo Teams, mas esses são os básicos para começar. Assim que estiver familiarizado com o relacionamento entre o Teams, uma equipe, um canal e uma thread, você terá todo o conhecimento necessário para se aprofundar e ser mais produtivo.

> **NESTE CAPÍTULO**
>
> » Entendendo opções para usar o Teams
>
> » Instalando o aplicativo do Teams
>
> » Familiarizando-se com a interface do Teams
>
> » Aprendendo como o Teams pode ser usado em vários dispositivos

Capítulo 2
Navegando pelo Microsoft Teams

Abrir o Microsoft Teams pela primeira vez pode ser assustador. Isso porque a Microsoft acrescentou um número espantoso de recursos ao Teams nos últimos anos, igualando-o ao Skype e o Skype for Business. Todas essas coisas úteis são boas quando precisamos, mas podem assustar ao usá-las pela primeira vez.

Neste capítulo, você descobrirá como navegar pelo aplicativo do Teams. Você vai fazer o download, instalar e abrir o aplicativo em seu computador e depois experimentará o layout e navegará por sua interface. Também verá como o Teams pode ser usado em vários dispositivos.

Baixando, Instalando e Abrindo o Teams

O Teams pode ser usado de três formas principais: pelo aplicativo web, pela instalação do cliente em seu computador ou notebook ou pela instalação do aplicativo móvel em seu smartphone ou tablet. Independentemente de como usamos o Teams, os conceitos permanecem os mesmos. Vamos primeiro fazer o login no aplicativo web e instalar o cliente no computador (o passo a passo da assinatura gratuita é tratado no Capítulo 1 e a instalação no dispositivo móvel, no Capítulo 6).

Para logar na versão web do Teams, siga os passos:

1. **Abra seu navegador favorito e acesse `https://teams.microsoft.com`.**

2. **Faça login com as informações da conta criada ao assinar o teste do Office 365 no Capítulo 1.**

    Veja "Começando com o Aplicativo do Teams", no Capítulo 1, se precisar assinar o teste do Office 365 e uma conta do Teams.

3. **Quando a opção de baixar o Teams ou usar o aplicativo web aparecer, clique no link "Em vez disso, usar o aplicativo web".**

    Depois de logar, você verá o aplicativo principal do Teams rodando em seu navegador, como mostra a Figura 2-1.

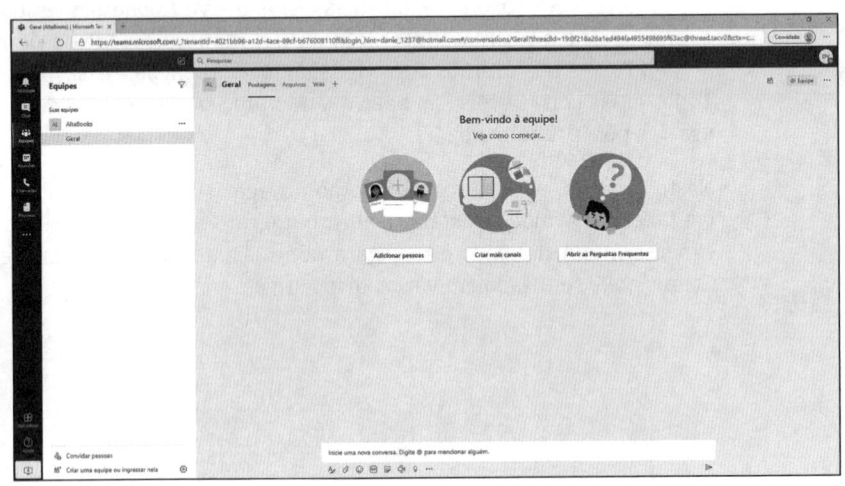

FIGURA 2-1: O Microsoft Teams rodando em um navegador.

DICA

Muitas pessoas usam apenas essa experiência web do Teams. No entanto, prefiro o cliente que baixo e instalo em meu computador local. Acho que ele tem muito mais funcionalidade e se integra melhor aos dispositivos, como meu fone de ouvido para fazer ligações e minha webcam para fazer videochamadas.

Para instalar o cliente Teams no seu notebook ou desktop Windows, siga estes passos:

1. **Abra seu navegador e acesse `https://teams.microsoft.com`.**

   Se não estiver logado no aplicativo web do passo a passo anterior, será solicitado que o faça. Se já estiver, verá o aplicativo web do Teams em seu navegador (como na Figura 2-1).

2. **Faça login no site do Teams inserindo as informações configuradas no Capítulo 1, se ainda não estiver logado.**

   Ao logar no site do Teams (`https://teams.microsoft.com`) pela primeira vez, você receberá a opção de instalar o cliente Teams ou prosseguir para o aplicativo web. Aqui, instalaremos o cliente no desktop.

DICA

3. **Clique no seu ícone de perfil que aparece à direita superior e escolha Baixar o aplicativo da área de trabalho, como mostra a Figura 2-2.**

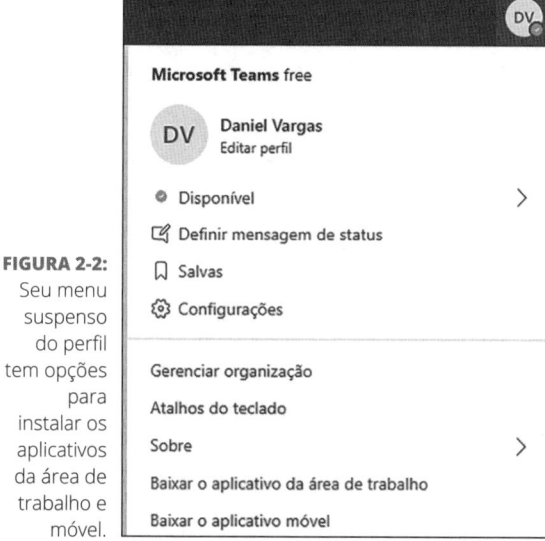

FIGURA 2-2: Seu menu suspenso do perfil tem opções para instalar os aplicativos da área de trabalho e móvel.

4. **Salve o arquivo no computador.**

PAPO DE ESPECIALISTA

Você pode escolher o local de seu disco rígido em que deseja que o navegador salve os arquivos. Pelo padrão, eles geralmente vão para uma pasta Downloads, que é onde todos os seus downloads são armazenados. Se não conseguir encontrar o arquivo baixado, verifique as configurações de seu navegador para saber onde ele coloca tais arquivos.

5. **Assim que o arquivo de instalação do Teams for baixado, abra e execute-o.**

   Depois de alguns momentos, uma caixa de diálogo aparecerá pedindo que faça o login, como mostra a Figura 2-3.

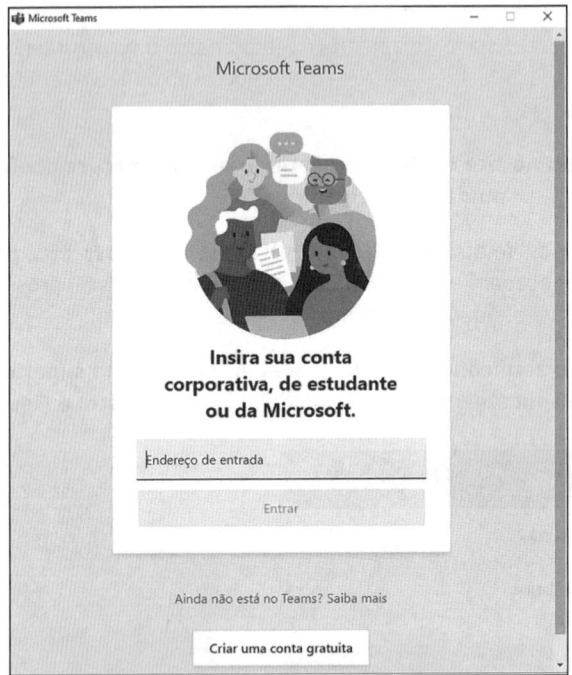

FIGURA 2-3: Uma caixa de diálogo de login aparece quando o Teams é instalado.

6. **Insira seu nome de usuário e clique em Entrar.**

   Se já fez login no Teams usando o navegador, não será necessário inserir a senha novamente.

   O cliente Teams carrega e informa que há um último passo para configurar o Teams e conectá-lo ao Office, como mostra a Figura 2-4.

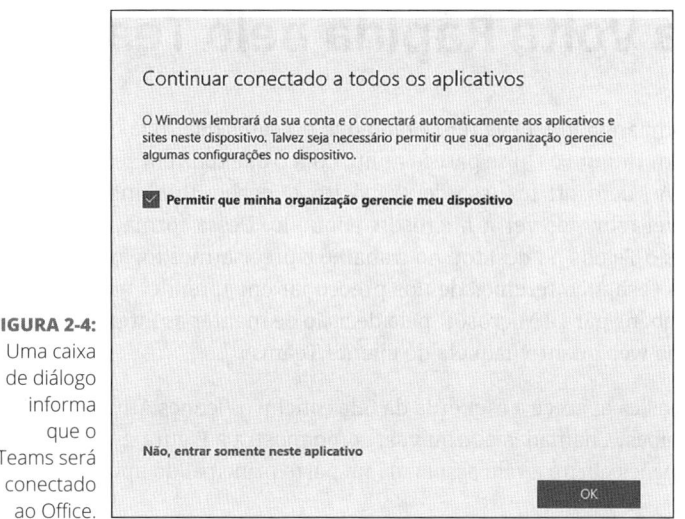

FIGURA 2-4:
Uma caixa de diálogo informa que o Teams será conectado ao Office.

7. **Clique em Ok para continuar, depois clique em Sim para permitir que o Teams faça mudanças em seu computador.**

   O Teams funciona em segundo plano para se conectar com o Office em seu computador e, então, carrega a aplicação do Teams, como mostra a Figura 2-5.

   Parabéns! Agora você tem o Teams rodando em seu computador local.

FIGURA 2-5:
O cliente Teams rodando em seu computador local.

CAPÍTULO 2 **Navegando pelo Microsoft Teams** 23

Dando uma Volta Rápida pelo Teams

Se estiver acompanhando, deve ter notado que o Teams que roda no cliente do seu computador (Figura 2-5) se parece muito com o que roda em seu navegador (Figura 2-1). A Microsoft fez isso de propósito. O design thinking é uma boa prática, e fiquei feliz por ver a Microsoft adotá-lo. Dessa forma, se normalmente usamos o Teams no desktop no trabalho e precisarmos logar usando um navegador em casa, não teremos de nos preocupar em aprender uma interface diferente. Parabéns para a Microsoft pela decisão de manter as interfaces iguais tanto na versão web quanto naquela do cliente Teams.

A navegação básica aparece à esquerda da tela e inclui os ícones Atividade, Chat, Equipes, Reuniões, Chamadas e Arquivos, como mostra a Figura 2-5. Clicar em uma dessas opções abrirá a tela associada na parte principal do aplicativo.

Atividade

Ao clicar no ícone Atividade no painel de navegação, você verá seu feed como na Figura 2-6. No feed Atividade encontramos notificações sobre coisas que acontecem no Teams e podem ser interessantes. Por exemplo, se há uma mensagem não lida em um canal ou alguém envia uma mensagem no chat, ela aparece no feed Atividade. Pense nele como um centro de serviços completo para tudo o que aconteceu no Teams desde seu último acesso.

FIGURA 2-6: O feed Atividade no Teams.

Você descobrirá que o Teams pode rapidamente ficar barulhento. Apenas algumas pessoas conversando é o suficiente para ficar tentado a ignorar tudo. Usando o feed Atividade, você pode se concentrar apenas nas coisas importantes. Dou mais detalhes do feed Atividade no Capítulo 8.

Chat

A área Chat é onde encontramos todos os chats pessoais e de grupos. Há uma diferença sutil entre conversas em chats e canais. Gosto de pensar nos chats como as mensagens específicas para uma ou mais pessoas. Os chats surgem e desaparecem, e são espontâneos, enquanto um canal é uma área dedicada que permanece e onde as pessoas podem se comunicar sobre um tópico específico.

Equipes

A área de navegação em que pareço gastar todo meu tempo, e você provavelmente também fará isso, é a área Equipes. Sim, é a área dedicada ao nome do produto que se chama *Teams*: Equipes, em inglês (veja o lado esquerdo da Figura 2-5). E dentro do componente de navegação Equipes temos equipes individuais que chamamos de *equipe*. Confuso? Tudo ficará claro em breve.

Clicar no ícone Equipes no painel de navegação à esquerda abre todas as equipes das quais você faz parte. Na Figura 2-5, você pode ver que sou membro de apenas uma equipe: Portal Integrators LLC. É a equipe padrão que aparece quando criamos a assinatura do Office 365 no Capítulo 1. Dentro da equipe Portal Integrators há um canal chamado Geral, que é o canal padrão criado automaticamente quando uma nova Equipe é criada. Se clicarmos no canal Geral, poderemos ver os chats que ocorrem dentro dele. No momento, está vazio, pois sou a única pessoa na equipe e no canal (falarei sobre como trabalhar com equipes no Capítulo 3 e com canais, no Capítulo 4).

Reuniões

A área Reuniões é focada no calendário de eventos e reuniões, como mostra a Figura 2-7. Se você já agendou uma reunião no Microsoft Outlook, está familiarizado com o trabalho de reuniões no Teams. Essa área é onde você pode ter reuniões em tempo real, que serão tratadas nos Capítulos 9 e 10.

CUIDADO — Essa área está integrada ao Microsoft Outlook. Se o programa não estiver instalado em seu desktop ou notebook, então o ícone não aparecerá no Teams. Esse tipo de integração fortalece minha visão de que o Teams se tornou rapidamente a "fachada" de todos os produtos e serviços Office, o que também explica por que tem um crescimento tão explosivo.

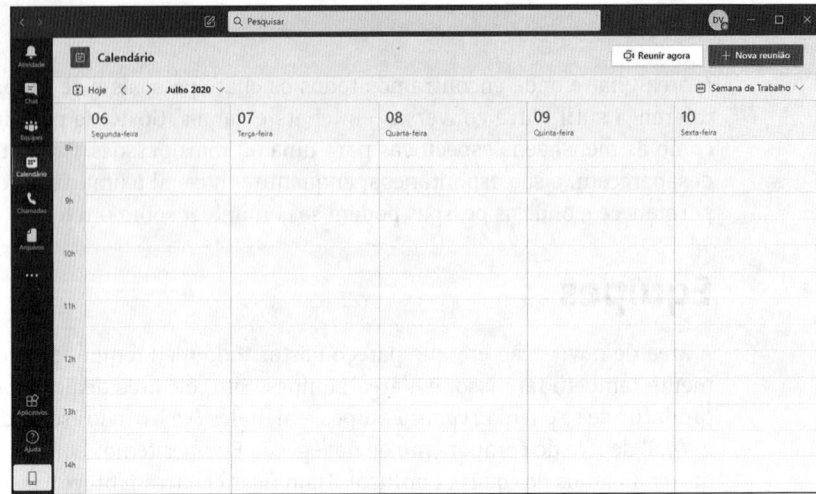

FIGURA 2-7: Reuniões no Teams.

Chamadas

A área Chamadas é onde podemos receber e realizar telefonemas, como mostra a Figura 2-8. Se você já utilizou o Skype, essa área lhe parecerá familiar. Trato da funcionalidade de ligações e voz no Teams nos Capítulos 11 e 12.

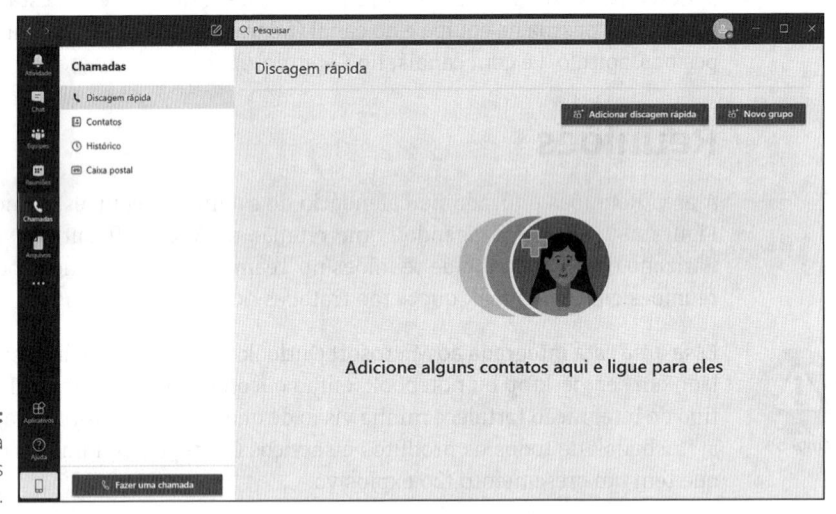

FIGURA 2-8: A área Chamadas do Teams.

Arquivos

A área Arquivos é onde podemos salvar e compartilhar arquivos digitais, como na Figura 2-9. Se você já usou o SharePoint ou o OneDrive, ficará feliz em saber que já tem uma vantagem. O Teams usa o SharePoint e o OneDrive nos bastidores, e você pode sair do Teams a qualquer momento e abrir os mesmos arquivos nessas aplicações.

CADA VEZ MAIS RÁPIDO

A Microsoft é rápida na iteração de seus softwares atualmente. No passado, esperávamos uma nova versão a cada poucos anos. Agora, parece haver uma nova versão de software disponível todos os meses. A maioria das mudanças em versões novas envolve novos recursos e correções de bugs. Mas, de vez em quando, a interface do usuário também muda. Por exemplo, a seção Calendar no painel de navegação do Teams costumava se chamar "Meetings" [na versão em português a seção sempre se chamou Reuniões].

Meu software do Teams atualizou certa noite, e quando voltei para reler este capítulo, percebi que ainda tinha chamado a seção de "Meetings". Isso tudo aconteceu em uma semana. Quando comparei o que havia escrito com a nova atualização do Teams, vi que toda a funcionalidade básica ainda era a mesma, mas o nome do botão de navegação havia mudado.

Então, enquanto estiver lendo e aprendendo sobre o Teams, lembre-se de que os nomes e a linguagem das coisas podem mudar, mas os conceitos permanecem os mesmos.

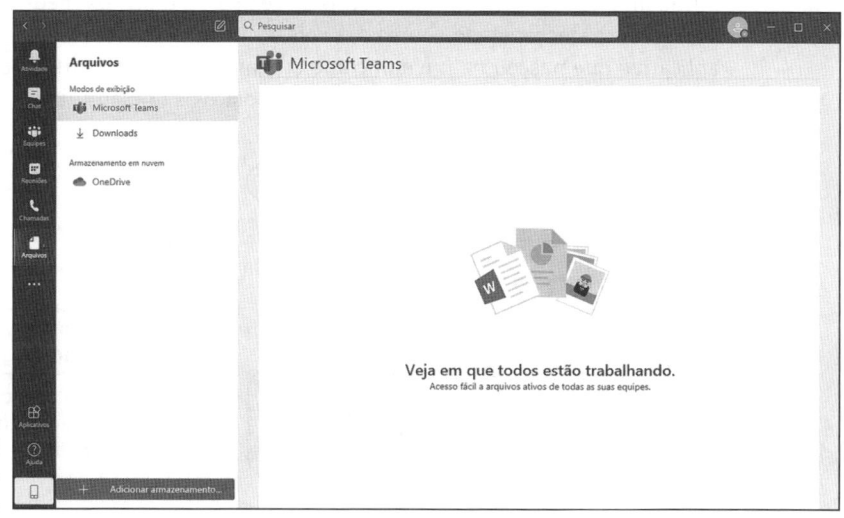

FIGURA 2-9: A área Arquivos do Teams.

Além do SharePoint e do OneDrive, também podemos estabelecer outros locais na nuvem para nossos arquivos e acessá-los a partir do Teams. Atualmente ele suporta o Dropbox, o Box, o ShareFile e o Google Drive, e tenho certeza de que outros ainda serão incluídos.

Usando o Teams em Vários Dispositivos e Plataformas

Uma das coisas de que realmente gosto ao usar o Teams é que não importa o dispositivo usado, posso instantaneamente continuar de onde parei. Por exemplo, esta manhã, estava no escritório trabalhando neste capítulo dentro do Teams em meu desktop Windows (os arquivos do Microsoft Word abrem diretamente dentro do Teams) e conversando com alguns de meus clientes.

Fiz uma reunião no Teams e depois desci à rua até minha cafeteria favorita. Um de meus clientes, com quem eu estava conversando no Teams, tinha uma pergunta e me enviou uma mensagem. Ela apareceu no meu aplicativo do smartphone e a respondi enquanto esperava meu café.

Agora já anoiteceu e estou trabalhando neste capítulo e escrevendo este parágrafo usando o aplicativo web do Teams no meu MacBook Air da Apple. Amanhã, voltarei ao escritório, farei algumas capturas de tela e darei uma melhorada neste capítulo antes de enviá-lo pronto para que meus editores o revisem.

Fiz tudo isso usando o Teams em vários dispositivos e lugares, e como ele é sincronizado pela nuvem (a internet), não perdi minha linha de pensamento e o trabalho que estava em andamento. O Teams de todos os meus dispositivos está sempre sincronizado. É uma das coisas que mais amo ao trabalhar com um aplicativo que nasceu na nuvem, como o Teams. A Figura 2-10 ilustra meu dia usando o Teams. Falo sobre seu uso em dispositivos no Capítulo 6.

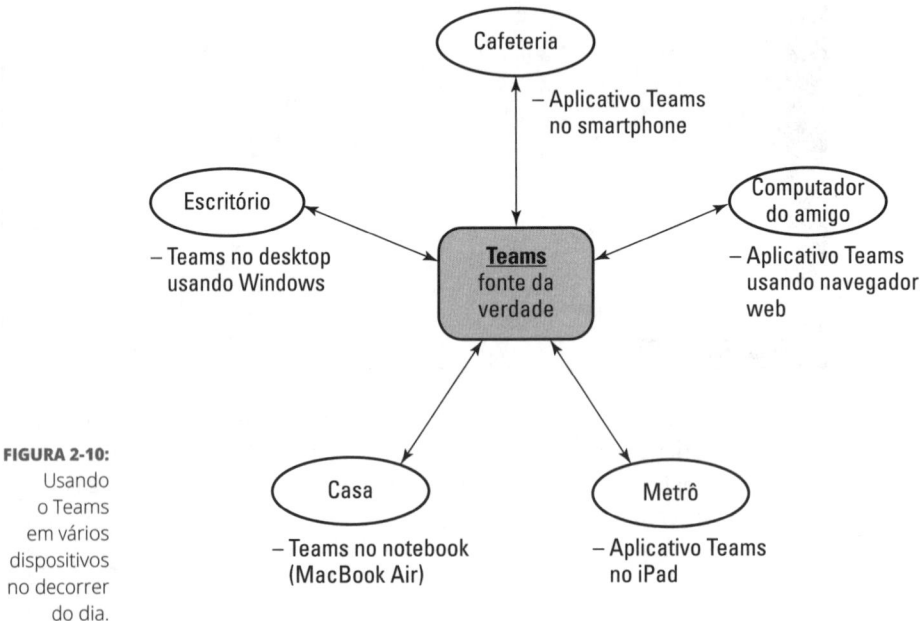

FIGURA 2-10: Usando o Teams em vários dispositivos no decorrer do dia.

> **NESTE CAPÍTULO**
> » Criando uma nova equipe para você e seus colegas
> » Adicionando colegas à equipe
> » Aprendendo a gerenciar sua equipe
> » Configurando preferências de usuário

Capítulo **3**

Criando Sua Primeira Equipe e Administrando as Configurações

Uma das coisas boas do Microsoft Teams é que seu nome diz tudo. O Teams trata da comunicação e da colaboração com outras pessoas como parte de uma equipe. O cerne do aplicativo é uma equipe de pessoas. Uma *equipe*, no contexto do Microsoft Teams, consiste em um grupo de uma ou mais pessoas (se bem que uma equipe de um é entediante). Dentro de uma equipe é onde criamos os canais para chat, compartilhamos arquivos com os colegas, usamos aplicativos e fazemos várias outras coisas legais.

Neste capítulo, descobriremos como criar uma nova equipe, convidar outros a participarem dela, administrar a equipe criada e personalizar as configurações de cada uma.

Criando uma Nova Equipe

Quando logamos pela primeira vez no Microsoft Teams, vemos uma Equipe padrão criada automaticamente usando as informações de conta fornecidas na assinatura do Microsoft 365, do Office 365 ou do aplicativo independente do Teams. Minha equipe padrão se chama Portal Integrators LLC, porque é o nome da empresa que forneci quando assinei o teste do Office 365 no Capítulo 2 (para se lembrar de como logar no Teams, veja "Baixando, Instalando e Abrindo o Teams", no Capítulo 2).

Suspeito que muitas pessoas usem apenas a Equipe padrão e não percebam que podem criar outras (talvez também não tenham tomado a sábia decisão de ler este livro, como você). No entanto, criar novas equipes requer poucos passos.

Quando criamos uma nova equipe, podemos customizá-la e montá-la como quisermos para nossa situação específica. Por exemplo, podemos querer que a equipe seja privada, em vez do padrão englobando a organização que é criada e todos são automaticamente membros. Também podemos querer criar uma equipe para uma área específica, como caronas, recursos humanos ou contabilidade. Assim que se familiarizar com o Teams, você se verá criando equipes e organizando as antigas como um hábito regular.

> ## CRIAR OU NÃO CRIAR UMA NOVA EQUIPE
>
> Configurar uma nova equipe é rápido e fácil, mas o número de equipes pode aumentar exponencialmente em sua organização. Se já existirem equipes, pense antes de criar outra. Antes de clicar no botão Criar, considere os objetivos da nova equipe: o que você quer que os membros da nova equipe realizem? Já existe uma equipe criada que possa desempenhar esse mesmo objetivo? Os membros dessa nova equipe são os mesmos de outra já existente ou haverá novos? Há metas e objetivos similares ou são diferentes das equipes existentes? A afiliação a equipes pode mudar com o tempo. Por mais que você considere criar uma nova equipe, considere também modificar e deletar as existentes que já não estão mais ativas.

FIGURA 3-1: Clicando no link para criar ou ingressar em uma nova equipe.

Clique para criar uma nova equipe

Para criar uma nova Equipe, siga estes passos:

1. **Abra o Microsoft Teams.**

2. **Clique no ícone Equipes no painel de navegação à esquerda e depois clique no link "Criar uma equipe ou ingressar nela" que aparece no canto inferior esquerdo da tela, como mostra a Figura 3-1.**

   A opção Criar uma equipe ou ingressar nela aparecerá na área de trabalho principal do Teams.

   DICA

   O link "Criar uma equipe ou ingressar nela" pode não estar visível, como na Figura 3-1, por duas razões. A primeira, e mais provável, é que você é um usuário convidado do Teams e, portanto, tem acesso restrito aos produtos Office 365 — e ao Teams. Se for um membro licenciado da organização, mas ainda não tiver a capacidade para criar uma nova equipe, então seus administradores provavelmente impediram os tenants do Office 365 de sua organização de usá-lo. Se for esse o caso, você precisará entrar em contato com seu administrador para criar uma nova equipe.

3. **Clique no botão Criar equipe, como mostra a Figura 3-2.**

   A caixa de diálogo Criar sua equipe será exibida. Podemos escolher entre criar uma equipe baseada em um grupo de usuários existente no Office 365 ou criar uma equipe do zero. Para este exemplo, usaremos a segunda opção.

CAPÍTULO 3 Criando Sua Primeira Equipe e Administrando as Configurações   31

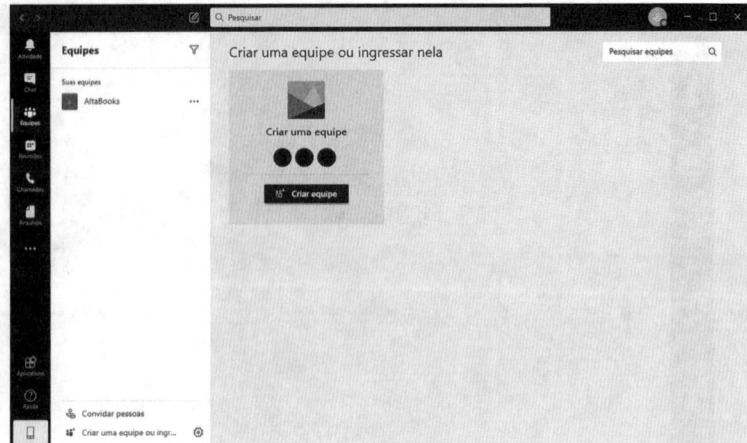

FIGURA 3-2:
Clicando no botão Criar uma equipe para começar uma nova equipe.

4. **Selecione a opção Criar uma equipe a partir do zero, como mostra a Figura 3-3.**

   Precisamos decidir que tipo de equipe queremos criar. Temos três opções:

   - *Privado:* Uma equipe privada exige que os membros tenham permissão para ingressar nela.

   - *Público:* Uma equipe pública pode ser ingressada por qualquer um.

   - *Toda a organização:* Uma equipe que engloba toda a organização é automaticamente composta de todos os seus membros quando eles entram no Teams.

   Neste exemplo, criaremos uma equipe Toda a organização à qual todos pertencem automaticamente, para não nos preocupar em adicionar pessoas (explico como adicionar membros às equipes posteriormente neste capítulo).

FIGURA 3-3:
Escolhendo criar uma equipe do zero.

5. **Selecione a opção Toda a organização, como mostra a Figura 3-4.**

   À medida que sua organização cresce, você provavelmente gostará de começar a usar equipes privadas ou públicas. Como o número de equipes pode crescer com rapidez, e se todos da organização ingressarem automaticamente nelas, o Teams poderá ficar muito barulhento e as pessoas poderão passar a ignorá-lo.

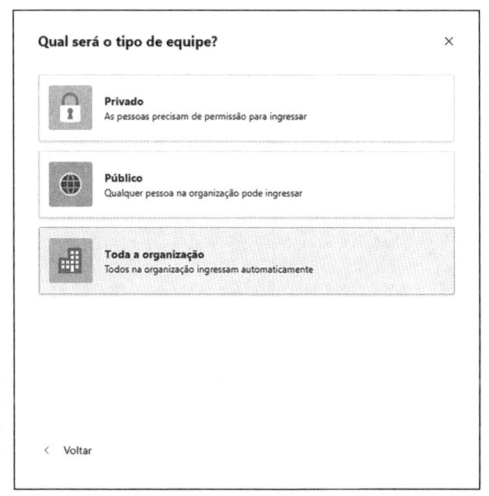

   FIGURA 3-4: Escolhendo o tipo de equipe a ser criada.

6. **Insira um nome e uma descrição para sua equipe, então clique em Criar, como mostra a Figura 3-5.**

   O Teams levará alguns minutos para realizar a tarefa de criar uma nova equipe. Quando terminar, veremos a nova equipe na lista de equipes no painel de navegação à esquerda, como mostra a Figura 3-6. Note que, quando ela foi criada, um canal chamado Geral foi automaticamente criado. No Capítulo 4, trato de como criar canais adicionais para sua equipe.

   FIGURA 3-5: Fornecendo um nome de equipe e uma descrição ao criar uma nova equipe.

CAPÍTULO 3 **Criando Sua Primeira Equipe e Administrando as Configurações** 33

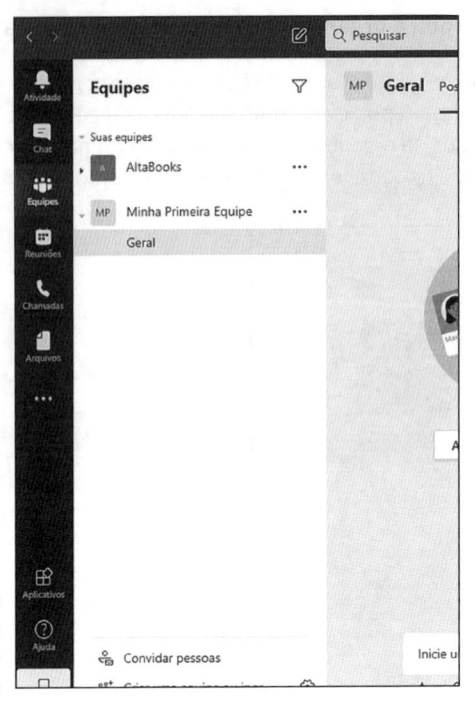

FIGURA 3-6: Vendo sua equipe recém-criada.

Como usuário do Teams, você pode ser *proprietário de equipe*, *membro de equipe* ou *convidado*. Note que a função proprietário de equipe não é limitada à pessoa que a criou. Uma equipe pode ter até cem proprietários. Eles podem gerenciar a equipe, que inclui a habilidade de adicionar membros, aprovar ou rejeitar pedidos de ingresso na equipe, criar canais, mudar as configurações da equipe, ver dados de análises e adicionar aplicativos. Convidado é um usuário não licenciado que tem acesso limitado e deve ser convidado para cada equipe explicitamente.

Um usuário pode ingressar em uma equipe recebendo um convite ou pedindo para entrar em uma equipe existente. Se uma equipe estiver configurada como privada, os novos usuários precisarão ser convidados, pois não poderão ver a equipe nem pedir para ingressar nela.

Convidando Pessoas para Sua Equipe

Assim que terminamos de estabelecer a equipe, podemos adicionar pessoas a ela. Na última seção, "Criando uma Nova Equipe", criamos uma equipe que engloba toda a organização, então todos os membros desta são automaticamente adicionados à equipe. Nesta seção, passamos pelo mesmo processo anterior para criar uma nova equipe, mas desta vez criaremos uma equipe pública e uma privada, e adicionaremos pessoas à primeira durante o processo de criação e depois de já tê-la estabelecido.

Para convidar pessoas à equipe durante o processo de criação inicial, siga estes passos:

1. **Siga os Passos de 1 a 4 no exemplo anterior para criar uma nova equipe.**

2. **Quando perguntado "Qual será o tipo de equipe?", em vez de selecionar a opção Toda a organização (mostrada na Figura 3-4), escolha Público ou Privado para criar uma equipe pública ou privada.**

   Ao criar uma equipe pública ou privada, você também verá uma caixa de diálogo para convidar pessoas a ingressar nela depois que ela for criada, como mostra a Figura 3-7.

FIGURA 3-7: A caixa de diálogo para convidar pessoas para sua equipe durante o processo de criação.

3. **Comece digitando o nome da pessoa que deseja convidar para a equipe na caixa de texto.**

   DICA

   A funcionalidade de busca procura preencher automaticamente a caixa de texto com base nas letras digitadas. Isso acontece em tempo real para que você possa ver os resultados da busca enquanto digita. É uma coisa útil se, por exemplo, você sabe só a primeira parte do nome de alguém ou apenas que o nome começa com determinada letra.

4. **Assim que encontrar a pessoa correta, clique no nome dela e em Adicionar.**

5. **Continue adicionando pessoas até ter convidado todos os membros da equipe que deseja adicionar.**

   Os usuários serão notificados de seu ingresso na equipe dependendo de suas configurações de notificações. Falo sobre elas detalhadamente no Capítulo 8.

LEMBRE-SE

Também podemos convidar pessoas para uma equipe pública ou privada depois que ela tiver sido criada. Imagine que uma nova pessoa entre em sua organização e você queira adicioná-la à equipe. A única forma de uma pessoa ingressar em uma equipe privada é sendo convidada, enquanto qualquer um na organização pode ingressar em uma equipe pública. Com uma equipe de toda a organização, todos são automaticamente incluídos.

Para convidar pessoas para sua equipe pública ou privada depois de ela ter sido criada, siga estes passos:

1. **Clique no ícone Equipes no painel de navegação à esquerda para ver uma lista de suas equipes.**

2. **Clique nas reticências ao lado do nome da equipe para a qual quer convidar alguém.**

   Isso abre um menu suspenso com mais opções.

3. **No menu suspenso que aparecerá, selecione Adicionar membro, como mostra a Figura 3-8.**

   A caixa de diálogo Adicionar membro, mostrada na Figura 3-7, aparecerá. É a mesma caixa de diálogo que aparece quando criamos uma equipe pública ou privada.

FIGURA 3-8: Adicionando membros a uma equipe já criada.

4. Comece digitando na caixa de texto o nome da pessoa que você quer convidar para a equipe.

5. Assim que encontrar a pessoa correta, clique no nome dela e em Adicionar.

Os usuários serão notificados de sua nova equipe dependendo de sua configuração de notificações. Falo detalhadamente sobre elas no Capítulo 8.

Gerenciando as Configurações de Sua Equipe

Podemos controlar muitas configurações no Teams, como adicionar e configurar canais, usuários e comportamento de chat; na próxima seção você descobrirá como mudar essas configurações. As configurações usadas com mais frequência são para equipes específicas. Elas incluem adicionar e remover proprietários, membros e convidados; adicionar e deletar canais; e trabalhar com aplicativos.

Para abrir as configurações de uma equipe, clique nas reticências ao lado do nome dela para abrir o menu suspenso de opções (mostrado na Figura 3-8) e selecione Gerenciar equipe.

A tela de configurações de uma equipe contém as seguintes guias no topo, como mostra a Figura 3-9:

» **Membros:** É a área em que adicionamos novos membros à equipe. Podemos adicionar pessoas como membros de equipe ou convidados. *Convidado* é um usuário que tem acesso ao Teams e pode conversar com você, mas não tem acesso ao restante do seu ecossistema Office 365. Explico com mais detalhes o acesso de usuários convidados no Capítulo 7.

» **Canais:** É onde podemos adicionar canais. *Canal* é a área de uma equipe em que podemos conversar sobre um tópico específico. Por exemplo, podemos ter um canal para caronas, outro para contabilidade e um terceiro para clientes. Falo dos canais no Capítulo 4.

» **Configurações:** A tela Configurações é a área em que gerenciamos as configurações de uma equipe, como mostra a Figura 3-10. Nela podemos definir a imagem da equipe, a permissão de usuários, incluindo quais permissões queremos dar aos convidados, configurar como @menções funciona (pronuncia-se "arroba menções"), obter um link para a equipe que podemos compartilhar com outros para que ingressem nela e outras coisas divertidas, como adicionar figurinhas virtuais.

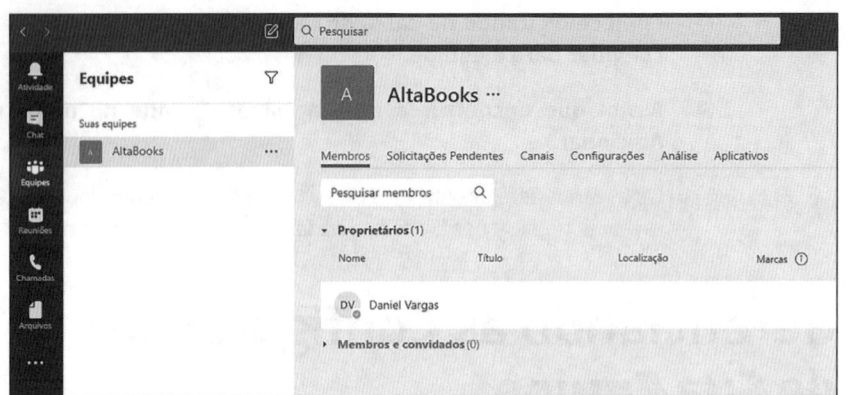

FIGURA 3-9:
A tela de gerenciamento para uma equipe com a guia Membros aberta.

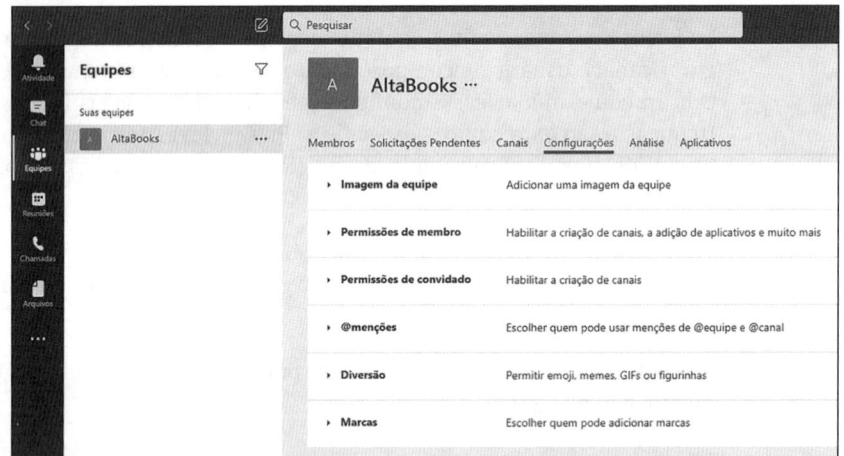

FIGURA 3-10:
A tela Configurações é onde controlamos as configurações de uma equipe.

DICA

Uma @menção é quando alguém usa o símbolo @ ("arroba") seguido do nome de um usuário em uma mensagem. É basicamente marcar alguém para que o Teams saiba quem é a pessoa sendo mencionada. Quando seu nome é mencionado com @, você recebe uma notificação de que alguém mencionou seu nome em uma mensagem. Isso o ajuda a encontrar mensagens pertinentes para você. Explico as menções e os feeds no Capítulo 8.

» **Aplicativos:** É onde podemos adicionar aplicativos à equipe. Podemos ver alguns já instalados por padrão. Também podemos adicionar mais clicando no botão Mais aplicativos. Falo sobre os aplicativos no Capítulo 5.

> **DESCOBRINDO CONFIGURAÇÕES IMPORTANTES PARA VOCÊ**
>
> Há muitas configurações diferentes no Teams, e as mais usadas dependerão do tamanho de sua organização e de como vocês se comunicam e interagem uns com os outros. Por exemplo, se a empresa for de consultoria formada por duas pessoas, o Teams será predominantemente usado com usuários convidados e externos. Se for uma empresa de manufatura, será usado principalmente com pessoas internas à organização e de preferência com foco em manter o feed atualizado com o que ocorre (usuários convidados e externos são completamente diferentes no Teams. É um ponto de muita confusão e será tratado no Capítulo 7).
>
> Minha recomendação é que não tenha pressa e veja como o Teams se desenrola para você e sua organização. O que importa para uma pessoa pode não importar nada para outra. Ao prosseguir em sua jornada com o Teams, lembre-se de que há aparentemente infinitas configurações e recursos. Não é preciso aprender todos, basta estar ciente do que está disponível para que possa aproveitar o produto ao máximo em sua situação.

Gerenciando Suas Configurações de Usuário

Várias configurações são únicas para cada usuário Teams. Gosto de pensar nelas como as configurações de usuário, mas você também pode considerá-las como suas configurações de perfil. Elas são encontradas no menu suspenso que aparece quando clicamos na imagem do perfil no canto superior direito da janela do Teams, mostrada na Figura 3-11.

Esse menu pode ser usado para:

» Configurar um status atual, como Disponível, Ocupado e Volto logo. Às vezes gosto de deixar meu status como Aparecer como ausente, para conseguir trabalhar sem que as pessoas saibam que estou ocupada em meu computador.

» Configurar sua mensagem de status para que outros vejam uma mensagem e saibam o que você está fazendo ou quer que as pessoas saibam. Por exemplo, às vezes eu coloco a música que estou ouvindo ou uma citação que acho que capta especificamente meu humor.

- » Ver chats e mensagens que você salvou por todo o Teams.
- » Abrir suas configurações de perfil (logo falarei mais sobre elas).
- » Ajustar suas configurações de zoom e deixar os itens em sua janela do Teams maiores ou menores.

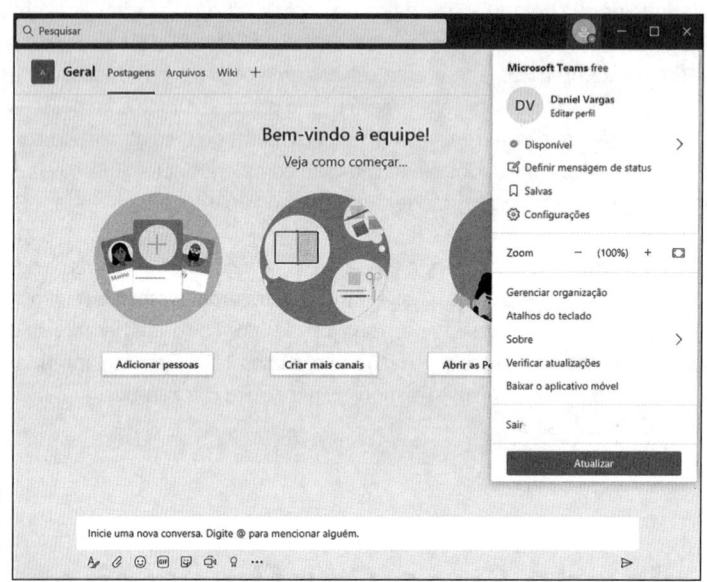

FIGURA 3-11: O menu suspenso de perfil.

- » Mudar os atalhos de teclado para que possa circular pelo Teams com apenas algumas teclas.
- » Aprender mais sobre o Teams, como o número da versão usada e os avisos jurídicos.
- » Verificar as atualizações do Teams para que tenha certeza de usar a versão mais recente.
- » Baixar o aplicativo móvel para que tenha o Teams em seu smartphone e no seu bolso para que nunca fique sem contato.
- » Sair do Teams. Eu raramente faço isso, mas usei várias vezes enquanto escrevia este livro quando precisava entrar e sair de contas diferentes. Você pode usar isso se for membro de várias organizações e precisar entrar em uma ou outra conta.

Ao selecionar a opção Configurações de seu menu de perfil, você poderá mudar várias coisas específicas de sua conta. O menu de configurações, mostrado na Figura 3-12, inclui seis categorias diferentes: Geral, Privacidade, Notificações, Dispositivos, Permissões e Chamadas. Forneço uma breve visão geral dessas seções aqui e trato delas em mais detalhes no decorrer do livro. Por exemplo, no Capítulo 8, falo sobre as notificações.

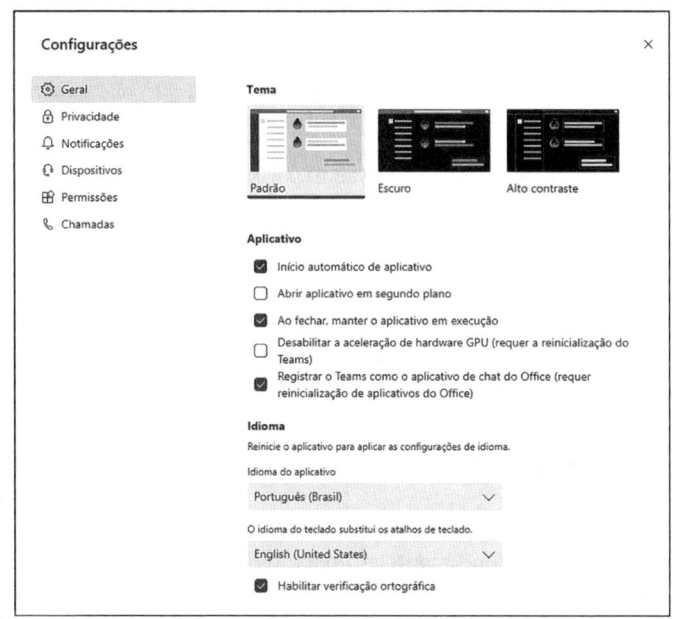

FIGURA 3-12:
O menu de configurações de um usuário do Teams.

Geral

A seção Geral inclui configurações do tema usado, comportamento do aplicativo e o idioma preferencial.

Podemos mudar a aparência do Teams alterando o tema. Por exemplo, talvez você prefira um tema escuro ou de alto contraste como padrão.

Na seção Aplicativo podemos decidir como queremos que o Teams se comporte no computador. Por exemplo, você quer que ele inicie automaticamente ao ligar o computador? Ou quer que ele continue rodando em segundo plano quando clicar no botão X para fechar o aplicativo? Nessa seção, também podemos associar o Teams com o aplicativo de chat de nossa preferência para o restante dos produtos Office. Essa opção é útil quando fazemos parte de uma organização que está mudando do Skype para o Teams. Podemos escolher usar o Teams no lugar do Skype usando essa opção como padrão.

Finalmente, podemos mudar o formato do idioma e o layout do teclado usado.

Privacidade

Na seção Privacidade, encontramos configurações para gerenciar o acesso prioritário, ativar ou desativar a confirmação de leitura, ativar ou desativar pesquisas.

O acesso prioritário define quem terá permissão para interrompê-lo quando seu status estiver configurado como Não incomodar. Por exemplo, você pode querer que seu chefe consiga enviar mensagens a qualquer momento, mas todo o restante deverá esperar até que seu status esteja como Disponível.

As confirmações de leitura são usadas para informar aos outros quando você leu suas mensagens. Se não quiser que as pessoas saibam que as leu, poderá desativar essa opção.

A opção de pesquisas é uma ferramenta que a Microsoft usa para melhorar o Teams. Se não se importar em dar feedback, poderá deixar essa opção ativada. Se não quiser ser incomodado, basta desativá-la, e a Microsoft não pedirá sua opinião para melhorar o Teams.

Notificações

A área Notificações é onde configuramos nossas preferências de como o Teams deve nos notificar do que acontece. Podemos configurar vários eventos para que apareçam como uma faixa (uma janela pop-up que aparece no canto inferior direito da tela do computador) e por e-mail, apenas no feed Atividade ou desativá-las por completo. Falo com mais detalhes das notificações no Capítulo 8.

Dispositivos

Configuramos os dispositivos usados com o Teams nesta seção. Eles incluem coisas como caixas de som, microfone, telefone, fone de ouvido ou câmera. Trato sobre isso detalhadamente no Capítulo 10.

Permissões

Podemos ativar ou desativar permissões do Teams nesta seção. Por exemplo, você quer que ele seja capaz de usar sua localização ou abrir links externos em seu navegador? Essas permissões são configuradas aqui.

Chamadas

O Teams fornece uma solução completa de voz. O que isso quer dizer? Significa que o Teams pode substituir seu telefone comum. Nesta seção podemos configurar como as chamadas recebidas são respondidas e também configurar a caixa de mensagens e os toques. Também configuramos as opções de acessibilidade, como a utilização de um teletipo para pessoas surdas ou com problemas de audição. Trato as chamadas em detalhes nos Capítulos 11 e 12.

2
Explorando Chat, Equipes, Canais e Aplicativos

NESTA PARTE...

Descubra como enviar mensagens no chat para outras pessoas de sua equipe pelos canais.

Aprenda a criar e configurar novos canais e usar alguns recursos divertidos, como marcar outras pessoas, usar emojis e acompanhar as atividades.

Veja como o Microsoft Teams adota a integração com todos os tipos de software no formato de add-ons.

Encontre, instale e use aplicativos no Teams, tanto os criados pelo Microsoft Office quanto por empresas terceirizadas.

Descubra como usar o Teams em seu dispositivo móvel e smartphone, e como isso pode torná-lo mais produtivo.

Aprenda sobre os recursos dentro do Teams que possibilitam o trabalho em grupo, mesmo que as pessoas não façam parte da mesma empresa, organização ou da mesma assinatura do Office 365 ou Microsoft 365.

Descubra como configurar o feed Atividade para filtrar conversas, fixar e seguir canais de seu interesse e configurar notificações para coisas que são importantes para você.

> **NESTE CAPÍTULO**
>
> » Conhecendo os canais e usando o chat
> » Entendendo como configurar os canais
> » Anexando arquivos às mensagens
> » Transmitindo significado com emojis, GIFs e figurinhas

Capítulo **4**

Mantendo Contato com Canais e o Chat

O envio de mensagens instantâneas pelo chat existe desde o nascimento da internet. Se você for tão velho quanto eu, deve se lembrar dos dias do AIM (AOL Instant Messenger) e do IRC (Internet Relay Chat) — que, a propósito, foi inventado em 1988. A internet evoluiu bastante desde então, mas uma coisa não mudou: usá-la para enviar mensagens em tempo real ainda é algo que a maioria das pessoas faz diariamente, e essa capacidade é mais valorizada do que nunca. Você já ouviu falar do Slack? Ele conta com as mensagens instantâneas. Você já usou o Skype para enviar mensagens no chat? Isso também é mensagem instantânea. O Microsoft Teams não seria valioso se não incluísse esse recurso.

Neste capítulo, você descobrirá como enviar mensagens no chat para outras pessoas de sua equipe pelos canais. Aprenderá a criar novos canais e a configurá-los. Também descobrirá alguns recursos legais dos canais além de enviar simples mensagens, como marcar pessoas, usar emojis e acompanhar atividades. Por fim, descobrirá como desativar, ou desligar, os canais se começarem a ficar muito barulhentos e aprenderá a diferença entre conversar em um canal e em chats privados.

Conversando no Teams

Antes de começarmos a usar o Teams para conversar, eu e minha equipe usávamos um aplicativo de comunicação diferente, pelo qual pagávamos uma taxa mensal. Mas também tínhamos uma assinatura do Office 365 (que incluía o Teams). O Teams ainda era novo na época, mas percebemos que podíamos parar de pagar pelo outro programa de chat e usar apenas este. Ele já vinha com o Office 365 e, a não ser que fosse terrível, seria o suficiente para comunicações instantâneas.

Minha história aconteceu alguns anos atrás, quando o Teams tinha acabado de ser lançado. No entanto, com base em meu trabalho com vários clientes, suas histórias (e talvez a sua história) são muito similares à minha. Você pode ter sido forçado a usar o Teams porque ele está incluso na assinatura do Microsoft 365 ou Office 365 de sua organização, ou talvez tenha decidido começar a usá-lo por conta própria. Independentemente de como tenha começado, é provável que suas interações iniciais aconteçam com você enviando mensagens para outras pessoas da equipe.

As mensagens instantâneas no Teams acontecem nos *canais*, os locais em que as pessoas podem digitar mensagens, adicionar arquivos e compartilhar links. Gosto de pensar nos canais como uma sala de descanso dos funcionários. Você vai até lá para se comunicar com os colegas, aprender e compartilhar fofocas e, em geral, manter o contato com seu círculo social.

Um canal fica dentro de uma equipe, que pode ter diversos canais, e podemos nomeá-los como quisermos. Recomendo usar um nome que descreva seu propósito. Por exemplo, podemos chamar os canais de canal01, canal02, canal03, e assim por diante, mas esses títulos não são descritivos. O canal criado é para que as pessoas da equipe discutam caronas de ida e volta do trabalho? Chame-o de Caronas. Quer criar um canal para a contabilidade e outro para os recursos humanos? Chame-os de Contabilidade e Recursos Humanos, respectivamente. Ou talvez um grupo de pessoas queira discutir as novas políticas que permitem pets (animais de estimação) no escritório. Crie um canal chamado Pets. Você entendeu a ideia.

Um canal pode conter diversas postagens acontecendo ao mesmo tempo. Para tentar facilitar o acompanhamento dessas postagens, o Teams as agrupa no que conhecemos como *threads*. Uma thread é simplesmente um tópico de postagem. Quando alguém digita uma mensagem nova, ela aparece no canal e qualquer resposta para essa mensagem original é colocada embaixo dela. Se outra pessoa digitar uma mensagem diferente para um novo tópico, ela se tornará uma nova thread e qualquer resposta para ela será agrupada abaixo da mensagem original. Na Figura 4-1, podemos ver que estou criando um tópico novo ("Olá, mundo!"). Se eu quisesse responder ao tópico existente, clicaria no link Responder no final da thread que começa com "Olá, bem-vindo ao grupo!"

DICA — Responder a um tópico existente (uma thread) e criar uma nova postagem é apenas uma questão de qual link Responder você clica e em qual caixa de texto digita. Um erro que muitas pessoas cometem ao usar o Teams pela primeira vez é responder na caixa de mensagens principal do canal, em vez de fazer isso na caixa de mensagens da thread. Pode ser confuso no começo, mas assim que notamos as duas caixas, isso rapidamente vira um hábito automático.

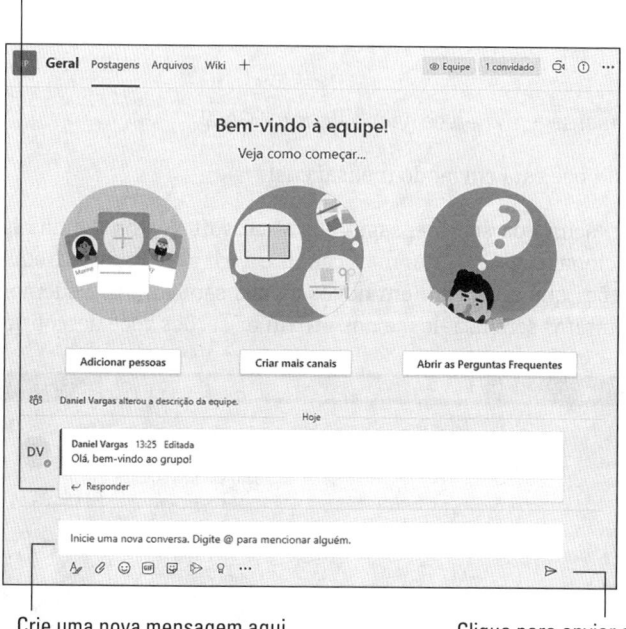

FIGURA 4-1: Enviando uma nova mensagem no canal Geral.

(Clique para responder à mensagem atual; Crie uma nova mensagem aqui; Clique para enviar sua mensagem)

Enviando Mensagens nos Canais

Sempre que criamos uma nova equipe, um canal é criado para ela automaticamente. Com o nome "Geral", é perfeitamente aceitável usar esse canal para começar a conversar com outras pessoas da equipe (veja como criar sua primeira equipe no Capítulo 3).

Para enviar uma mensagem no canal Geral, siga estes passos:

1. **Selecione o ícone Equipes no painel de navegação à esquerda para ver todas as suas equipes.**

Sob cada equipe, você verá uma lista de canais disponíveis. Se for uma equipe nova, haverá apenas o canal Geral até que outros sejam criados.

> **DICA**
> Além dos canais disponíveis, talvez existam canais privados na equipe aos quais você não tenha acesso. Pode haver também canais públicos nos quais você não ingressou. A lista de canais vista abaixo de uma equipe pode não ter todos os canais.

2. **Selecione o canal Geral, como mostra a Figura 4-2.**

   Quando clicamos em um canal, ele aparece na parte principal da tela.

3. **Digite uma mensagem na caixa de texto na parte inferior da tela e clique no ícone Enviar (ou pressione a tecla Enter), como mostra a Figura 4-1.**

   Sua mensagem aparece na tela do canal Geral.

Parabéns! Você está enviando mensagens!

> **DICA**
> Note que, acima da sua mensagem, o Microsoft Teams lhe dá algumas dicas sobre adicionar pessoas, criar mais canais e abrir as perguntas frequentes (FAQ). Esses botões que aparecem em novos canais são atalhos. Podemos realizar as mesmas tarefas sem usá-los, e nas próximas seções você descobrirá como.

FIGURA 4-2: Selecionando o canal Geral que foi criado automaticamente quando a Equipe foi criada.

NÍVEIS DE COMUNICAÇÃO

Talvez, um dos motivos do AIM e do IRC terem sido tão populares no início da internet seja porque o chat preenche um papel crucial de comunicação quando as pessoas não estão no mesmo recinto. Eu gosto de pensar que existem diferentes níveis de comunicação. O primeiro é estar cara a cara no mesmo recinto. O segundo é a comunicação instantânea por voz (como ao telefone). E o terceiro é a comunicação digital instantânea (como o e-mail e as mensagens instantâneas).

O e-mail também foi extremamente popular no começo da internet, mas não era instantâneo. Ele tem mais em comum com o correio (embora seja muito mais rápido) do que com a conversa ao telefone. As mensagens instantâneas, por outro lado, são parecidas com uma ligação telefônica, mas em formato digital, e podem acontecer de forma assíncrona e com várias pessoas ao mesmo tempo. As mensagens instantâneas não substituem o e-mail, como a carta também não substitui uma ligação. É apenas uma forma diferente de comunicação digital.

Uma vantagem que a comunicação digital tem sobre as conversas presenciais e pelo telefone é que ela é inclusiva. Por exemplo, um de meus vizinhos tem problemas de audição e visão, mas posso me comunicar com ele facilmente por meio das comunicações digitais. Ele tem um software em seu computador que transforma em braile minhas comunicações, e podemos manter o contato sobre o que acontece em nossa vizinhança. Isso não seria possível sem a comunicação digital.

Criando um Novo Canal

Ao usar cada vez mais o Teams, provavelmente desejaremos criar canais de chat para outros tópicos, para que não aconteça tudo em um canal "geral". Por exemplo, podemos querer criar um canal para que a equipe discuta finanças, outro para caronas e um terceiro para eventos da equipe. As conversas podem ser organizadas de formas praticamente infinitas. O importante é que funcione para sua equipe.

Para criar um novo canal na equipe, siga estes passos:

1. Selecione o ícone Equipes no painel de navegação à esquerda para ver todas as suas equipes.

2. **Clique nas reticências à direita da equipe à qual deseja adicionar um canal para abrir o menu suspenso Mais opções.**

3. **Escolha Adicionar canal, como mostra a Figura 4-3.**

> **CUIDADO:** Se essa opção não aparecer no menu suspenso, você não tem permissão para criar um novo canal. Se for um convidado da equipe, sua capacidade de criar equipes e canais pode ser limitada. Falo mais sobre configurar as permissões de membros da equipe no Capítulo 13.

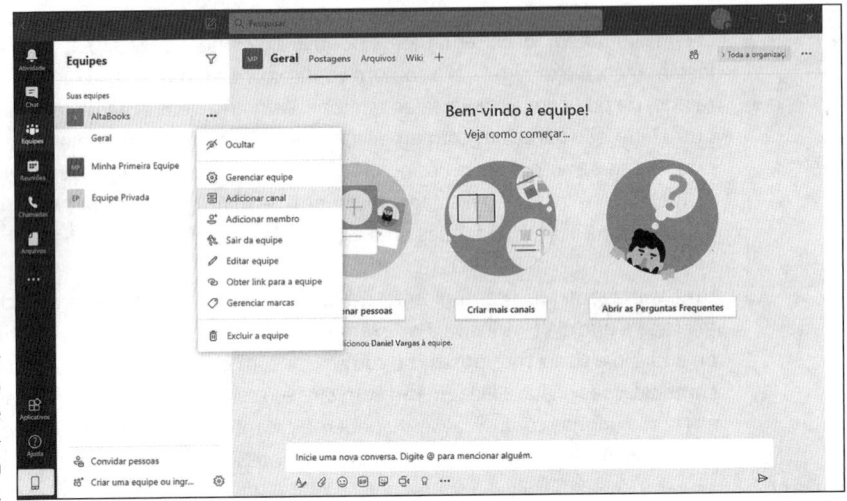

FIGURA 4-3: Escolhendo Adicionar canal do menu de configurações da equipe.

4. **Insira um nome e uma descrição para o canal na caixa de diálogo que aparece e depois clique em Adicionar, como mostra a Figura 4-4.**

> **DICA:** Note que você também pode selecionar a opção para que esse canal seja exibido automaticamente para todas as pessoas da equipe. Se não selecioná-la, o canal ficará escondido e as pessoas precisarão clicar em um botão para vê-lo na lista de canais da equipe. Falo sobre ocultar e mostrar canais no Capítulo 8.

O novo canal aparecerá sob a equipe, como mostra a Figura 4-5.

Podemos criar canais para qualquer tópico. Já vi equipes terem muito sucesso fazendo divisões entre canais relacionados a trabalhos principais e não principais, como eventos em um canal e discussões sobre orçamento em outro.

> **LEMBRE-SE:** Um canal faz parte de uma equipe. Uma equipe pode conter diversos canais e cada um pode conter suas próprias threads de conversas.

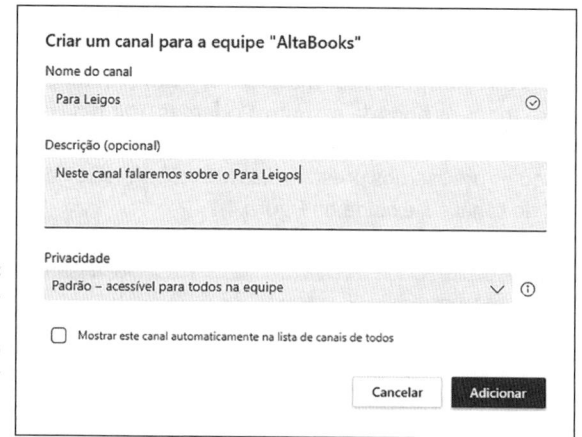

FIGURA 4-4: Preenchendo a caixa de diálogo para criar um novo canal.

FIGURA 4-5: Um novo canal em uma equipe.

Configurando um Canal

Podemos fazer diversas configurações para um canal pela caixa de diálogo Mais opções. Como mostrado anteriormente na Figura 4-3, acessamos essas opções adicionais clicando nas reticências ao lado do nome do canal que queremos gerenciar. A Figura 4-6 mostra o menu suspenso Mais opções, que aparece ao lado do novo canal criado na seção anterior. As opções que aparecem para um novo canal adicionado incluem:

» **Notificações do canal:** Podemos configurar as notificações recebidas do canal. Isso é importante à medida que o uso do Teams pela organização aumenta, pois o Teams pode ficar muito barulhento com todo mundo falando sobre todos os tipos de assunto. Podemos usar essa configuração para diminuir o volume dos canais menos importantes e aumentar o dos tópicos aos quais precisamos prestar mais atenção. A caixa de diálogo de notificações do canal é a exibida na Figura 4-7.

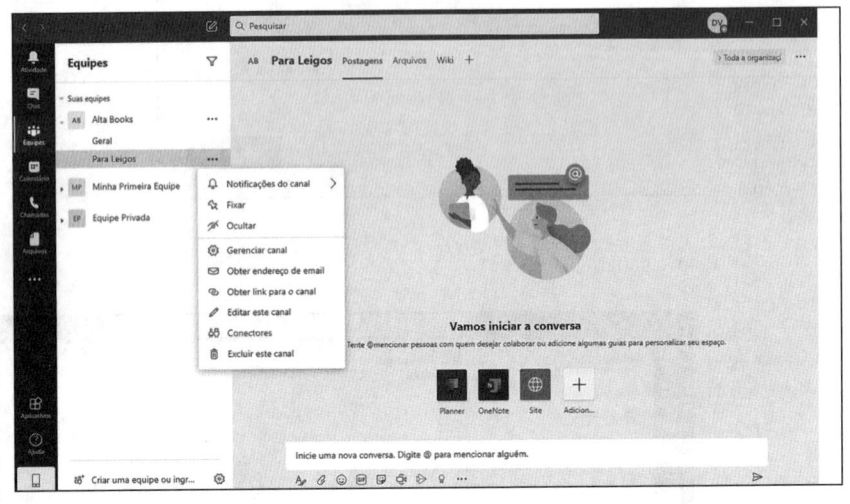

FIGURA 4-6: O menu Mais opções para um canal da equipe.

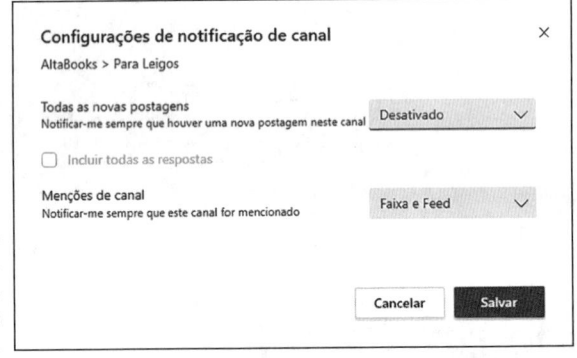

FIGURA 4-7: Configurando as notificações do canal.

» **Ocultar:** Selecione essa opção para ocultar o canal da lista de canais da equipe. Podemos sempre voltar a exibir o canal a qualquer momento. Você verá uma pequena mensagem que informa quantos canais foram ocultados e pode clicar neles para vê-los. Abordo esse comportamento mais detalhadamente no Capítulo 8, já que será necessário se familiarizar com isso quando o número de equipes e canais começar a ficar grande demais.

» **Gerenciar canal:** Essa opção permite que os proprietários do canal gerenciem as permissões do canal, como mostra a Figura 4-8. Podemos permitir que outros moderem o canal e controlem quem pode postar novas mensagens nele. Por exemplo, no Capítulo 5, falo sobre bots e podemos configurar se queremos ou não que eles postem mensagens no canal com essa configuração.

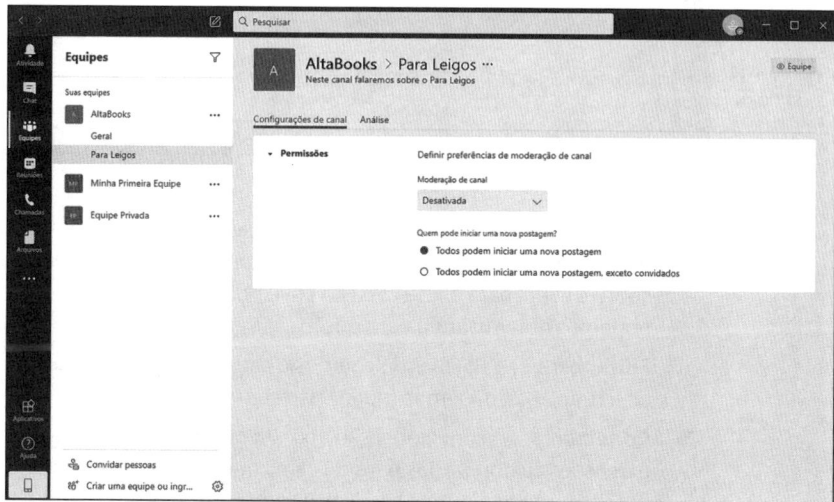

FIGURA 4-8: Gerenciando os moderadores e as permissões de um canal.

» **Obter endereço de e-mail:** Um recurso legal que uso o tempo todo é a capacidade de enviar um e-mail diretamente para um canal. Podemos configurar o canal para que, ao enviarmos um e-mail, a mensagem apareça nele. (Eu envio uma cópia de meus e-mails para meus canais o tempo todo!) A Figura 4-9 mostra o endereço de e-mail do canal privado que criei no Capítulo 3. Sempre que envio um e-mail para esse endereço, ele aparece no canal, como mostra a Figura 4-10.

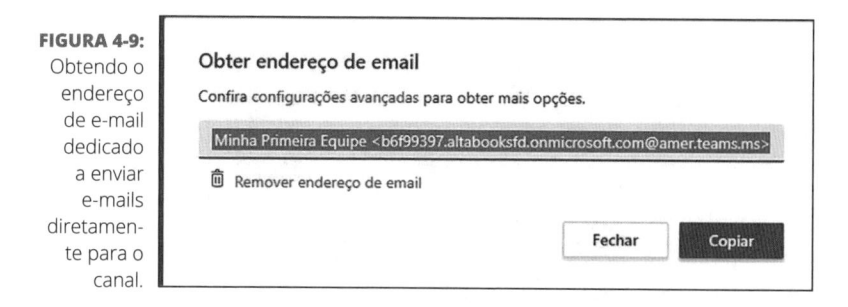

FIGURA 4-9: Obtendo o endereço de e-mail dedicado a enviar e-mails diretamente para o canal.

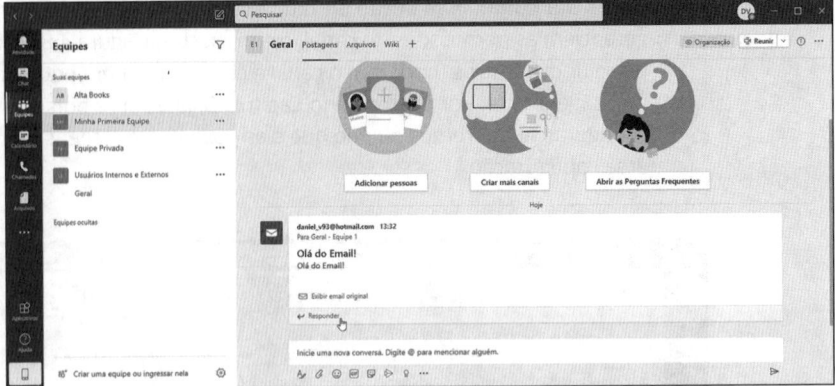

FIGURA 4-10: Vendo um e-mail enviado ao canal.

» **Obter link para o canal:** Podemos nos sentir rapidamente sobrecarregados pelo número de equipes e canais da organização. Quando quisermos falar sobre o canal para alguém, basta enviar direto para a pessoa um link, que podemos obter usando essa opção.

» **Editar este canal:** Quando criamos o canal, configuramos o título e a descrição, mas podemos mudar isso com essa opção.

» **Conectores:** Os conectores são aplicativos adicionais. Pense neles como extensões customizadas para o Teams que podemos adicionar a um canal para conectá-lo a outros serviços de software. Eles nos permitem conectar outros aplicativos ao canal. Há diversos tipos de conectores, como mostra a Figura 4-11. Por exemplo, podemos conectar o canal ao Jira, ao Twitter ou, aparentemente, a qualquer outro aplicativo da internet. Confira o Capítulo 5 para mais detalhes sobre adicionar aplicativos e usar conectores no Teams.

» **Excluir este canal:** Quando estivermos prontos para remover um canal, basta selecionar essa opção.

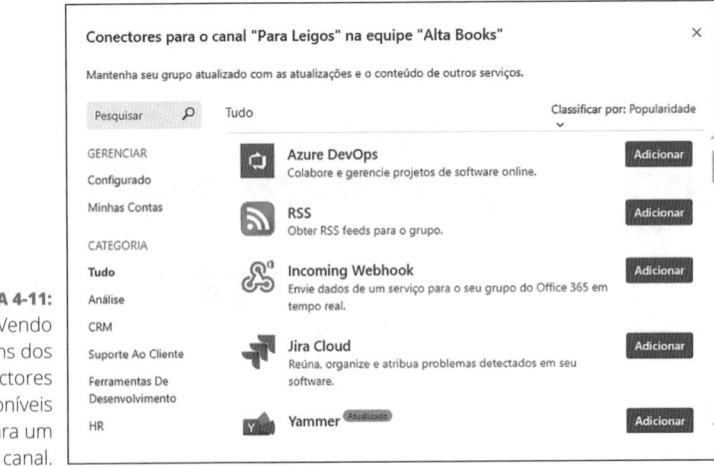

FIGURA 4-11: Vendo alguns dos conectores disponíveis para um canal.

54 PARTE 2 **Explorando Chat, Equipes, Canais e Aplicativos**

DICA — Tenha cuidado com as reticências na qual clicar para abrir o menu suspenso Mais opções. Na Figura 4-3, abro o menu de uma equipe, enquanto na Figura 4-6 abro o menu de um canal. Os canais aparecem embaixo do nome da equipe, mas é fácil selecionar as reticências erradas, já que aparecem próximas demais uma da outra.

DICA — No Capítulo 8, falo mais detalhadamente sobre o uso de alguns desses recursos para domar o fluxo de barulho que vem do aplicativo Teams.

Indo de um Canal para um Chat

As várias formas de comunicação possíveis dentro do Teams podem rapidamente ficar confusas. Então vamos recapitular: uma *equipe* é um grupo de pessoas e um *canal* é uma conversa contínua dentro da equipe. Podemos ter várias equipes e, em cada uma, diversos canais.

O bom desse sistema de comunicação é que ele tem uma estrutura. Sempre podemos selecionar uma equipe no painel de navegação à esquerda e ver os canais dessa equipe. No entanto, pode ser que precisemos falar apenas com uma pessoa ou um grupo de pessoas, e não queremos passar por todo o processo de criar uma nova equipe ou canal. O Teams cuidou disso com um conceito chamado *chat*. O ícone Chat é encontrado no painel de navegação à esquerda, logo acima do ícone Equipes, como mostra a Figura 4-12.

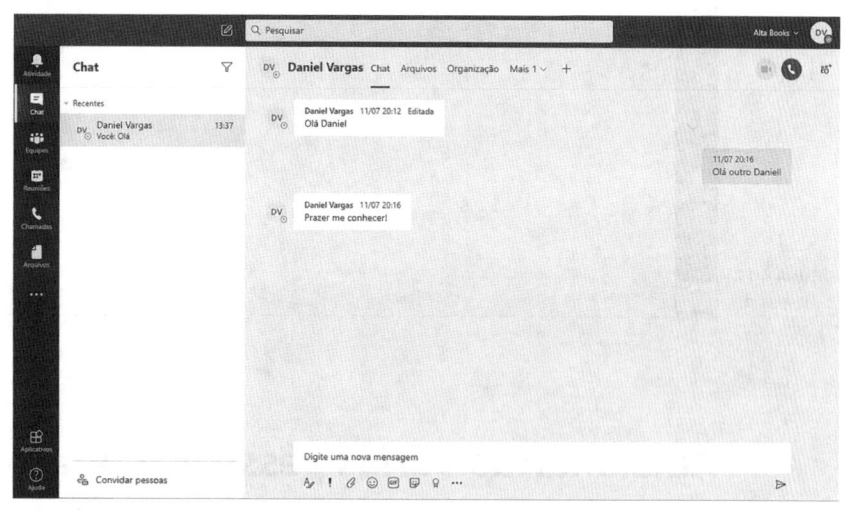

FIGURA 4-12: O recurso Chat do Teams.

DICA — Chat é uma conversa específica entre duas ou mais pessoas.

Clique no ícone Chat para ver uma lista de todos os chats iniciados. Se você já usou o AIM, o Skype ou a maioria dos aplicativos de chat, deve reconhecer que cada item do chat é como uma janela. No entanto, em vez de uma nova janela para cada chat, eles aparecem como um item de uma lista. Clique em um chat e verá a janela principal atualizar para exibir a conversa.

Iniciando um chat privado

Você pode começar um chat privado selecionando o ícone Novo Chat, localizado logo acima do ícone Filtrar no topo da lista de chats. Ele tem a aparência de um pedaço de papel com um lápis (veja a Figura 4-13). Quando selecionamos o ícone, um novo chat aparece à direita da área de trabalho do Teams. Digitamos o nome da pessoa para quem queremos enviar uma mensagem no campo Para:, então clicamos no nome dessa pessoa para adicioná-la ao chat. Uma vez que esteja adicionada, basta enviar uma mensagem, como fazemos em um canal. Digite sua mensagem na caixa de texto na parte inferior da área do chat e pressione a tecla Enter do teclado ou selecione o ícone Enviar, que parece um avião de papel.

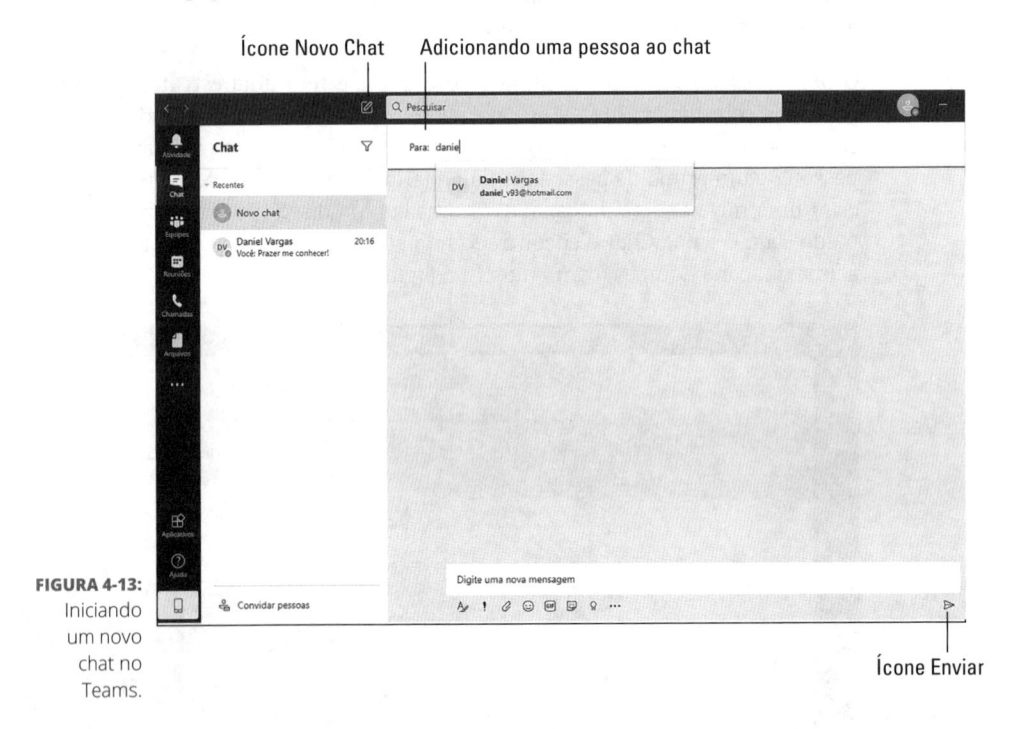

FIGURA 4-13: Iniciando um novo chat no Teams.

Adicionando várias pessoas a um chat

A seção anterior informa como iniciar um novo chat. Podemos falar com várias pessoas adicionando-as à linha Para: quando começamos o chat, mas podemos querer adicionar mais pessoas a um chat existente.

Para adicionar mais pessoas a um chat já iniciado, selecione o ícone Adicionar pessoas, que aparece à direita superior da janela de chat (veja a Figura 4-14). Depois, digite os nomes das pessoas a serem adicionadas na caixa de diálogo Adicionar. Se estiver conversando apenas com uma pessoa e adicionar outra, um novo chat aparecerá com as três pessoas nele. Se já tiver três pessoas e adicionar uma quarta (ou mais), você terá a opção de incluir o histórico do chat para a nova pessoa adicionada, como mostra a Figura 4-14.

PAPO DE ESPECIALISTA

Se estiver conversando com uma pessoa, não poderá adicionar outra ao mesmo chat e compartilhar o histórico do chat pessoal com essa nova pessoa. O recurso de adicionar pessoas e manter o histórico do chat só aparece quando já existem pelo menos três pessoas no chat. A Microsoft informou que isso foi feito por motivos de privacidade e pela expectativa de que, quando há um chat pessoal acontecendo, o Teams não deve permitir que uma pessoa compartilhe esse chat confidencial com outra pessoa.

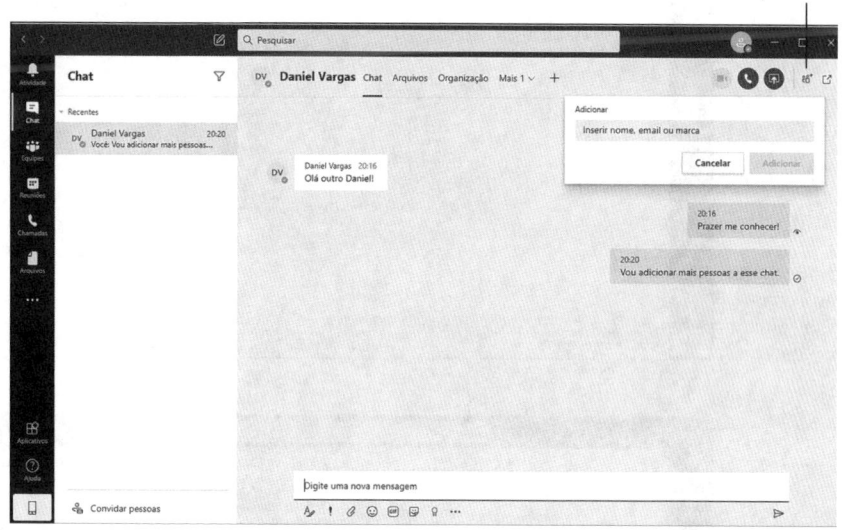

FIGURA 4-14: Adicionando mais pessoas a um chat.

Dando um título a um chat

Por padrão, um chat aparece em sua lista de chats com os nomes das pessoas que participam dele. Muitas vezes, um chat ganha vida própria à medida que mais pessoas são adicionadas e ele passa a ser o ponto central de comunicação para um tópico. Quando isso acontece, acho útil dar um título ao chat para que, quando estiver olhando minha lista de chats, eu possa me lembrar rapidamente do tópico daquele chat.

Para adicionar um título a um chat, clique no ícone do lápis no topo do chat e digite um nome, como mostra a Figura 4-15.

Fixando um chat no topo da lista

Além de dar um título ao chat, também podemos fixar um chat para que sempre apareça no topo da lista. Por padrão, os chats são listados na ordem de uso, com o mais recente no topo. O que faço é fixar um chat no topo da lista para que possa rapidamente chegar nele, mesmo que já tenham se passado alguns dias desde que alguém enviou uma mensagem.

Para fixar um chat, selecione as reticências ao lado dele no painel de navegação à esquerda e selecione Fixar no menu suspenso de Mais opções, como mostra a Figura 4-16.

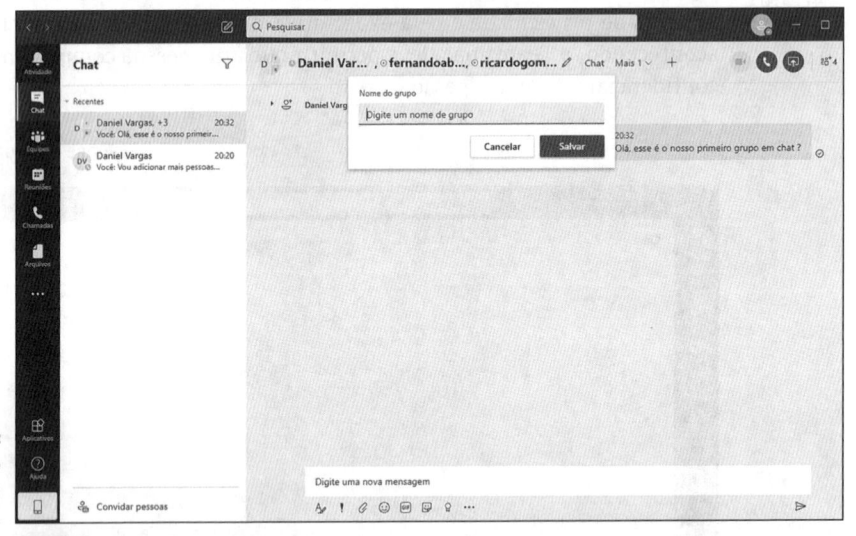

FIGURA 4-15: Adicionando um título a um chat.

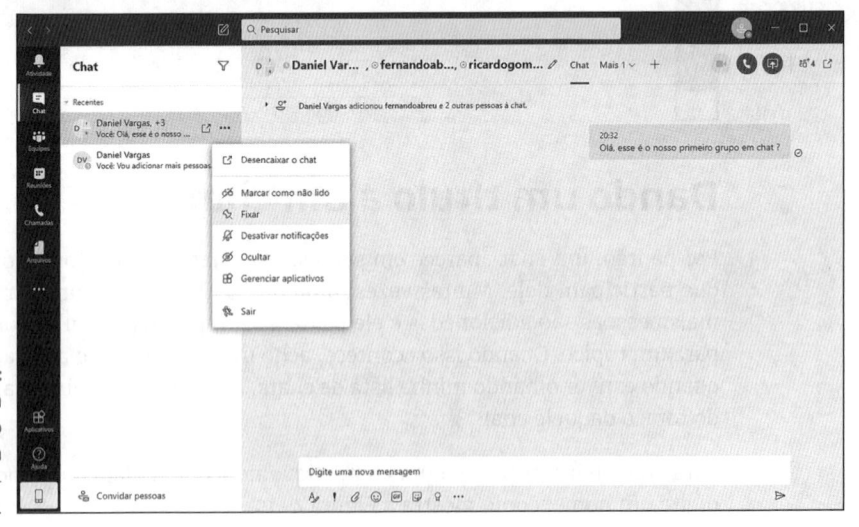

FIGURA 4-16: Fixando um chat ao topo da lista para ter um acesso rápido.

Enviando Mais do que Texto ao Conversar

Inserir texto em um canal ou um chat é o modo mais comum de enviar sua mensagem para outras pessoas da equipe. No entanto, também podemos enviar mais do que apenas texto. Podemos enviar emojis, GIFs, figurinhas e até anexar arquivos. Essas opções aparecem na parte inferior da caixa de texto onde digitamos a mensagem, como mostra a Figura 4-17.

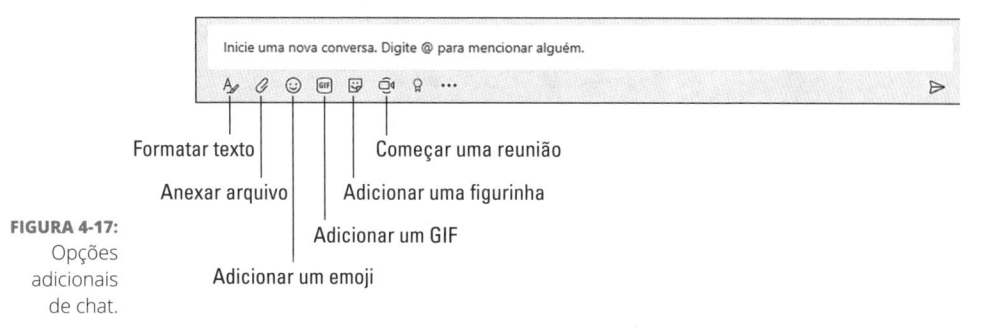

FIGURA 4-17: Opções adicionais de chat.

Adicionando emojis, GIFs e figurinhas

Emojis são pequenos ícones que demonstram uma emoção. Por exemplo, uma carinha feliz mostra felicidade e uma carinha triste, tristeza. Encontramos ícones de emoji de todas as formas, tamanhos e significados. Podemos enviar emojis clicando no ícone de emoji e, então, selecionando o emoji desejado (veja a Figura 4-18).

FIGURA 4-18: Adicionando um emoji à sua mensagem.

DICA

O Teams inclui atalhos de texto que podemos digitar para não precisarmos selecionar com o mouse um emoji na lista de opções mostrada na Figura 4-18. Por exemplo, para enviar uma carinha feliz, podemos digitar dois pontos (:) seguido de um parêntese de fechamento ( )). Quando digitamos essa sequência de caracteres, o emoji da carinha feliz é automaticamente adicionado ao chat. Também podemos digitar uma palavra-chave entre parênteses para criar um ícone de emoji. Alguns dos emojis mais comuns e suas palavras-chave são exibidos na Figura 4-19. A lista completa pode ser encontrada em https://365trainingportal.com/microsoft-teams-emoji-shortcuts/.

Emoji	Description	Shortcut
	Smiley	(smile)
	Big smile	(laugh)
	Heart	(heart)
	Kiss	(kiss)
	Sad	(sad)
	Smiley with tongue out	(tongueout)
	Winking	(wink)
	Crying	(cry)
	In love	(inlove)
	Hug	(hug)
	Crying with laughter	(cwl)
	Kissing lips	(lips)

FIGURA 4-19: Atalhos de emojis do Microsoft Teams.

GIF é uma imagem animada. O Microsoft Teams inclui vários GIFs populares. Por exemplo, pode haver um gato bocejando ou uma reação de um personagem de um programa de televisão popular. Também podemos incluir esses videoclipes curtos como GIFs nas mensagens de chat clicando no ícone GIF na parte inferior da caixa de texto.

Figurinhas são pequenas imagens do tipo tirinha. Por exemplo, um desenho com um balão de fala sobre uma pessoa. Se você já leu a tirinha do *Garfield*, deve imaginar como elas são. O Microsoft Teams inclui várias dessas figurinhas populares, e podemos adicionar as nossas próprias. Para adicionar uma figurinha ao chat, veja a Figura 4-20.

Adicionando um arquivo

Além de emojis, GIFs e figurinhas divertidas, também podemos adicionar um arquivo à mensagem do chat. Por exemplo, podemos trabalhar em uma planilha do Excel e querer incluí-la no chat. Adicionamos o arquivo à mensagem do chat usando o ícone do clipe de papel, como mostra a Figura 4-21. Podemos escolher um arquivo recente no qual estivemos trabalhando, procurar arquivos já enviados para o Teams, escolher um arquivo do OneDrive ou enviar um arquivo de nosso próprio computador.

DICA Ao anexar um arquivo ao canal, ele aparece na guia Arquivos no topo do canal. Essa guia é um site SharePoint nos bastidores. Podemos encontrar a guia no topo da Figura 4-21 entre as guias Postagens e Wiki.

FIGURA 4-20: Enviando uma figurinha para sua mensagem.

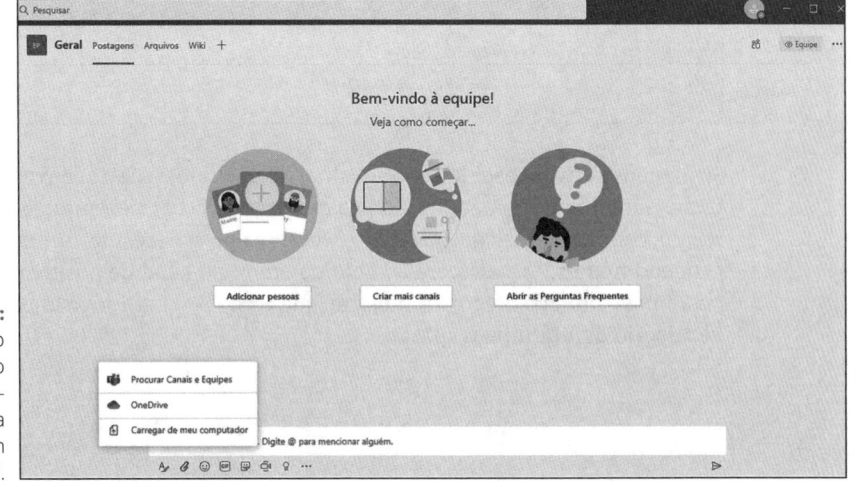

FIGURA 4-21: Anexando um arquivo a uma mensagem para enviar a um canal.

CAPÍTULO 4 **Mantendo Contato com Canais e o Chat** 61

> ## @ MENÇÃO
>
> Se quiser chamar a atenção de alguém em um chat, você pode mencionar essa pessoa com @ menção (fala-se "arroba menção"). Ao digitar o caractere @, uma lista de pessoas do canal aparecerá e selecionamos o nome da pessoa adequada. Quando marcamos alguém com @, essa pessoa é notificada, com base em suas configurações de notificação, de que você está tentando obter sua atenção. Abordo as configurações de notificação no Capítulo 8.

Reagindo às mensagens

Quando alguém digita uma mensagem, podemos reagir a ela, em vez de, ou além de, respondê-la. *Reagir* significa reconhecer que você visualizou a mensagem. Por exemplo, você pode reagir com um emoji como o do sinal de positivo, o da carinha surpresa ou muitos outros. Para reagir a uma mensagem, passe o mouse por cima dela ou selecione as reticências, se estiver usando um dispositivo móvel e de tela sensível ao toque, então selecione a reação. Na Figura 4-22, estou reagindo à mensagem com o emoji de sinal de positivo para indicar que vi e gostei da mensagem.

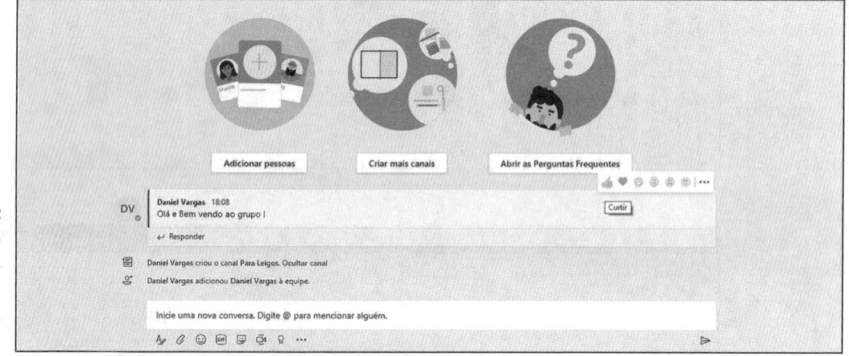

FIGURA 4-22: Reagindo a uma mensagem com o sinal de positivo.

Se alguém já tiver reagido com um sinal de positivo, então sua reação aumentará o número que aparece ao lado da mesma reação. Por exemplo, se seu colega reagiu com um sinal de positivo e você reagir da mesma forma, então um pequeno número 2 aparecerá ao lado do emoji do sinal de positivo. As reações podem ser importantes para mostrar que a mensagem foi vista sem que seja necessário digitar uma resposta.

> **NESTE CAPÍTULO**
>
> » Descobrindo aplicativos no Teams
> » Aprendendo sobre aplicativos na loja
> » Encontrando conectores para seus serviços favoritos
> » Instalando e usando aplicativos populares
> » Tagarelando com seu bot favorito

Capítulo **5**

Ampliando o Teams com Aplicativos

O mundo atual é mais interconectado do que em qualquer época da história humana. Na internet, essas conexões tomam forma de aplicações de software que se comunicam umas com as outras. O Microsoft Teams adota a integração com todos os tipos de software no formato de aplicativos adicionais. E existem diversos aplicativos: para uso pessoal, para adicionar guias e bots aos canais, adicionar conexões a outros serviços de software e melhorar as experiências de comunicação por mensagens.

Neste capítulo, você descobrirá como encontrar, instalar e usar aplicativos no Teams. Aprenderá sobre aqueles criados para o Microsoft Office, como o SharePoint, o Word, o Excel, o PowerPoint, o Planner e o OneNote, e como integrá-los ao Teams. Também descobrirá alguns dos aplicativos mais populares desenvolvidos por outras empresas, como o Asana, o Zendesk, o Dropbox, o Box e o Google Drive, e como também é possível adicioná-los ao Teams. E também ficará sabendo como os bots podem ajudar suas conversas no Teams.

Descobrindo Aplicativos Já Instalados

Se você estiver lendo este livro na ordem e criou um novo canal no Capítulo 4, então já teve uma experiência com aplicativos, mas pode apenas não ter percebido ainda, pois os aplicativos são destinados a fazer parte do Microsoft Teams. Todo canal criado inclui dois aplicativos que aparecem como guias no topo da tela principal do Teams, como mostra a Figura 5-1. São eles: Arquivos e Wiki.

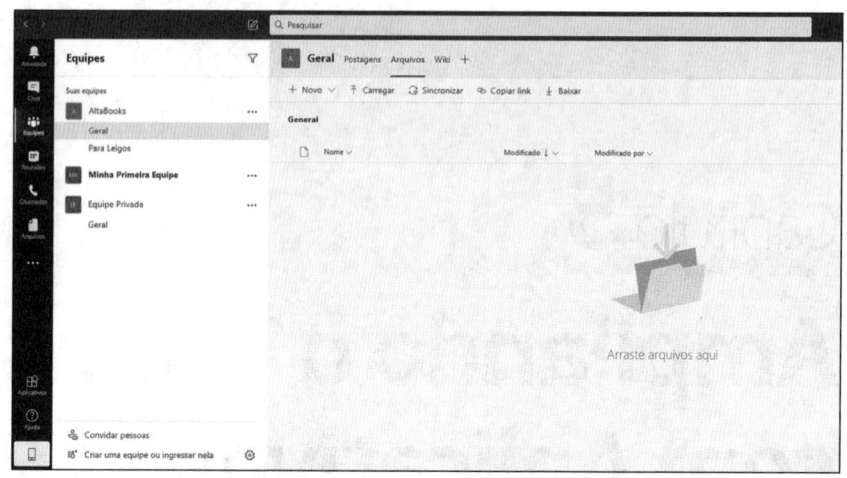

FIGURA 5-1: As guias Arquivos e Wiki em um canal.

A guia Arquivos

A guia Arquivos é um aplicativo que mostra os arquivos criados e salvos em um canal do Teams que, na verdade, é um site SharePoint que fica nos bastidores. E a guia Wiki é uma página Wiki que também fica em um site SharePoint. Eu mencionei que toda equipe do Teams tem um site SharePoint associado? Você talvez nunca precise acessá-lo diretamente, mas ele está lá, nos bastidores, oferecendo funcionalidades SharePoint ao Teams.

Quando clicamos na guia Arquivos, temos uma visão de uma biblioteca SharePoint. Podemos criar novos arquivos, carregar arquivos existentes, obter um link para a biblioteca, adicionar um local de armazenamento em nuvem extra (já falaremos mais sobre isso) e até abrir a biblioteca no SharePoint. A Figura 5-2 mostra a mesma biblioteca da Figura 5-1, só que aberta no SharePoint, em vez de no Teams. Se adicionarmos um arquivo a qualquer uma delas, seremos capazes de vê-lo instantaneamente na outra.

FIGURA 5-2: Vendo os Arquivos de um canal do Teams no SharePoint.

O SharePoint é um produto a parte e requer seu próprio livro. Se tiver interesse em aprender mais sobre ele, é preciso procurar outras fontes.

A guia Wiki

Quando clicamos na guia Wiki, vemos uma página que pode ser personalizada para notas, documentação, imagens ou qualquer outra coisa desejada. É uma Página Wiki do SharePoint e fica no mesmo site da guia Arquivos. A Figura 5-3 mostra a página Wiki do canal Geral na equipe Alta Books.

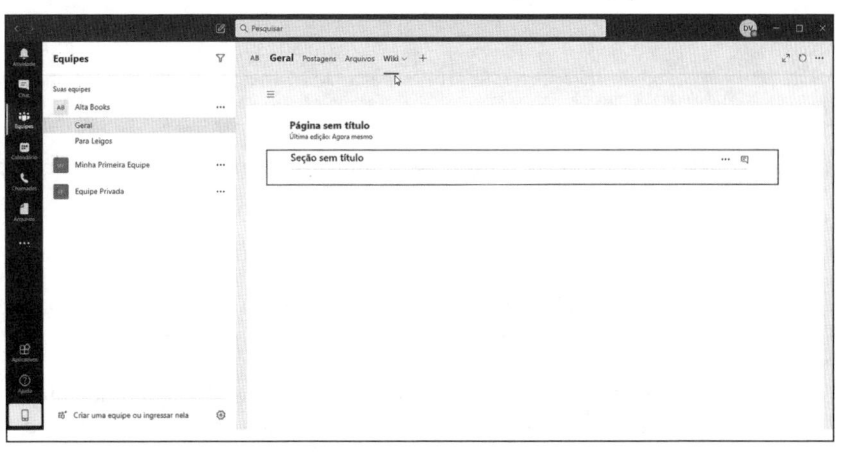

FIGURA 5-3: Vendo a guia Wiki em um canal do Teams.

As duas guias, Arquivos e Wiki, são aplicativos que podem ser adicionados ao Teams. Eles fornecem integração com o SharePoint e existem outros aplicativos que fornecem integração com praticamente todo software imaginável. Vejamos esses aplicativos.

CAPÍTULO 5 **Ampliando o Teams com Aplicativos** 65

Pesquisando e Adicionando Aplicativos

Existe uma loja de aplicativos integrada ao Teams e podemos acessá-la de diversas formas. A mais fácil é abrir as configurações de uma equipe e pesquisar os aplicativos, mas também podemos ver os aplicativos disponíveis por conectores específicos ou guias em um canal dentro de uma equipe. Primeiro, daremos uma olhada em como ver e instalar os aplicativos disponíveis por meio das configurações de uma equipe.

Para ver e instalar os aplicativos disponíveis para o Teams, siga estes passos:

1. Selecione o aplicativo Equipes no painel de navegação à esquerda para ver uma lista de suas equipes.

2. Abra o menu suspenso Mais opções clicando nas reticências à direita de uma das equipes da lista.

3. Selecione Gerenciar equipe.

    A tela de configurações dessa equipe aparecerá.

4. Selecione a guia Aplicativos no topo da tela de configurações, como mostra a Figura 5-4.

    Você verá todos os aplicativos instalados no Teams por padrão. Observe que o aplicativo para o SharePoint já está instalado (você usou o SharePoint na seção anterior quando clicou nas guias Arquivos e Wiki em um canal).

5. Selecione o botão Mais aplicativos para ver a loja, como mostra a Figura 5-5.

    Note que os aplicativos estão categorizados e que é possível fazer buscas.

6. Selecione o aplicativo para conhecê-lo melhor, então selecione o botão Adicionar para adicioná-lo a uma equipe ou chat.

    A Figura 5-6 mostra a adição do aplicativo Trello a uma equipe. Trello é um serviço de gerenciamento de tarefas que pode ser encontrado em `https://trello.com`.

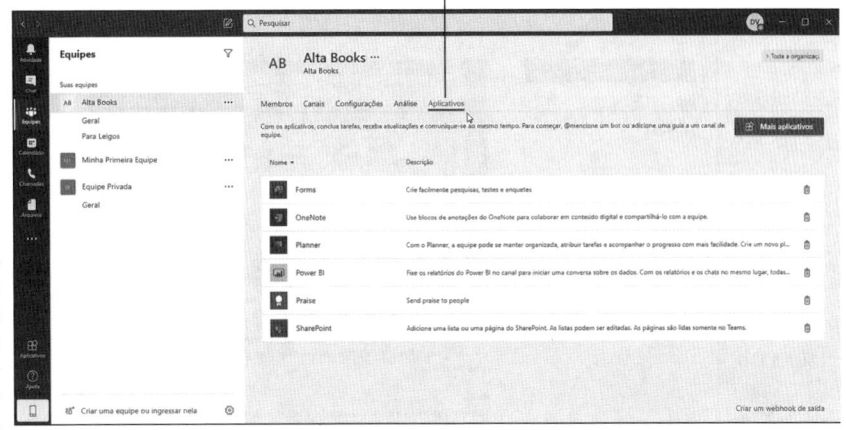

FIGURA 5-4:
A guia Aplicativos na página de configurações de uma equipe.

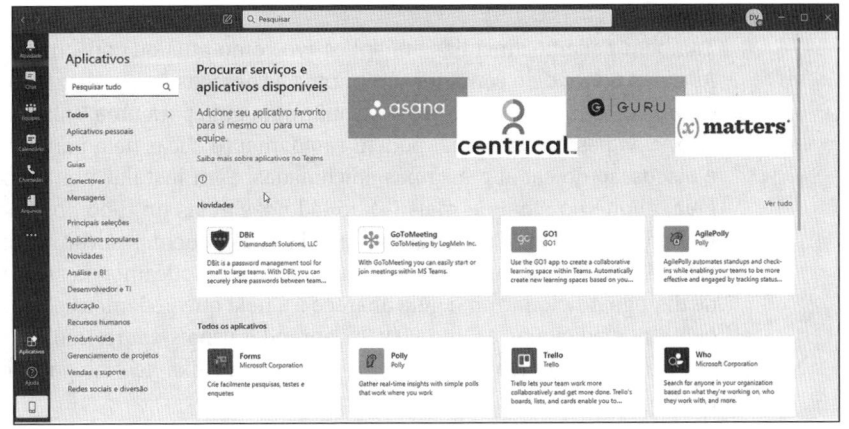

FIGURA 5-5:
A loja de aplicativos do Microsoft Teams.

Quando adicionamos um aplicativo, podemos não notar diferenças imediatas no Teams. Isso porque aplicativos diferentes fazem coisas diferentes, e algumas dessas funcionalidades não são óbvias. Por exemplo, o aplicativo Trello possibilita a adição de uma guia especial aos canais dedicada ao Trello. Ou podemos usar o bot do Trello para interagir com as tarefas deste, fazendo-o enviar mensagens a um canal. Se você está usando o Trello, então sabe procurar essas coisas; se não, pode nem estar ciente de que o aplicativo foi adicionado. Vemos exatamente quais aplicativos foram adicionados a uma equipe selecionando as reticências ao lado do nome da equipe e, depois, Gerenciar equipe. Nas configurações de gerenciamento de equipe, selecione a guia Aplicativos para ver exatamente quais aplicativos estão instalados para a equipe.

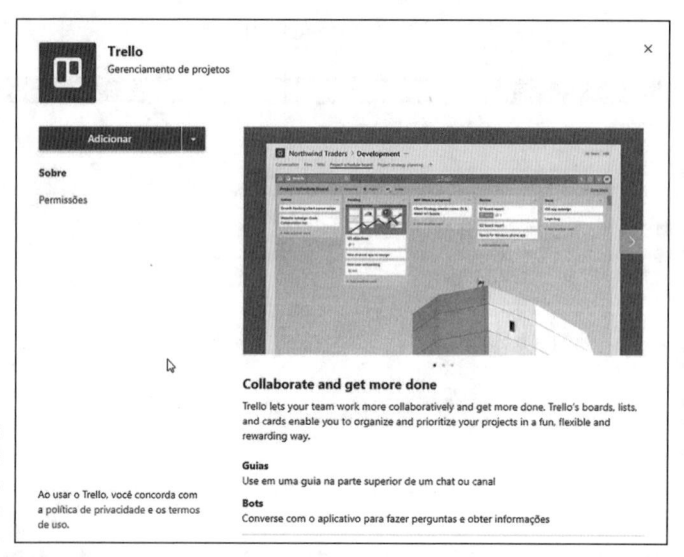

FIGURA 5-6: Adicionando o aplicativo Trello a uma equipe.

Também podemos instalar um aplicativo como guia ou conector em um canal. As guias no topo do canal fornecem para as pessoas uma navegação rápida pelo canal. Por exemplo, podemos adicionar uma guia para uma Wiki ou um aplicativo, e as pessoas no canal podem rapidamente clicar nela para navegar entre a discussão do canal e as guias adicionadas. Para instalar um aplicativo como guia, clique no sinal de mais (+) ao lado das guias no topo do canal. As guias incluídas por padrão são Arquivos e Wiki, mas podemos clicar no sinal de mais (+) à direita delas para adicionar outras. Quando clicamos nesse sinal, a caixa de diálogo Adicionar uma guia aparece e é nela que podemos escolher qual guia queremos adicionar ao canal (você aprenderá mais sobre isso em breve, mas pode pular e conferir a Figura 5-10 para ver a caixa de diálogo Adicionar uma guia).

Para instalar um conector para um canal, clique nas reticências ao lado do nome do canal para abrir o menu suspenso Mais opções e selecione Conectores na lista. A tela Conectores aparece, como mostra a Figura 5-7. Podemos conectar um canal do Teams a praticamente qualquer serviço de software popular na internet.

Conector é uma conexão para outro serviço de software que permite que esse serviço forneça atualizações diretamente ao Teams e ao canal. Por exemplo, se adicionarmos um conector para o Twitter, poderemos ver os tuítes diretamente no canal. Gosto de pensar em um conector como um modo de me manter atualizada com as coisas que acontecem fora do Teams. Os conectores me permitem permanecer em contato com outros serviços de software sem ter de sair dos meus canais do Teams.

Quando abrimos a opção Conectores de um canal, temos uma visão filtrada da loja de aplicativos. Podemos ver os aplicativos já instalados que têm opções de conectores (note o aplicativo Forms) e também podemos adicionar outros, como mostra a Figura 5-8.

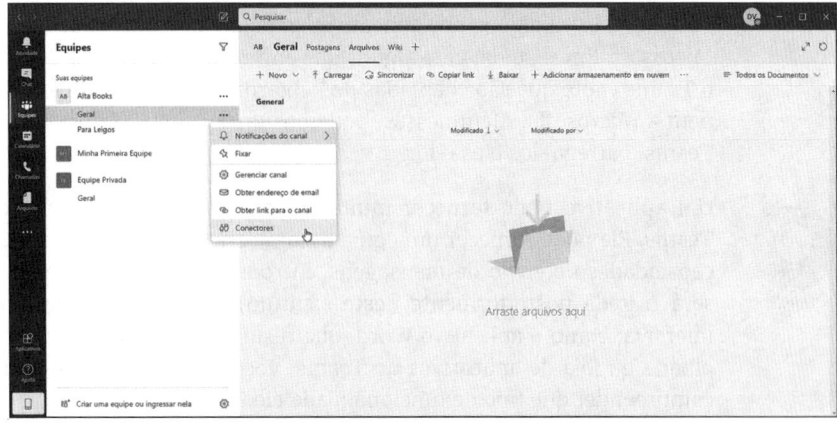

FIGURA 5-7: Acessando a opção Conectores no menu Mais opções em um canal.

FIGURA 5-8: Veja os conectores disponíveis em um canal.

DICA

Falar de todos os aplicativos disponíveis para o Teams vai além do escopo deste livro. Mostro os mais populares na próxima seção. Aproveite e instale alguns para explorá-los. Eu sempre encontro novos aplicativos que nem sabia que existia!

CAPÍTULO 5 **Ampliando o Teams com Aplicativos** 69

Explorando Aplicativos Populares

Uma das melhores formas de entender como os aplicativos podem ampliar o Teams é mergulhando de cabeça, instalando-os e utilizando-os. Nesta seção, você descobrirá alguns dos aplicativos populares do Teams desenvolvidos pela Microsoft. Em seguida, verá alguns que empresas externas desenvolveram para o Teams (note que são chamadas de "externas" porque não são a sua empresa nem a Microsoft). Além desses, podemos criar nossos próprios aplicativos do Teams, carregá-los e usá-los.

DICA

Um aplicativo pode fornecer muitas formas de integração com o Microsoft Teams. Ele pode fornecer uma guia ou um conector para um canal, ampliar as capacidades de envio de mensagens, introduzir um bot aos canais (coisa que será tratada posteriormente neste capítulo) e até fornecer uma experiência imersiva, como o aplicativo Word, que resumo na próxima seção. Ao dar uma olhada na loja de aplicativos do Teams, você pode ler sobre o aplicativo para compreender que tipo de funcionalidade ele fornece.

Aplicativos populares da Microsoft

A Microsoft tem vários aplicativos para o Teams ativados por padrão. Também podemos adicionar mais à medida que necessitarmos deles. Falo dos mais populares, e alguns dos meus favoritos, a seguir.

Office

O Teams inclui aplicativos para integrá-lo ao Microsoft Office (Word, Excel, PowerPoint e OneNote) por padrão. Não é preciso instalar nada. Uma das minhas integrações favoritas é com o Microsoft Word. Quando escrevi este livro, o fiz dentro do Teams usando o Word. A Figura 5-9 mostra como este capítulo estava quando era um rascunho no Teams! Então, onde fica o documento Word no qual trabalho? Ele fica em uma biblioteca SharePoint na minha assinatura da Portal Integrators do Office 365. Eu adicionei a biblioteca SharePoint usando o aplicativo do SharePoint para o Teams, sobre o qual falo a seguir.

DICA

Podemos abrir um documento Word em outros locais além do SharePoint. Por exemplo, podemos armazenar nossos documentos em um Dropbox, um Box ou até no Google Drive e usar aplicativos associados para integrar esses serviços ao Teams. Verifique posteriormente neste capítulo os detalhes da instalação desses e de outros aplicativos externos.

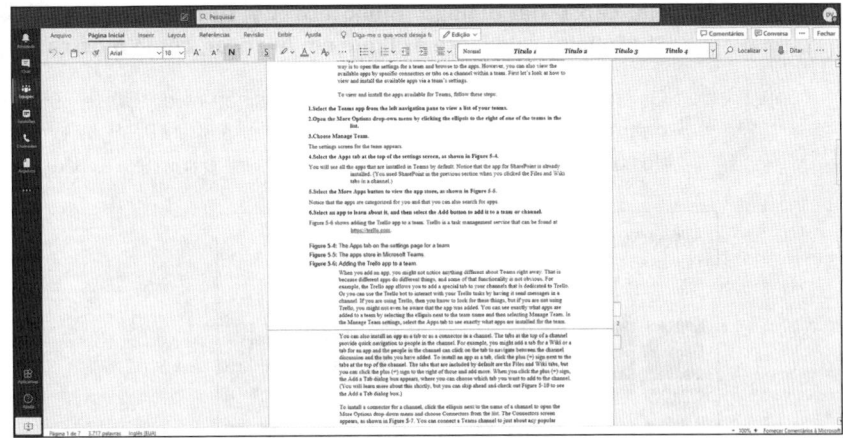

FIGURA 5-9: Usando o Microsoft Word dentro do Microsoft Teams.

SharePoint

O aplicativo possibilita a integração de sites, bibliotecas e listas do SharePoint no Teams. Como mencionado na seção anterior, escrevi este livro usando o Microsoft Word dentro do Microsoft Teams, mas os arquivos em si ficam dentro de um site SharePoint da minha assinatura da Portal Integrators do Office 365. Como adicionei os arquivos do SharePoint no Teams? Utilizando o aplicativo SharePoint. Ele vem instalado no Teams por padrão, basta usar o Teams para integrá-lo ao SharePoint.

Uma dica útil para trabalhar com o SharePoint no Teams é adicionar a um canal uma guia para uma biblioteca SharePoint específica. Veja como:

1. **Selecione o ícone Equipes no painel de navegação à esquerda para ver todas as suas equipes.**

2. **Clique no canal a ser integrado com o SharePoint para abri-lo na parte principal da tela.**

3. **Clique no sinal de mais (+) à direita das guias Arquivos e Wiki para adicionar uma guia.**

   A caixa de diálogo Adicionar uma guia aparece, como mostra a Figura 5-10.

4. **Escolha a opção Biblioteca de Documentos.**

   Note que também podemos escolher outros aplicativos populares que fornecem suporte de guia, como Excel, Forms, OneNote, PDF e muitos outros. Se não encontrar o que procura logo de cara, basta procurar um aplicativo específico ou selecionar o link Mais aplicativos para ver todos os disponíveis na loja.

5. **Na caixa de diálogo Biblioteca de Documentos, selecione o site SharePoint relevante e clique em Avançar, como mostra a Figura 5-11.**

   Os sites SharePoint inclusos em sua assinatura do Office 365 aparecem por padrão. Se você estiver adicionando um site SharePoint de um local diferente de sua assinatura do Office 365, pode inserir o link nessa caixa de diálogo.

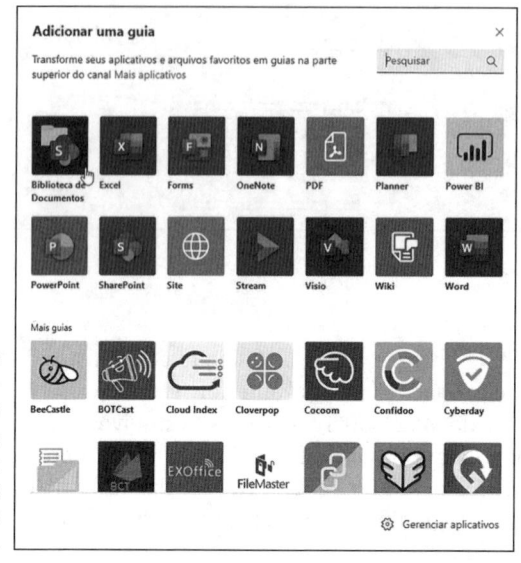

FIGURA 5-10: Adicionando uma Biblioteca SharePoint como guia em um canal.

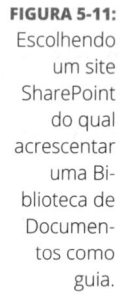

FIGURA 5-11: Escolhendo um site SharePoint do qual acrescentar uma Biblioteca de Documentos como guia.

6. **Selecione a biblioteca entre as disponíveis no site SharePoint e depois clique em Avançar.**

   Na Figura 5-12, selecionei a biblioteca SharePoint chamada Documentos.

7. **Insira um nome para a guia e clique em Salvar.**

   Agora há uma nova guia disponível no canal, que, quando clicada, exibe os arquivos da biblioteca SharePoint associada (veja a Figura 5-13). Podemos clicar em um arquivo Office e ele será aberto dentro do Teams para que possamos trabalhar nele. Bem legal, não é?

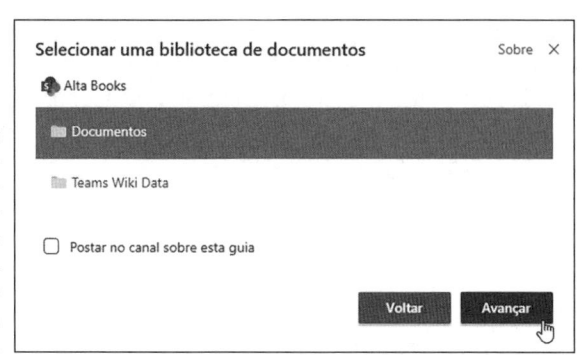

FIGURA 5-12: Escolhendo uma Biblioteca de Documentos para adicionar como guia em um canal.

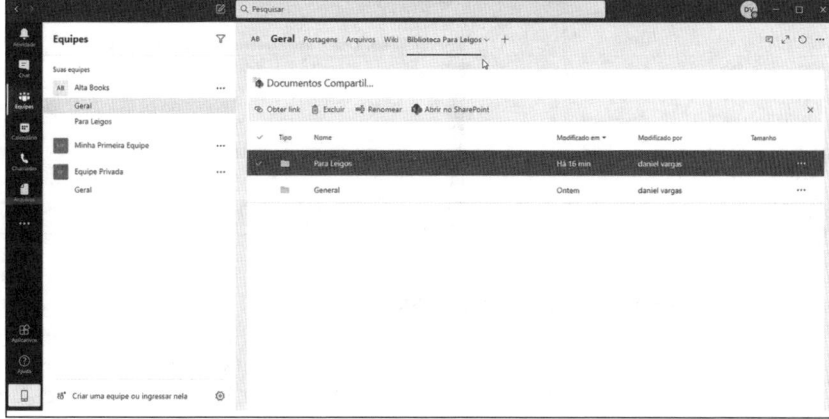

FIGURA 5-13: Vendo uma biblioteca SharePoint como guia em um canal do Teams.

Além do Office e do SharePoint, geralmente uso integrações de aplicativos para o Excel, o Planner, o OneNote, o PowerPoint, o OneDrive, o Flow e o Forms. Cada um deles tem integrações similares, como as que vimos com o Word e o SharePoint.

Aplicativos populares de empresas externas

A quantidade de aplicativos de empresas externas disponíveis para o Teams é surpreendente. Como consultora, trabalho com muitos serviços de softwares diferentes todos os dias, e cada um de meus clientes parece ter seus favoritos. A seguir há uma pequena amostra de alguns dos aplicativos que já vi serem usados no Teams. Só olhando para a lista de aplicativos na loja do Teams (veja anteriormente neste capítulo informações de como encontrá-la), percebemos que quase tudo o que queremos pode estar listado na loja.

DICA

Cada um dos aplicativos descritos tem documentações dedicadas a trabalhar com o aplicativo no Microsoft Teams. Para aprender mais sobre qualquer um deles, abra seu mecanismo de busca favorito e inclua o nome do aplicativo junto de Microsoft Teams. Por exemplo, para aprender sobre o aplicativo Trello, pesquise "integração Trello com Microsoft Teams". A Figura 5-14 mostra a documentação fornecida pela Trello para seu aplicativo do Microsoft Teams.

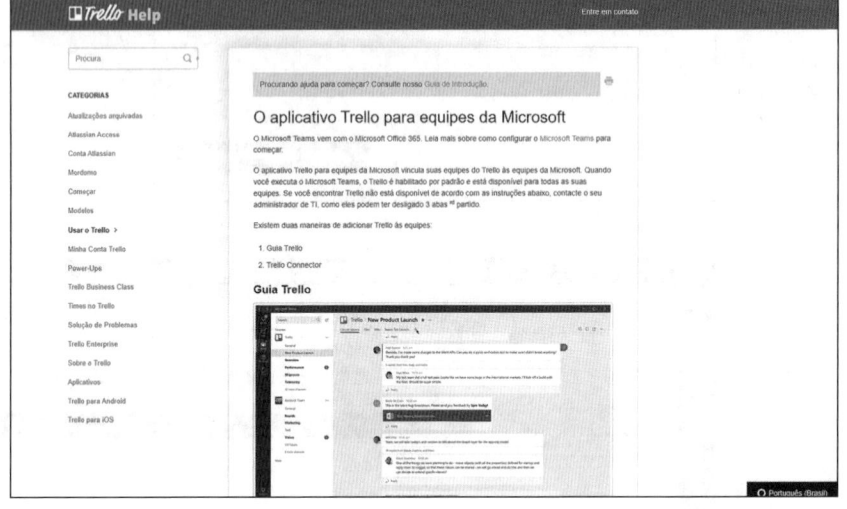

FIGURA 5-14: A página de documentação do aplicativo Trello para o Microsoft Teams.

Freshdesk e Zendesk

Freshdesk (https://freshdesk.com) e Zendesk (www.zendesk.com) são sistemas de tíquetes de suporte populares. Por exemplo, se temos um problema com um site, podemos abrir um tíquete de suporte. O Freshdesk e o Zendesk são produtos de software que gerenciam esses tíquetes. Ambos têm aplicativos no Teams que possibilitam a notificação de tíquetes atribuídos a você e sua equipe. As notificações chegam em forma de bot que envia uma postagem para o seu canal. Você pode responder o bot e enviar uma mensagem para ele a fim de atualizar o tíquete (confira a seção "Tagarelando com Bots", posteriormente neste capítulo, para mais informações sobre como trabalhar com bots no Teams).

Asana e Trello

Asana (https://asana.com) e Trello (https://trello.com) são serviços de gerenciamento de trabalho. Podemos fazer coisas como gerenciar o trabalho, projetos e tarefas da equipe. Quando instalamos os aplicativos Asana ou Trello no Microsoft Teams, vemos nossos projetos diretamente nele e transformamos nossas conversas em itens Asana ou Trello. Por exemplo, enquanto conversa com sua equipe, você pode decidir que há um item de ação que precisa ser realizado e pode usar o aplicativo para adicioná-lo ao Asana ou Trello diretamente do chat.

Dropbox, Box e Google Drive

O Teams integra o SharePoint e o OneDrive nos bastidores para armazenar arquivos, e também podemos adicionar aplicativos para integrar outros locais de armazenamento em nuvem. Três deles são o Dropbox (www.dropbox.com), o Box (www.box.com) e o Google Drive (www.google.com/drive). Quando adicionamos um desses aplicativos ao Microsoft Teams, podemos trabalhar com os arquivos armazenados neles, como trabalhei com os arquivos Word no SharePoint. A Figura 5-15 mostra a documentação do Dropbox criada para seu aplicativo do Microsoft Teams.

FIGURA 5-15:
A página de documentação do aplicativo Dropbox para o Teams.

Twitter

Ao instalarmos esse aplicativo, podemos nos manter atualizados com o Twitter (https://twitter.com) sem nunca sair do Teams. Quando o adicionamos, obtemos um conector para os canais a fim de receber os tuítes e seguir as hashtags. A Figura 5-16 mostra a adição do aplicativo Twitter a partir da loja do Teams.

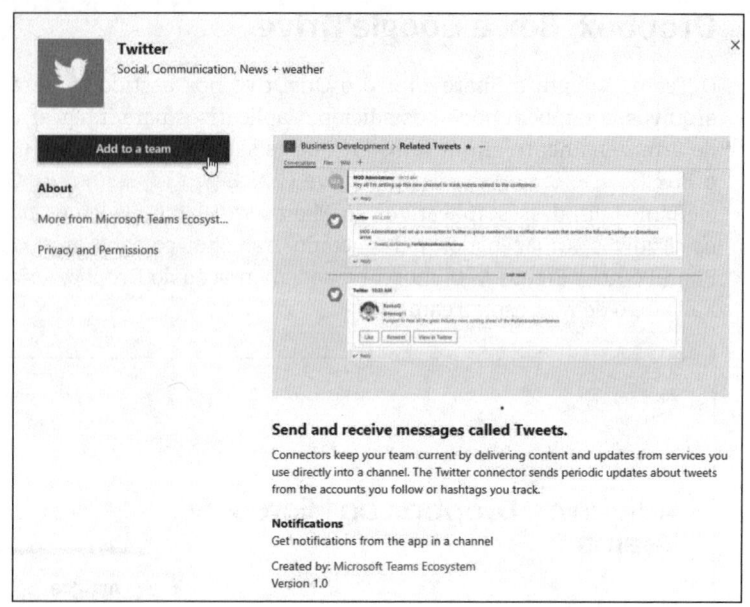

FIGURA 5-16:
Adicionando
o aplicativo
Twitter ao
Microsoft
Teams.

Salesforce

Salesforce (`www.salesforce.com`) é um serviço de CRM (sigla em inglês para gestão de relacionamento com o cliente) que permite que as organizações acompanhem seus contatos, suas vendas e muitas outras coisas. Quando instalamos o aplicativo Salesforce para o Microsoft Teams, podemos interagir com itens Salesforce sem sair do Teams. Eu já vi empresas que usam o Salesforce amarem este aplicativo porque podem conversar e trabalhar com o programa sem ter de ficar mudando de um para outro.

Kronos

Kronos (`www.kronos.com`) é uma empresa de software que faz softwares populares de gestão de trabalho. Eu vi algumas empresas utilizarem ele para registro de tempo e outros itens de recursos humanos. Quando instalamos o aplicativo Kronos para Microsoft Teams, podemos interagir com o Kronos usando um bot, administrando tarefas básicas do Kronos diretamente a partir do Teams.

Como já mencionado neste capítulo, existem muitos outros aplicativos que podem ser instalados para integrar o Teams a outros serviços de software. A velocidade com que as empresas desenvolvem esses aplicativos é impressionante. O Teams parece estar assumindo a posição central como o software no qual as pessoas passam seu tempo trabalhando, e ser capaz de se integrar a ele tornou-se uma prioridade. Tenho notado uma tendência de que outros softwares, especialmente os da Microsoft, acabam ficando em segundo plano, e o Teams se torna a porta de entrada para utilizá-los. Experienciei isso em primeira mão quando usei o Microsoft Word para escrever este livro sem nunca sair do aplicativo Teams. Sei por experiência própria que os arquivos do livro ficavam em um SharePoint e a edição feita acontecia no Word. No entanto, se eu fosse uma nova usuária do Teams, poderia nunca saber nem me importar com os aplicativos dos bastidores; simplesmente acharia que tudo acontece no Microsoft Teams.

Configurando Permissões para os Aplicativos

Podemos limitar o acesso que os aplicativos adicionados ao Teams têm em cada um dos dispositivos. Por exemplo, podemos habilitar ou desabilitar o acesso ao microfone, às caixas de som e à câmera. Podemos permitir que os aplicativos abram links em aplicações externas ou acessem nossa localização geográfica. Também podemos permitir que enviem notificações ou até acessem o formato MIDI para enviar sons entre os dispositivos. Os desenvolvedores de aplicativos podem exigir especificamente essas permissões e, quando isso acontece, vemos uma notificação no momento da instalação do aplicativo requisitando as permissões. No entanto, podemos desativá-las, como exemplificado a seguir. Essas permissões podem ser configuradas para todos os aplicativos ou podem ser personalizadas para cada um deles.

PAPO DE ESPECIALISTA

Pense nos aplicativos adicionados como guias para seu dispositivo, como um mininavegador integrado ao Teams. A guia pode interagir com seu computador, como um navegador, mas deve ter permissão para isso. Se abrimos um site que queira usar a câmera e o microfone, ele perguntará se tem permissão para isso. É o mesmo conceito com o Teams.

Para configurar as permissões dos aplicativos do Teams para seu dispositivo, siga estes passos:

1. **Faça login no Teams e selecione Configurações no menu suspenso do perfil.**

2. **Na tela Configurações, selecione Permissões no painel de navegação à esquerda.**

    A tela Permissões aparecerá, como mostra a Figura 5-17.

3. **Ajuste os botões ao lado das Permissões para habilitá-las ou desabilitá-las.**

4. **Feche a janela selecionando o X à direita superior da tela.**

    Não é preciso salvar as configurações, isso é feito automaticamente ao ajustá-las.

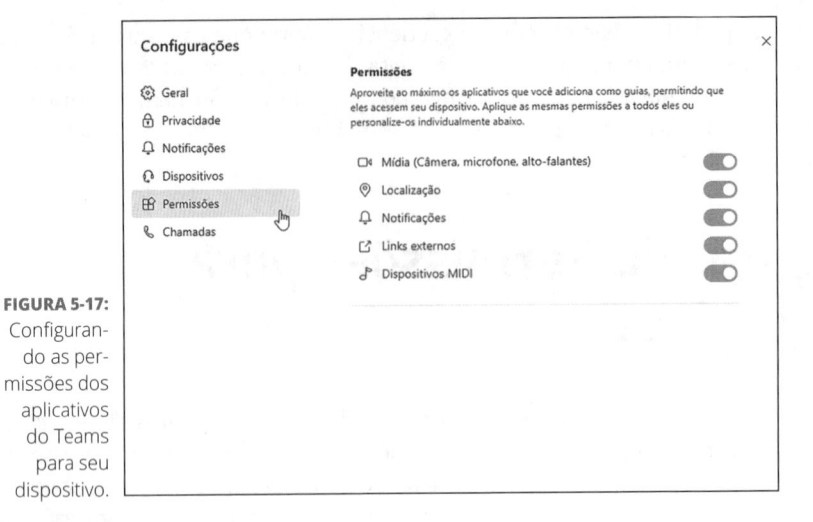

FIGURA 5-17: Configurando as permissões dos aplicativos do Teams para seu dispositivo.

Tagarelando com Bots

Bot, diminutivo de *robot* [robô], é um software com o qual podemos interagir por meio de mensagens enviadas para um canal. Eles existem há muito tempo e ficaram populares com o IRC (Internet Relay Chat) na década de 1990.

Quando instalamos um aplicativo extra no Teams, o bot pode ser instalado junto sem nem mesmo percebermos. Ele é apenas um tipo de aplicativo que pode ser usado nos canais e podemos enviar-lhe mensagens a fim de que ele faça algo. Por exemplo, quando instalamos o aplicativo Freshdesk, também instalamos o bot Freshdesk.

Gosto de pensar no bot como um representante do aplicativo que uso em um canal. Ele enviará mensagens para o canal, talvez uma atualização de tíquete do Freshdesk, e eu posso responder e interagir com ele, que, por sua vez, enviará minhas atualizações do tíquete de volta para o Freshdesk. Apesar de ser apenas um software, gosto de pensar nos bots como um concierge virtual dos serviços que eles representam.

> **DICA**
>
> O Teams usa o Microsoft Bot Framework (https://dev.botframework.com) para possibilitar os bots. Os tipos e os propósitos de bots que podem ser criados são impressionantes. Se você tiver uma ideia de bot ou outro aplicativo do Teams, tenha certeza de que existe um desenvolvedor para criá-lo para você. Se você for um desenvolvedor, confira o App Studio para Microsoft Teams na loja de aplicativos para começar.

NESTE CAPÍTULO

» Descobrindo como instalar o aplicativo móvel do Teams

» Aprendendo a fazer login e usar o Teams para dispositivo móvel

» Navegando pelo aplicativo móvel

Capítulo **6**

Libertando-se com o Teams para Dispositivo Móvel

Se você for como eu, deve ter um dispositivo móvel ou smartphone na mão ou próximo o tempo todo. Não consigo me lembrar da última vez em que não trabalhei o dia todo usando meu telefone. Sempre haverá a necessidade de um notebook ou um desktop, mas o smartphone é cada vez mais a ferramenta escolhida pelos trabalhadores modernos para obter informações.

Neste capítulo, você descobrirá como usar o Microsoft Teams no seu dispositivo móvel ou smartphone, instalará e aprenderá mais sobre alguns modos de trabalhar com o Teams no seu telefone que podem torná-lo muito mais produtivo.

Instalando o Aplicativo Móvel do Teams

Podemos instalar o Teams em um dispositivo móvel de diferentes formas. A mais fácil é abrir a Google Play Store (em dispositivos Android) ou a Apple App Store (em dispositivos iOS) e procurar o aplicativo móvel do Teams. Outra maneira é usar seu navegador móvel e fazer login em https://teams.microsoft.com, então selecionar o ícone para instalar o aplicativo móvel.

DICA

O ícone no site para instalar o aplicativo móvel é um atalho que o leva para a loja de aplicativos relevante. Acho mais fácil ir direto à loja do iOS ou do Android e procurar o Microsoft Teams, em vez de tentar usar o navegador para ir ao site do Teams.

Instalando no iOS

Para instalar o aplicativo móvel do Teams em seu iPhone ou iPad:

1. **Abra a Apple App Store no seu dispositivo iOS.**

2. **Selecione o ícone Buscar na loja e digite** Microsoft Teams**.**

   Selecione o aplicativo da Microsoft, como mostra a Figura 6-1.

3. **Selecione o link de download para instalar o aplicativo no seu dispositivo.**

4. **Assim que o aplicativo terminar de baixar e instalar, selecione o botão Abrir.**

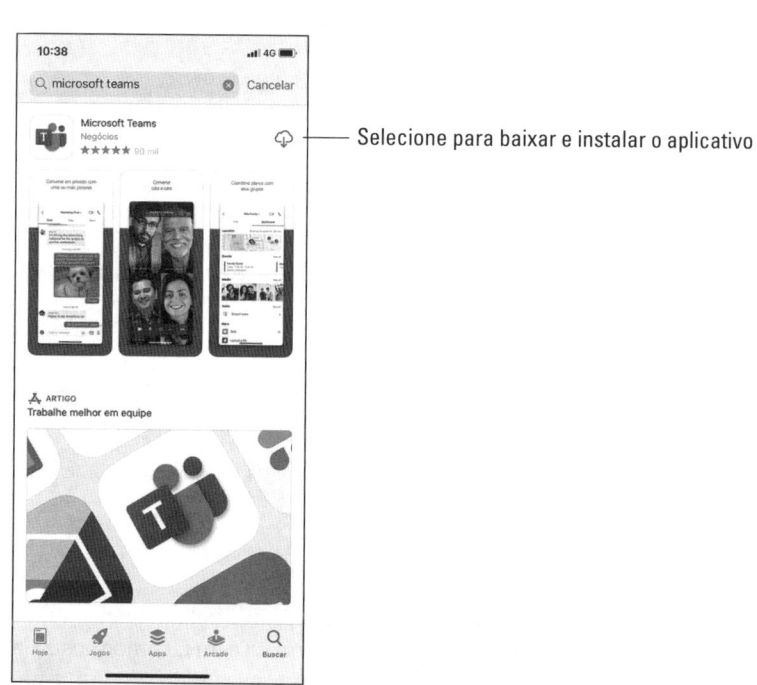

FIGURA 6-1: Instalando o aplicativo do Teams a partir da Apple App Store.

Instalando no Android

Para instalar o aplicativo móvel do Teams em seu telefone ou tablet Android:

1. **Abra a Google Play Store em seu dispositivo Android.**

2. **Selecione a barra Pesquisar na loja e digite** Microsoft Teams**.**

   Escolha o aplicativo da Microsoft, como mostra a Figura 6-2.

3. **Selecione o botão Instalar para instalar o aplicativo no dispositivo.**

4. **Assim que o aplicativo terminar de baixar e instalar, selecione o botão Abrir.**

FIGURA 6-2: Instalando o aplicativo do Teams a partir da Google Play Store.

Selecione para baixar e instalar o aplicativo

Quando abrimos o aplicativo móvel do Teams pela primeira vez, vemos a tela de login, onde podemos escolher entrar no Teams, como mostra a Figura 6-3. Selecione o botão Entrar e insira suas informações do Office 365 criadas quando assinou o teste do Office 365 no Capítulo 1. O Teams é carregado e exibe algumas dicas para uso do aplicativo. Ao passar por elas, poderá começar a trabalhar com o Teams, como veremos na próxima seção.

FIGURA 6-3: Fazendo login no aplicativo móvel do Teams.

DICA Se você já fez login em qualquer outro aplicativo do Office 365, como o Outlook, em seu dispositivo móvel, poderá apenas selecionar a conta e o Teams fará login automaticamente usando as informações já guardadas em seu dispositivo.

DICA Se quiser pular a assinatura do Office 365, também poderá fazer login em uma conta gratuita apenas baixando o aplicativo em seu dispositivo móvel e selecionando o botão Criar uma conta gratuita, mostrado na Figura 6-3.

Navegando pelo Aplicativo Móvel do Teams

Uma coisa que adoro no Teams é que, não importa qual cliente eu esteja usando — a versão de desktop e notebook ou o aplicativo móvel —, os conceitos e os posicionamentos são iguais. Eu uso o cliente Teams no meu Mac, iPad, telefone Android, notebook Windows e no meu iPhone. Como o Teams é uma aplicação criada há poucos anos, a Microsoft aproveitou a oportunidade para criar todos os clientes ao mesmo tempo. As interfaces são levemente diferentes porque são otimizadas para o dispositivo usado, mas uma vez familiarizados com os conceitos no Teams, podemos usá-lo em qualquer cliente e ficaremos confortáveis com seu uso.

DICA Se você for fã do Linux, ficará feliz em saber que a Microsoft lançou seu cliente Teams para Linux no início de dezembro de 2019, e ele já está disponível.

Nos capítulos anteriores, falo sobre o painel de navegação à esquerda nos aplicativos web, de desktop e notebook. O aplicativo móvel do Teams é similar, mas em vez de acessar os ícones pelo painel de navegação no lado esquerdo, ele inclui guias na parte inferior da tela, como mostra a Figura 6-4. Chegamos às configurações do perfil (veja a Figura 6-5) selecionando o ícone Configurações, que também é chamado de menu hambúrguer, pois as três camadas de seu ícone lembram um hambúrguer. Aqui podemos fazer coisas como configurar status e mensagem de status, ativar ou desativar notificações, aprender sobre nossos recursos e acessar configurações adicionais específicas do aplicativo móvel.

FIGURA 6-4: Vendo as guias navegacionais na parte inferior da tela do aplicativo móvel do Teams.

Selecione para abrir o menu Configurações

Ícones de navegação do Teams

Há três configurações de controle para o aplicativo móvel do Teams, como mostra a Figura 6-6:

» **Tema escuro:** Quando habilitamos esse recurso, as cores do aplicativo mudam para cores escuras. Por padrão, o Teams usa cores claras, mas você pode preferir as escuras ao utilizar o aplicativo em situações de baixa luminosidade.

» **Notificações:** Use essa configuração para atualizar como você será notificado pelo Teams. É possível configurar as horas em que deseja que o Teams fique silencioso e não envie notificações, se quer que ele envie notificações apenas quando você está ativo no aplicativo do desktop, configurar as notificações de chamadas recebidas, perdidas, ativas, chats, curtidas e reações, e definir outras configurações relacionadas às notificações.

» **Dados e armazenamento:** Seria bom se todos tivessem dados ilimitados em seus dispositivos móveis, mas infelizmente não é o que acontece (sou testemunha disso). Usando essas configurações, podemos estabelecer a qualidade (tamanho) das imagens carregadas, limpar arquivos temporários e dados do aplicativo, e limpar o histórico de chats para ajudar a gerenciar a carga de dados em seu dispositivo móvel.

Selecione para acessar configurações adicionais

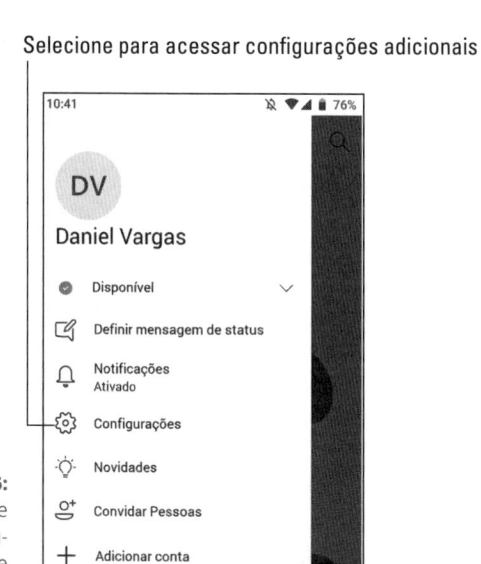

FIGURA 6-5: O menu de configurações de perfil no aplicativo móvel do Teams.

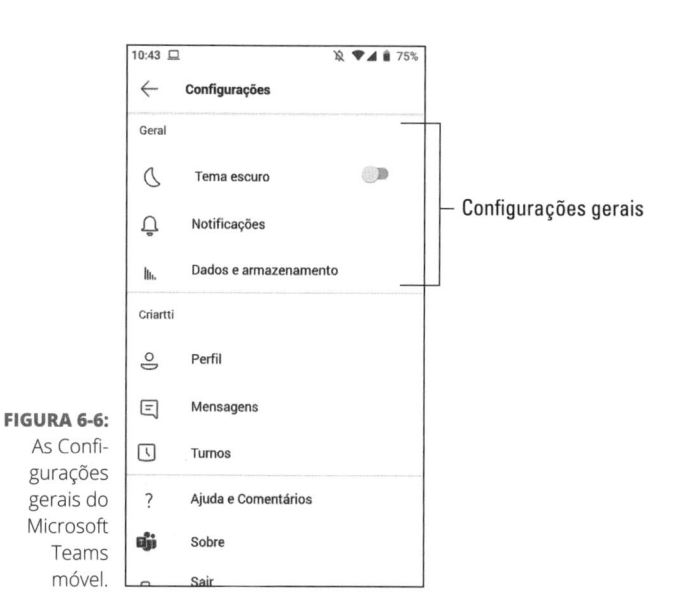

FIGURA 6-6: As Configurações gerais do Microsoft Teams móvel.

Configurações adicionais podem ser definidas para cada equipe específica, como mostra a Figura 6-7:

CAPÍTULO 6 **Libertando-se com o Teams para Dispositivo Móvel** 85

- **Perfil:** Aqui podemos configurar a imagem do perfil e visualizar nossas atividades, o gráfico organizacional, o endereço de e-mail e o número de telefone.
- **Mensagens:** Use essa configuração para mostrar canais em sua lista de chats. Ao selecionar a guia Chat na parte inferior da tela, você verá seus canais, além dos chats privados.
- **Shifts:** É um recurso novo que vem de um serviço chamado StaffHub. Essa funcionalidade é destinada a trabalhadores de turnos. Podemos configurar lembretes para nossos turnos, estabelecer quando as notificações devem aparecer antes dos turnos e limpar os dados de turnos do aplicativo.
- **Sobre:** Essa configuração fornece informações sobre o aplicativo móvel, como versão, privacidade e cookies, termos de uso, avisos e informações sobre softwares externos.
- **Ajuda e comentários:** Selecione essa configuração para ver informações de ajuda e fornecer feedback para a Microsoft sobre o aplicativo.
- **Avalie-nos:** Use essa configuração para avaliar o aplicativo na loja relevante.
- **Relatar um problema:** Use essa configuração para relatar um problema do aplicativo para a Microsoft.
- **Adicionar conta:** Com essa configuração, podemos adicionar outra conta para usar no aplicativo. Faço isso quando trabalho com clientes que configuram uma conta para mim em sua assinatura do Microsoft 365. Posso usar várias contas em meu aplicativo do Teams no telefone.
- **Sair:** Use essa configuração para sair do aplicativo do Teams. É útil se você empresta seu telefone para alguém e não quer que outra pessoa acesse o aplicativo com suas credenciais.

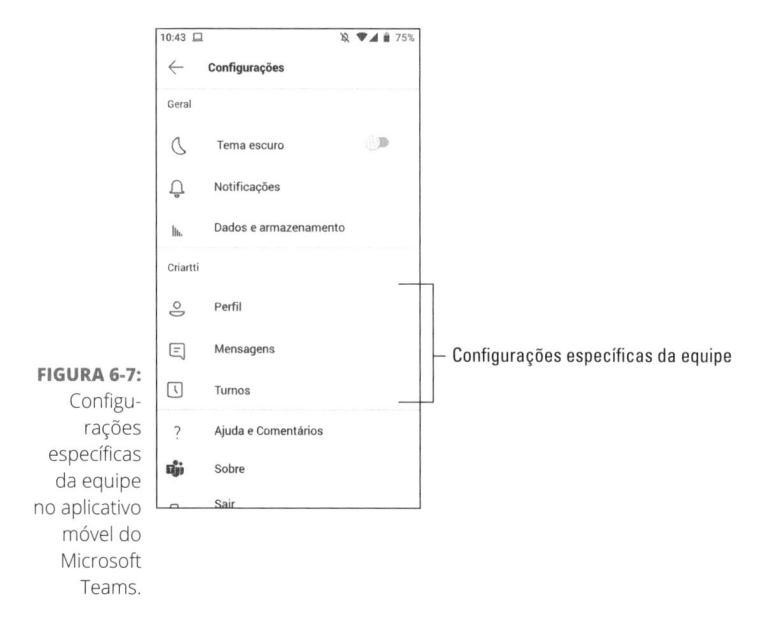

FIGURA 6-7: Configurações específicas da equipe no aplicativo móvel do Microsoft Teams.

Navegando pelas Equipes

O aplicativo móvel do Teams, como qualquer outro, é destinado a ser usado em telas sensíveis ao toque do telefone ou do tablet. Descobri que o Teams é intuitivo, mas há algumas diferenças entre usar o teclado, o mouse e os dedos.

Interagindo com mensagens

No Capítulo 4, aprendemos a reagir a mensagens em canais e chats. Usando reações, podemos adicionar às postagens uma carinha feliz, um sinal de positivo ou vários outros emojis. Além disso, podemos interagir com mensagens de diversas formas:

» Salvar uma mensagem para encontrá-la rapidamente mais tarde.
» Marcar uma mensagem como não lida para que continue aparecendo como nova no Teams.
» Copiar um link para uma mensagem direta.

- » Abrir a mensagem no leitor imersivo, que lerá a mensagem para você e exibirá cada palavra durante a leitura.
- » Habilitar notificações para a thread de mensagens.
- » Criar uma nova enquete, que será anexada à mensagem (isso é útil quando alguém levanta um tópico que precisa de contribuições de outras pessoas).

DICA Se você estiver reagindo à sua própria mensagem, terá opções adicionais, como ser capaz de editá-la ou excluí-la. Se não vir essas opções para suas próprias mensagens, então seu administrador desabilitou sua capacidade de editar ou deletar mensagens.

Quando usamos o Teams com teclado e mouse, podemos passar o mouse por cima de uma mensagem ou clicar nas reticências para ver essas interações, como mostra a Figura 6-8. Mas quando usamos o Teams no dispositivo móvel, passar o dedo por cima não é uma opção. Em vez disso, precisamos selecionar e manter o dedo pressionado na mensagem a fim de que o mesmo menu apareça, como mostra a Figura 6-9.

FIGURA 6-8: Reagindo a uma mensagem usando o Teams em um desktop ou notebook.

DICA Se ficar empacado e não conseguir encontrar um menu enquanto navega pelo Teams em um dispositivo móvel, tente selecionar e manter o dedo pressionado como uma opção. Usando o mouse, podemos passá-lo por cima dos elementos da interface para ver os menus, mas isso não é uma opção quando usamos os dedos.

FIGURA 6-9:
Reagindo a uma mensagem usando o Teams em um telefone ou um tablet.

DICA

Se estiver reagindo a uma mensagem em um chat, você deve selecionar e manter o dedo pressionado para acessar as opções de reação, mas se estiver reagindo a uma postagem em uma thread de canal, verá reticências e também poderá selecioná-las. Eu acho mais fácil apenas selecionar e manter o dedo pressionado tanto no chat quanto no canal para que o menu retratado na Figura 6-9 apareça.

Acostumando-se com a navegação

Como já mencionado, a navegação pelo aplicativo móvel do Teams é ligeiramente diferente daquela com o uso de um teclado e mouse. Em vez de clicar em ícones de navegação à esquerda do aplicativo, na versão móvel eles aparecem na parte inferior da tela (veja a Figura 6-4).

A experiência é otimizada para dispositivos móveis, o que significa que o fluxo é um pouquinho diferente no aplicativo móvel, porque a quantidade de espaço em um dispositivo móvel é muito menor do que em uma tela de notebook ou desktop. Uma diferença principal na navegação é que as telas pelas quais navegamos podem exigir mais seleções com os dedos do que os cliques associados com o mouse. Por exemplo, quando selecionamos o ícone Chat na parte inferior da tela no aplicativo móvel, vemos todos os chats acontecendo no momento.

A navegação nos chats do dispositivo móvel é muito similar àquela feita pelo teclado. No entanto, se selecionarmos a opção Equipes, veremos todas as equipes e canais. Precisaremos, então, selecionar novamente para abrir um desses canais, como mostra a Figura 6-10. Em um monitor grande, podemos ver todas as equipes e canais ao mesmo tempo em que vemos as mensagens associadas ao canal. Com o aplicativo móvel, precisamos fazer outra seleção para entrar no canal e, se quisermos trocar de canal, precisaremos voltar ao ícone e selecionar um canal diferente.

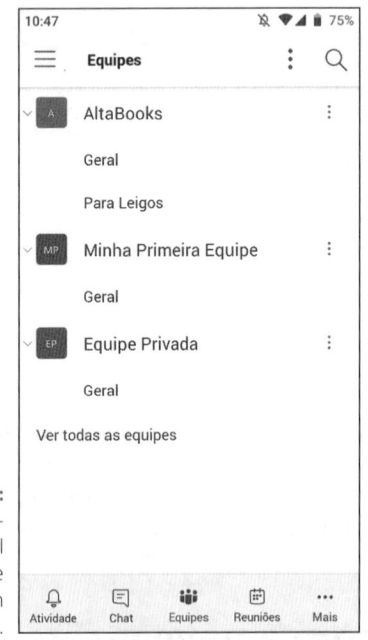

FIGURA 6-10: Selecionando um canal na lista de equipes em um celular.

DICA Navegar pelo Teams em um dispositivo móvel pode exigir mais seleções do que os cliques associados quando o utilizamos em um notebook ou um desktop. Apesar de o aplicativo móvel dar mais trabalho para a navegação, vale a pena o esforço, pois a experiência é destinada para telas menores e para o uso dos dedos, em vez de um mouse.

> **NESTE CAPÍTULO**
>
> » Entendendo a diferença entre usuário convidado e usuário externo
>
> » Permitindo acesso de convidados e fazendo suas configurações
>
> » Ativando e desativando permissões de convidados
>
> » Configurando o acesso externo

Capítulo **7**

Trabalhando com Pessoas Fora de Sua Organização

Eu passo a maior parte do tempo trabalhando online com pessoas de muitas empresas diferentes, com freelancers e outros consultores. Raramente estamos todos na mesma organização e assinatura do Microsoft 365 ou Office 365. A Microsoft parece ter reconhecido que muita gente está em situação igual, então incluiu recursos no Microsoft Teams que possibilitam que as pessoas trabalhem juntas, mesmo não fazendo parte da mesma empresa ou organização. A maior parte dessa funcionalidade está inserida em recursos conhecidos como *acesso de convidados*, que é o foco aqui.

Neste capítulo, você aprenderá sobre o acesso de convidado no Microsoft Teams e como adicionar pessoas fora de sua organização à sua equipe e à assinatura do Microsoft 365 ou Office 365. Aprenderá a configurar o acesso que o usuário convidado tem e limitar seu acesso com base nos níveis de conforto e privacidade necessários para sua situação. Também as diferenças entre um usuário convidado e um usuário externo, e como fazer as configurações de permissões para ambos.

Entendendo como o Teams Trabalha com Pessoas Fora de Sua Organização

Se o mundo fosse perfeito, precisaríamos nos comunicar e colaborar apenas com pessoas dentro de nossa organização. Se você for como eu, esse não é o caso. Você provavelmente trabalha com pessoas dentro e fora de sua organização para realizar o que precisa. A boa notícia é que, se trabalha com consultores, freelancers, vendedores ou outras empresas, poderá adicioná-los como convidados de sua equipe no Microsoft Teams.

O modo como os convidados são adicionados à equipe depende se o Teams os considera ou não membros de sua organização:

» Quando adicionamos pessoas à assinatura do Microsoft 365 ou do Office 365, elas são consideradas parte da organização e podem ser inclusas como membros de equipes e canais do Teams.

» Qualquer pessoa adicionada ao Teams que *não* faça parte de sua assinatura do Microsoft 365 ou do Office 365 é inclusa como usuário convidado.

LEMBRE-SE

No contexto do Microsoft Teams, podemos considerar as assinaturas do Microsoft 365 e do Office 365 como sendo as mesmas. Office 365 é um termo guarda-chuva que inclui vários serviços do Office 365 (como Microsoft Word, Excel, PowerPoint e OneNote) e o Microsoft 365 é um termo guarda-chuva similar que inclui os serviços do Office 365, bem como outros serviços de assinatura, como Windows 10, Windows Intune etc. Para os propósitos do Teams, considere essas assinaturas como termos alternados de marketing.

Pode chegar um momento em que você precisará se comunicar e colaborar com outra organização Microsoft 365 ou Office 365. Por exemplo, suponha que sua organização se chame Contoso e outra se chame Acme. Ambas têm assinaturas Microsoft 365 ou Office 365, então seus usuários ficam separados. Mas as duas também fazem parte da nuvem da Microsoft e podem se visualizar lá. Os usuários Acme veem os da Contoso (e vice-versa) como *usuários externos*, ou seja, os usuários de cada organização ainda estão em organizações diferentes, mas fazem parte da nuvem da Microsoft.

PAPO DE ESPECIALISTA

A Microsoft começou a chamá-los de usuários B2B do Azure Active Directory, o que é grande demais! Eu prefiro usuários externos, mesmo sendo mais fácil de confundir com o termo usuários convidados.

Adiante, detalharemos as diferenças e veremos os usuários convidados e os usuários externos no Teams.

LEMBRE-SE: *Usuário convidado* pode ser qualquer pessoa do mundo. Basta ter um e-mail para entrar em suas equipes como convidado. *Usuário externo* é alguém que tem outra assinatura Microsoft 365 ou Office 365.

Trabalhando com Usuários Convidados

Para que uma pessoa seja capaz de ver os canais e conversar conosco no Teams, ela precisa fazer parte da equipe. Pessoas são adicionadas à equipe com um convite. Ao entrar na equipe, podemos então conversar, compartilhar arquivos e colaborar.

Habilitando o acesso de convidado

Antes de podermos adicionar convidados à equipe, o administrador da assinatura precisa habilitar o recurso Acesso de Convidado no Centro de Administração do Teams.

DICA: Um modo fácil de saber se podemos adicionar usuários convidados é clicar nas reticências à direita de uma das equipes no painel de navegação do lado esquerdo para abrir o menu suspenso Mais opções. Selecione a opção Adicionar membro. Se pudermos adicionar usuários convidados, o texto da caixa de diálogo Adicionar membros exibirá: "Comece a digitar um nome, uma lista de distribuição ou grupo de segurança para adicionar à sua equipe. Você também pode adicionar pessoas de fora da sua organização como convidados digitando seus e-mails." Se não puder adicionar usuários convidados, o texto incluirá apenas a primeira frase e não mencionará nada sobre convidados.

Para habilitar o acesso de convidado no Centro de Administração do Teams, siga estes passos:

1. **Abra seu navegador e faça login no Centro de Administração do Teams em** `https://admin.teams.microsoft.com`.

    Note que você precisa ser administrador do Teams para acessar o Centro de Administração do Teams. Se tiver assinado o Microsoft 365 ou o Office 365 (veja o Capítulo 1), por padrão já é administrador.

2. **No painel de navegação à esquerda, selecione Configurações Toda a organização e depois Acesso de Convidado.**

    A tela Acesso de Convidado será exibida e nela pode-se habilitar ou desabilitar essa opção.

3. **Habilite a configuração para permitir acesso de convidado ao Teams, como mostra a Figura 7-1.**

   Uma vez habilitado, configurações adicionais são exibidas, como mostra a Figura 7-2. São configurações para chamadas, reuniões e envio de mensagens, e podem ser habilitadas ou desabilitadas conforme suas preferências.

4. **Clique no botão Salvar para salvar suas modificações.**

   Agora o acesso de convidado está habilitado no Teams.

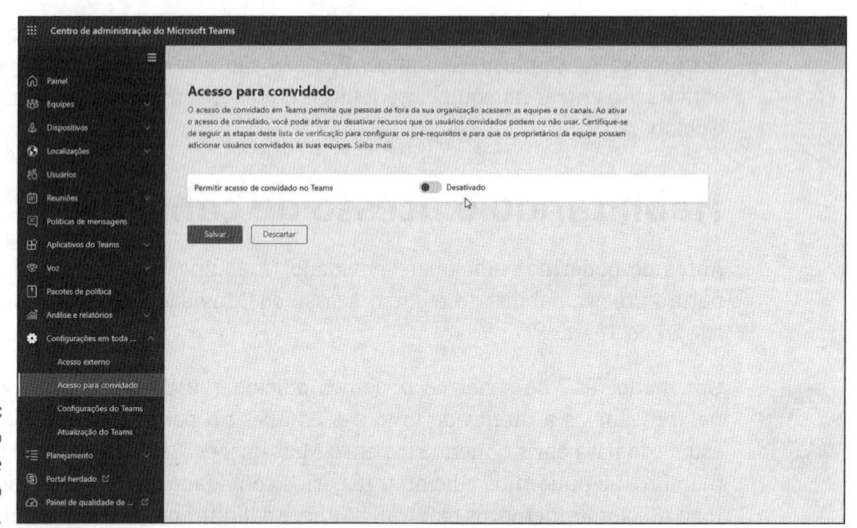

FIGURA 7-1: Habilitando o acesso de convidado no Teams.

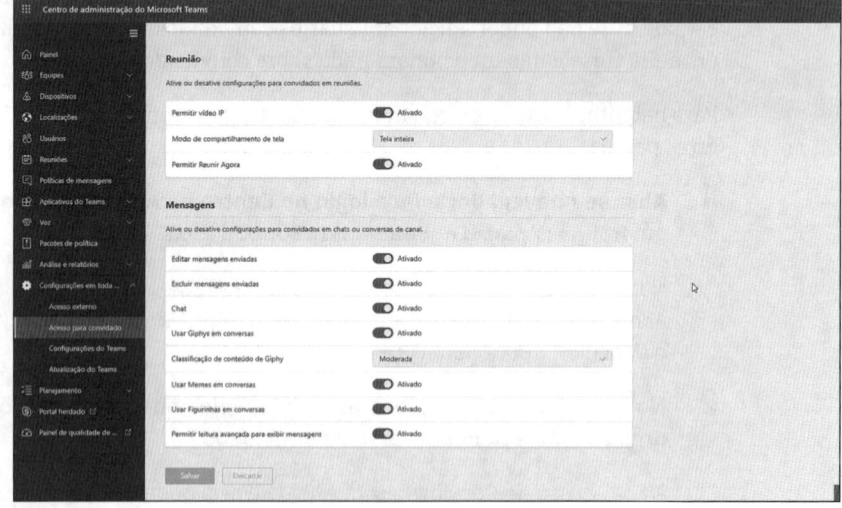

FIGURA 7-2: Configurações de acesso de convidado no Centro de Administração do Teams.

CUIDADO

Já vi mudanças levarem até 24 horas para terem efeito. Sempre procuro testar imediatamente uma modificação, como a habilitação do acesso de convidado. No entanto, com o Office 365 (e outros serviços online, como o Amazon Web Services), sempre tenho de me lembrar de ter paciência. Quando estava escrevendo este capítulo, esperei a noite inteira depois de fazer a modificação, e ainda não pude adicionar convidados na manhã seguinte. Então abri um tíquete de suporte. Logo depois, consegui adicionar convidados, então não tenho certeza se o suporte fez alguma coisa ou se eu apenas não tive paciência o bastante. Mas, se as modificações não acontecerem depois de 48 horas, abra um tíquete de suporte e descubra qual é o problema.

Configurações de convidados

Quando habilitamos o acesso de convidado no Teams (veja a seção anterior se ainda precisar), permitimos que os usuários enviem convites para suas equipes. Na tela Acesso de Convidado, exibida na Figura 7-2, podemos ajustar as configurações dos usuários convidados para chamadas, reuniões e mensagens.

Configurações de chamadas

» **Fazer chamadas particulares:** Essa configuração possibilita que os usuários façam chamadas entre si usando a internet pelo Teams. Isso não significa que se possa fazer ligações telefônicas; para ter um número de telefone atribuído e fazer ligações, eles devem ser membros de sua assinatura da Microsoft e ter uma licença adequada (veja mais informações sobre realizar ligações telefônicas pelo Teams no Capítulo 11).

Configurações de reuniões

» **Permitir vídeo IP:** Essa configuração permite que os usuários incluam vídeos nas reuniões de equipe, nos chats e nas chamadas. Descobri que algumas empresas não permitem vídeo com convidados por motivos de normas regulamentares. Talvez tenham medo de comunicação por vídeo inadequada utilizando recursos da empresa.

» **Modo de compartilhamento de tela:** Parecida com a configuração de permissão de vídeo, esta permite o compartilhamento ou não da tela. O *compartilhamento de tela* ocorre quando compartilhamos a tela de nosso computador com outros membros da equipe durante uma reunião. Podemos ajustar essa configuração para desabilitar totalmente o compartilhamento, permitir apenas para uma aplicação de software ou para toda a tela do computador. Em geral, normas regulamentares são a causa de essa configuração ser desabilitada. Imagino alguém compartilhando sua tela na maior inocência com um usuário convidado quando um e-mail interno sobre lucros da empresa é exibido na tela. Ops!

- **Permitir Reunir Agora:** Essa funcionalidade fornece um modo rápido de criar uma reunião imediata. A alternativa é um usuário Teams precisar inserir uma reunião no calendário e incluir nela os usuários convidados. Quando isso acontece, a reunião faz parte do sistema de calendário e fica claro quem comparecerá. Por outro lado, a funcionalidade Reunir Agora é imediata e não há registro de uma reunião no sistema de calendário corporativo. Essa configuração fornece controle de permissão ou não de usuários convidados iniciarem reuniões imediatas.

Configurações de mensagens

- **Editar mensagens enviadas:** Essa configuração habilita ou desabilita a edição de mensagens que convidados enviam no Teams. Se estiver desabilitada, devemos estar preparados para mensagens aleatórias, com erros de digitação e até enviadas para pessoas erradas. No entanto, muitas vezes por razões de normas regulamentares, podemos querer registrar todas as mensagens enviadas por um convidado. Isso pode ajudar a prevenir situações complicadas quando alguém disse que falou uma coisa, mas quando voltamos às mensagens, há algo diferente porque foi editada.

- **Excluir mensagens enviadas:** Por razões similares à desabilitação de edição de mensagens, talvez seja uma boa ideia desabilitar a exclusão de mensagens por convidados.

- **Chat:** Enviar mensagens em um canal oficial não é muito diferente de enviá-las a usuários individuais em chats pessoais. Podemos usar essa configuração para permitir que os convidados usem os canais oficiais do Teams, mas não enviem mensagens particulares para usuários individuais.

- **Usar Giphys em conversas:** Giphy é uma imagem animada no formato GIF. O Teams usa um banco de dados online dessas imagens animadas e podemos escolher permitir que convidados as utilizem ou não em mensagens. Alguns dos Giphys populares que já vi incluem desde cenas divertidas de comédias populares a cenas violentas dos últimos sucessos de bilheteria. O banco de dados online do Teams pode ser encontrado em `https://giphy.com`.

- **Classificação de conteúdo Giphy:** Se escolhemos permitir que os convidados enviem Giphys, podemos ajustar o rigor com o conteúdo incluso. O banco de dados online Giphy inclui classificações de conteúdo e podemos decidir desabilitá-lo em relação a elas.

- **Usar memes em conversas:** Como um Giphy, Meme é um modo de incluir mais emoção e conexão nas mensagens. É um tipo de tirinha cômica curta de um tema popular. Com essa configuração, possibilitamos que os convidados insiram ou não memes nas mensagens.

» **Usar figurinhas em conversas:** Uma figurinha é outro modo de mostrar emoção, criar conexão e uma experiência compartilhada usando mensagens. Assim como uma figurinha física, a virtual pode ser uma imagem, um desenho ou uma foto. Podemos escolher possibilitar ou não que o convidado inclua figurinhas com essa configuração.

» **Possibilitar leitura imersiva para visualização de mensagens:** O leitor imersivo do Windows abre uma mensagem e a lê alto com uma linha aparecendo sob cada palavra à medida que é pronunciada pelo computador. Podemos decidir se queremos que os usuários convidados possam abrir ou não mensagens no leitor imersivo do Windows.

Fazendo convites para a equipe

Para trabalhar com usuários convidados, precisamos primeiro adicioná-los a uma de nossas equipes. É importante se lembrar de que esses usuários podem ser qualquer pessoa fora de nossa organização.

> **DICA**
>
> Como uma boa prática, gosto de me certificar de que o título da equipe à qual faço o convite inclui as palavras "Usuários Internos e Externos", para que fique claro que as discussões que ocorrem nos canais não são confidenciais.

Para adicionar um usuário convidado à equipe, siga estes passos:

1. **Selecione o ícone Equipes no painel de navegação à esquerda para ver uma lista de todas as suas equipes.**

2. **Ao lado da equipe à qual gostaria de adicionar um usuário convidado, clique nas reticências e selecione Adicionar membros no menu suspenso Mais opções, como mostra a Figura 7-3.**

   A caixa de diálogo Adicionar membros aparecerá. Verifique se a mensagem no topo informa que você também pode adicionar pessoas fora da organização. Se não vir isso, volte à seção "Habilitando o acesso de convidado", anteriormente neste capítulo, para habilitar o recurso de Acesso de convidado no Centro de Administração do Teams.

3. **Digite o e-mail da pessoa que deseja adicionar à equipe.**

   Quando o e-mail for verificado como válido, poderemos selecioná-lo no menu suspenso que aparecerá (veja a Figura 7-4).

4. **Insira quantos e-mails quiser adicionar e clique no botão Adicionar, como mostra a Figura 7-5.**

5. **Clique no botão Fechar para fechar a caixa de diálogo.**

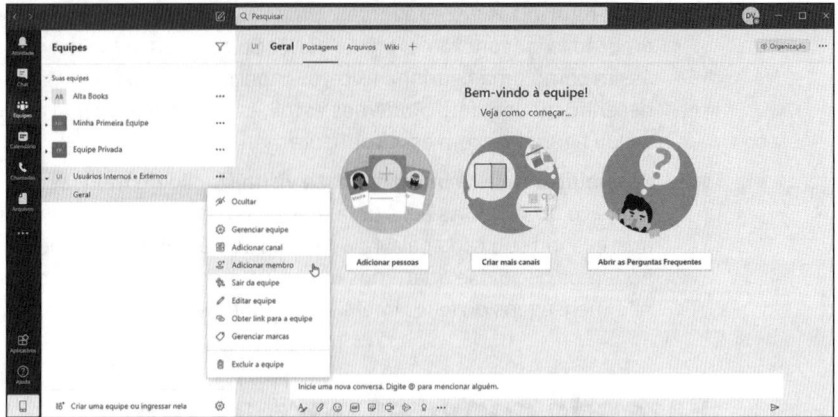

FIGURA 7-3: Selecionando Adicionar membro no menu suspenso Mais opções.

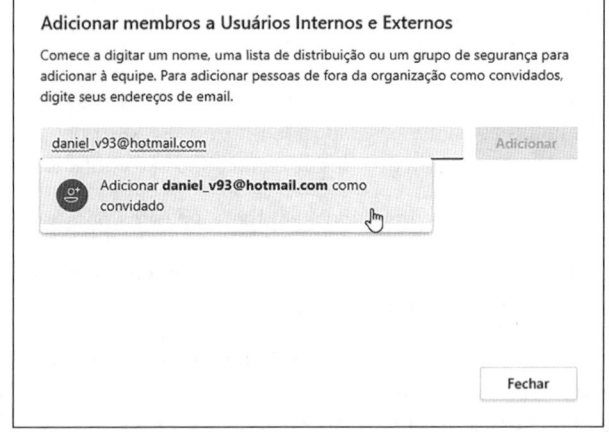

FIGURA 7-4: Escolhendo um e-mail válido para adicionar um convidado.

Ao adicionar usuários convidados, podemos enviar mensagens nos posts do canal e mencioná-los usando o símbolo @ ("arroba"). Podemos ver na Figura 7-6 que mencionei com @ o usuário que acabei de adicionar e enviei uma mensagem. Sim, estou falando comigo mesma, o que pode ser motivo de preocupação.

Do lado do usuário convidado, ele receberá um e-mail convidando-o a ingressar na equipe (veja a Figura 7-7). Se esse e-mail já estiver associado a um usuário no Teams, ele poderá começar a conversar imediatamente. Se for novo, passará por um processo de instalação e configuração, e poderá começar a conversar usando a versão web do Teams. A experiência do usuário convidado é bem direta. Já fiquei ao lado de pessoas que nunca haviam escutado falar do Teams, receberam um e-mail para ingressar em uma equipe e começaram a conversar em poucos minutos. Um viva para a Microsoft por acertar nessa parte do processo!

FIGURA 7-5: Adicionando e-mails como usuários convidados no Teams.

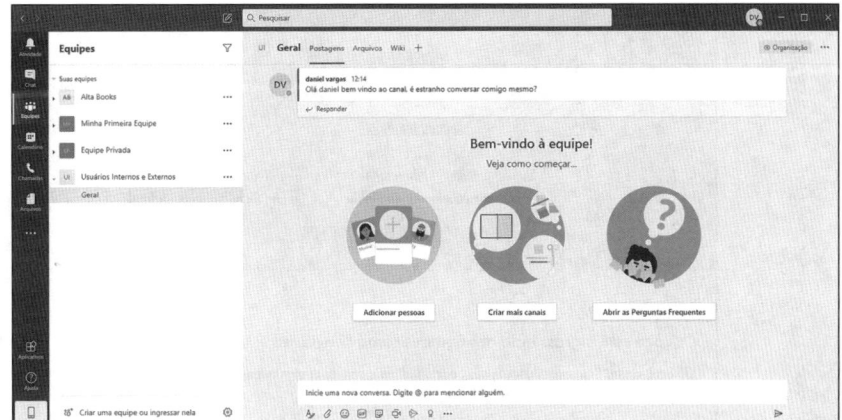

FIGURA 7-6: Enviando uma mensagem de chat a um usuário convidado.

Além de adicionar convidados usando seus e-mails, também podemos obter um link URL para a equipe e enviá-lo a qualquer pessoa que queiramos convidar para o canal. Quando os convidados clicam no link, podem fazer login com suas contas Microsoft e ingressam automaticamente na equipe como convidado, como mostra a Figura 7-8. O link da equipe pode ser obtido no menu suspenso Mais opções (reticências), ao lado do nome da equipe, pela seleção da opção Obter link para a equipe.

CAPÍTULO 7 **Trabalhando com Pessoas Fora de Sua Organização**

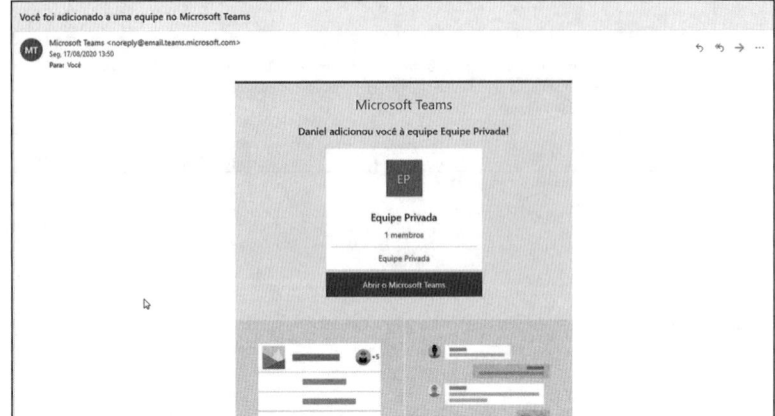

FIGURA 7-7: E-mail enviado como convite para ingressar em uma equipe.

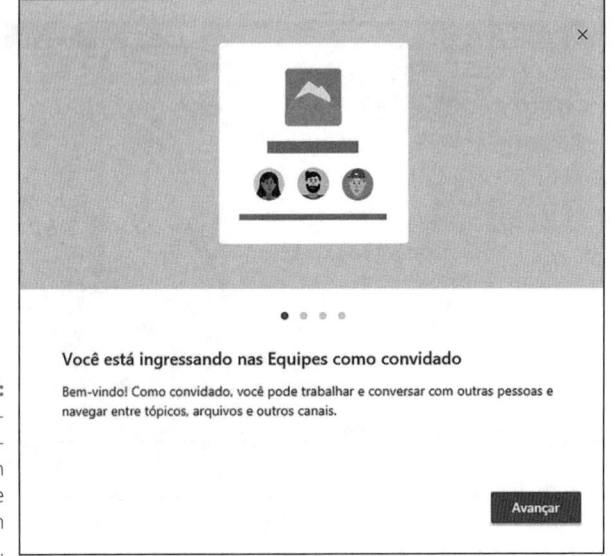

FIGURA 7-8: Um convidado pode ingressar em uma equipe usando um link especial.

CUIDADO: Ao utilizar o link para convidar pessoas para entrar em uma equipe ou canal, mantenha-o em segredo. Qualquer pessoa com o link pode ser capaz de entrar na equipe como convidado, então trate-o como uma passagem especial e somente o ofereça a pessoas que realmente deseja incluir na equipe.

Entendendo a experiência do usuário convidado

A experiência geral de colaborar com um usuário convidado é quase idêntica a trabalhar com colegas na mesma assinatura Microsoft 365 ou Office 365. No entanto, há algumas diferenças.

> ## O QUE É TENANT?
>
> Quando criamos uma nova assinatura Microsoft 365 ou Office 365, criamos um novo *tenant*. Considere-o como um locatário de um conjunto de apartamentos. Um apartamento individual pode ter várias pessoas vivendo nele, mas cada unidade é um espaço separado em um contrato separado dos outros apartamentos. De forma similar, sua assinatura Microsoft 365 ou Office 365 pode incluir muitas equipes que fazem parte do mesmo serviço Teams que você.

Se quisermos, podemos permitir que usuários convidados criem canais, participem de conversas em posts ou chats privados, postem e editem mensagens, além de compartilhar canais. Contudo, eles não podem criar equipes, ingressar em equipes públicas, ver gráficos organizacionais, compartilhar arquivos de um chat privado, adicionar aplicativos, criar reuniões, acessar cronogramas, acessar arquivos OneDrive nem fazer convites. Também existem muitas limitações para convidados em relação ao uso de recursos de voz e chamadas no Teams. Se quiser aprender mais sobre esse tópico, a Microsoft tem um artigo excelente chamado "What the guest experience is like" ["Como é a experiência do convidado", traduzido automaticamente pelo site da Microsoft]; basta procurá-lo usando seu mecanismo de busca favorito. Ele entra nos mínimos detalhes do trabalho no Teams como convidado. Sempre recorro a ele e suas tabelas quando estou trabalhando com um usuário convidado e estamos tentando entender por que algo funciona para mim e não para ele.

DICA

Você pode ajustar as permissões dos usuários convidados de sua equipe. Anteriormente neste capítulo, descrevo as configurações que podem ser definidas e afetam toda a assinatura Microsoft 365 ou Office 365, que também é conhecida como *tenant*. Na próxima seção, abordo as configurações que podem ser definidas para equipes individuais.

Configurando permissões para usuários convidados no nível da equipe

Anteriormente, descobrimos como habilitar o acesso de convidado no Centro Administrativo do Teams e como fazer diversas configurações. Entretanto, elas afetam todas as equipes do Teams em sua assinatura Microsoft 365 ou Office 365. Para ajustá-las ainda mais, podemos fazer configurações para cada equipe individual.

CUIDADO

A Microsoft tem adicionado recursos ao Teams em um ritmo frenético, e configurações extras de convidados são adicionadas ao Teams o tempo todo. Então você pode ver mais configurações do que as citadas aqui, dependendo de quando seu tenant Microsoft 365 ou Office 365 recebê-las.

Para definir as configurações de convidado em uma equipe, siga estes passos:

1. Selecione o ícone Equipes no painel de navegação à esquerda para ver uma lista de todas as suas equipes.

2. Clique nas reticências ao lado do nome da equipe que deseja gerenciar para abrir o menu suspenso Mais opções.

3. Selecione Gerenciar equipe.

4. Selecione a guia Configurações no topo da tela e expanda a opção Permissões de convidado, como mostra a Figura 7-9.

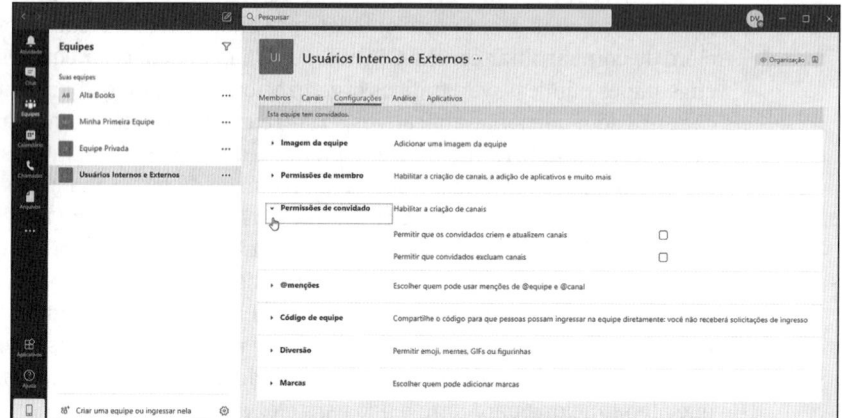

FIGURA 7-9: Configurando permissões de convidado em uma equipe.

5. Selecione as opções para permitir que convidados criem, atualizem ou excluam canais.

   - *Permitir criação e atualização de canais:* Essa configuração é usada para permitir que convidados criem novos canais ou atualizem os existentes. Se você tiver uma equipe com muitos convidados, poderá possibilitar que criem novos canais dentro da equipe. Mas recomendo informá-los sobre suas preferências ao fazer isso, pois o número de canais pode acabar saindo de controle. Eu já vi equipes com convidados ter mais canais do que imaginava ser possível. Por fim, suponho que isso depende do bom comportamento de seus convidados.

   - *Permitir que convidados excluam canais:* Com essa configuração, podemos permitir ou não que os convidados excluam os canais que criaram. Isso muitas vezes é usado como medida regulamentar quando não nos importamos que os convidados criem novos canais e enviem mensagens neles, mas não queremos que excluam nenhum desses canais.

   Depois de fazer suas seleções, suas modificações são salvas automaticamente.

Interagindo com Usuários Externos

Como vimos neste capítulo, podemos colaborar e interagir com usuários convidados da mesma forma como trabalhamos com pessoas dentro da organização. Porém, há mais um caso a ser considerado.

Suponha que trabalhemos com o pessoal da Acme com frequência. Precisamos conversar com eles e eles precisam conversar com nossa organização. Entretanto, não queremos adicionar todos os usuários como convidados para todas as equipes. Podemos usar um recurso no Centro Administrativo do Teams chamado *acesso externo*.

O acesso externo fornece a capacidade de aprovar usuários com base no domínio do e-mail. Digamos que a Acme use o domínio online acme.com. Podemos adicioná-lo à lista de acesso externo para que qualquer pessoa com o e-mail @acme.com possa conversar com membros de nossa organização. O acesso externo também é flexível. Podemos permitir todos os domínios da internet e bloquear alguns específicos, ou podemos bloquear todos e permitir apenas alguns específicos.

Algumas diferenças principais entre os acessos de usuário convidado e usuário externo estão resumidas na Tabela 7-1 e disponíveis na documentação do Microsoft Teams em https://docs.microsoft.com/pt-br/microsoftteams [traduzida automaticamente no site].

TABELA 7-1 Principais diferenças entre acesso de usuário convidado e acesso de usuário externo no Teams

Recurso	Usuários de acesso externo	Usuários de acesso de convidado
O usuário pode conversar com alguém de outra empresa	Sim	Sim
O usuário pode fazer chamadas para alguém de outra empresa	Sim	Sim
O usuário pode ver se alguém de outra empresa está disponível para uma chamada ou um chat	Sim	Sim
O usuário pode pesquisar usuários em tenants externos	Sim	Não
O usuário pode compartilhar arquivos	Não	Sim
O usuário pode acessar os recursos do Teams	Não	Sim
O usuário pode ser adicionado a um chat de grupo	Não	Sim
O usuário pode ser convidado para uma reunião	Sim	Sim
É possível adicionar outros usuários a um chat com um usuário externo	Não	N/D

(continua)

(continuação)

Recurso	Usuários de acesso externo	Usuários de acesso de convidado
O usuário é identificado como um participante externo	Sim	Sim
A presença é exibida	Sim	Sim
A mensagem de ausência temporária é exibida	Não	Sim
É possível bloquear um usuário individual	Não	Sim
Há suporte para @menções	Sim	Sim
Fazer chamadas privadas	Sim	Sim
Permitir vídeo IP	Sim	Sim
Modo de compartilhamento de tela	Sim	Sim
Permitir Reunir Agora	Não	Sim
Editar mensagens enviadas	Sim	Sim
É possível excluir mensagens enviadas	Sim	Sim
Usar Giphy em conversas	Sim	Sim
Usar memes em conversas	Sim	Sim
Usar figurinhas em conversas	Sim	Sim

Fonte: `https://docs.microsoft.com/pt-br/microsoftteams/communicate-with-users-from-other-organizations`

Você encontrará as configurações de acesso externo no Centro de Administração do Teams dentro das Configurações Toda a organização, como mostra a Figura 7-10. Explico em detalhes o Centro de Administração do Teams no Capítulo 13.

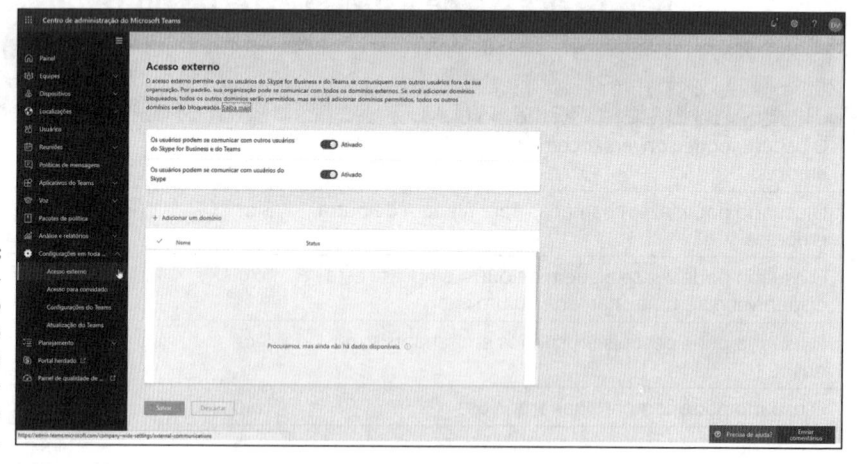

FIGURA 7-10: Configurando o acesso externo no Centro de Administração do Teams.

> **NESTE CAPÍTULO**
>
> » Descobrindo como diminuir o barulho no Teams
>
> » Assumindo o controle de canais demais
>
> » Pesquisando e filtrando equipes e canais
>
> » Usando hashtags para facilitar a busca

Capítulo **8**

Domando o Barulho e Mantendo o Foco

Quando trabalho com organizações na adoção do Microsoft Teams, geralmente faço a mesma observação: parece haver um ponto em que elas deixam de ter algumas pessoas usando o Teams aqui e ali, e passam a ter todos usando o Teams para praticamente todas as comunicações. Quando isso acontece, o Teams fica barulhento demais muito rápido! Por sorte, alguns de seus recursos foram projetados especialmente para ajudar a lidar com toda essa atividade.

Neste capítulo, você descobrirá como usar o Teams para se concentrar na comunicação importante e ignorar o resto. Aprenderá a configurar o feed Atividade para filtrar conversas, fixar e seguir canais de seu interesse, e configurar notificações para os tópicos importantes para você. Também compartilho algumas dicas que aprendi ao longo dos anos que me ajudam a manter o foco e ficar disponível para comunicações extremamente importantes.

Aproveitando o Feed Atividade

O feed Atividade é o centro de tudo o que acontece no Teams. Já ouvi a Microsoft descrevê-lo como a "caixa de entrada do Teams", e eu concordo. Tenho a tendência de começar meu dia de trabalho conferindo o feed Atividade, como costumava fazer com minha caixa de entrada de e-mails.

Para ver seu feed Atividade do Teams, selecione o ícone Atividade no painel de navegação à esquerda, como mostra a Figura 8-1.

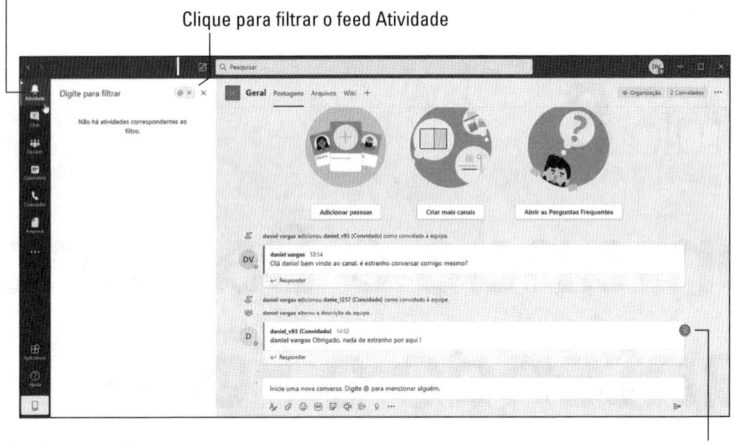

FIGURA 8-1: Vendo o feed Atividade no Teams.

O feed Atividade lista as atividades que acontecem no Teams e às quais você talvez queira prestar atenção. Por exemplo, vemos a atividade das equipes e dos canais que seguimos, chats privados, locais onde somos mencionados com @, respostas a posts ou mensagens que curtimos, chamadas recebidas, mensagens de voz e notificações dos aplicativos. Também vemos atividades como quando nos adicionam a um canal ou uma equipe, tópicos mais movimentados e os que o Teams acha que possamos querer conferir.

DICA

Cada notificação do feed Atividade inclui um ícone que descreve seu tipo. Por exemplo, note o símbolo @ ("arroba") na Figura 8-1. Ele significa que alguém mencionou seu nome em um chat.

O feed Atividade inclui uma opção de filtragem para limitar os tipos de atividade exibidos. Por exemplo, suponha que queira prestar atenção apenas quando alguém menciona você com @. Clique no ícone Filtro (veja a Figura 8-1) e selecione o filtro @menções, como mostra a Figura 8-2.

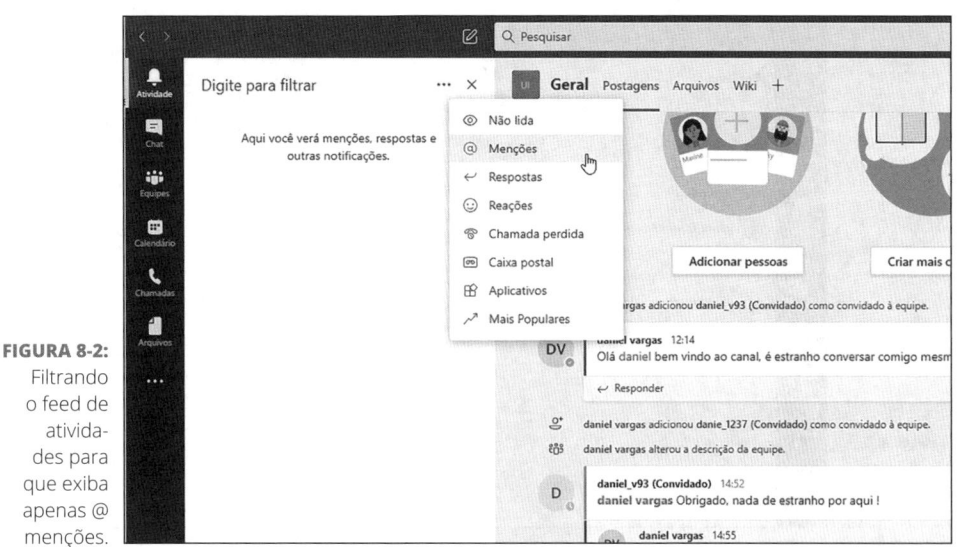

FIGURA 8-2: Filtrando o feed de atividades para que exiba apenas @ menções.

> **DICA**
> Quando clicamos em um evento do feed de atividades, ele muda do status não lido para lido. Qualquer evento não visto está listado em negrito e qualquer evento visto (ou seja, já lido) está em fonte regular.

Ocultando e Exibindo Equipes e Canais

O conceito de uma equipe no Teams é um agrupamento de pessoas. E qualquer pessoa pode estar em várias equipes. Você pode fazer parte de uma equipe que organiza um evento para angariar fundos enquanto, ao mesmo tempo, trabalha na equipe financeira, faz parte de outra equipe em um projeto especial, outra que envolve todos da empresa, em uma de pessoas que gostam de gatos, e assim por diante.

O número de equipes das quais podemos participar só é limitado pela nossa imaginação. À medida que o Teams é popularizado na organização, provavelmente estaremos em mais equipes do que imaginamos ser possível. Além disso, como falamos no Capítulo 4, cada equipe pode conter diversos canais. Quando combinamos a variedade de equipes nas quais estamos com a de canais de cada equipe, é fácil ver a rapidez com que as informações saem de controle.

Felizmente, podemos exibir ou ocultar certas equipes e canais para reduzir quantas aparecem durante a navegação. Para ocultar uma equipe, clique nas reticências ao lado do nome da equipe e selecione Ocultar no menu suspenso Mais opções, como mostra a Figura 8-3. Faça o mesmo para ocultar um canal, mas clique nas reticências ao lado do nome do canal que deseja ocultar.

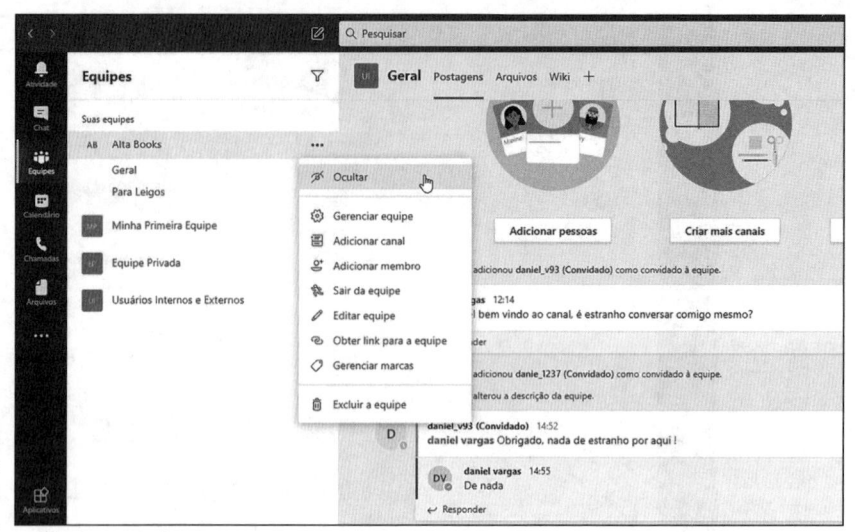

FIGURA 8-3:
Ocultando um canal da lista.

Quando ocultamos uma equipe, ela vai para uma seção recolhida da lista de equipes. Ao ocultarmos um canal, ele vai para uma seção no final da lista de canais de uma equipe. Na Figura 8-4, podemos ver equipes e canais ocultos.

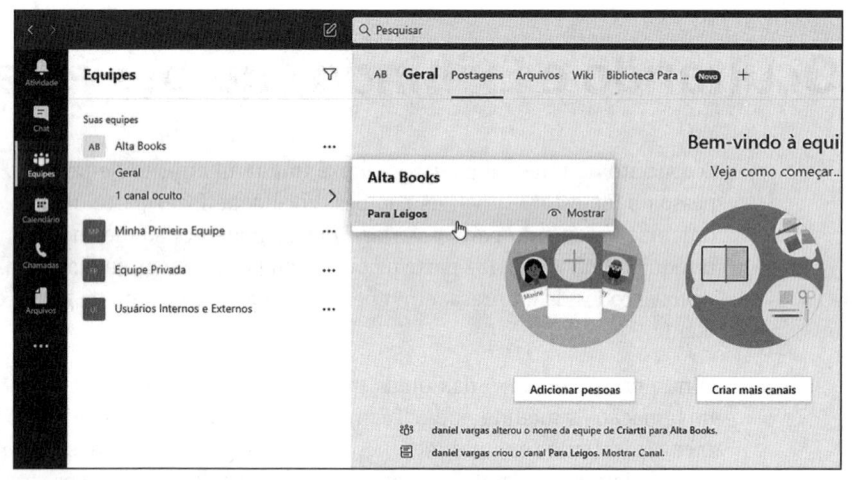

FIGURA 8-4:
Exibindo um canal oculto.

Quando clicamos em "equipes ocultas" ou "canais ocultos", a lista se expande para exibir as equipes ou os canais que foram ocultados. Para reexibir uma equipe, clique nas reticências ao lado da equipe oculta e selecione Mostrar no menu suspenso Mais opções. Para reexibir um canal, clique em canais ocultos e um menu suspenso lateral exibirá todos eles. Clique em Mostrar ao lado do canal que você deseja ver (veja a Figura 8-4).

DICA

As atividades nas equipes ou nos canais ocultos ainda aparecerão no seu feed Atividade, a não ser que as notificações sejam ajustadas. Geralmente mantenho minhas equipes ocultas quando não preciso seguir ativamente todas as conversas que ocorrem em seus canais. E, da mesma forma, se há uma equipe que em geral gosto de manter visível, mas canais que não preciso seguir ativamente, oculto esses canais. Entretanto, quando quero ler e acompanhar as conversas, não oculto a equipe nem os canais para poder segui-los ativamente.

Filtrando por Equipe ou Canal

Como descobrimos nas seções anteriores, podemos ocultar e exibir equipes e canais. Mesmo com essa capacidade, é possível também querer filtrar a lista de equipes e canais para encontrar um(a) em particular. Isso pode parecer loucura até que você se veja em meio a centenas de equipes e milhares de canais. Eu nunca tinha percebido quantas equipes e canais eram possíveis até que me vi procurando um canal que eu sabia que existia, mas não encontrava na lista.

Para filtrar a lista de equipes e canais, clique no ícone do funil no topo da lista de equipes e digite uma palavra para filtrar pelo nome da equipe ou do canal. Na Figura 8-5, estou filtrando minha lista com a palavra "privado".

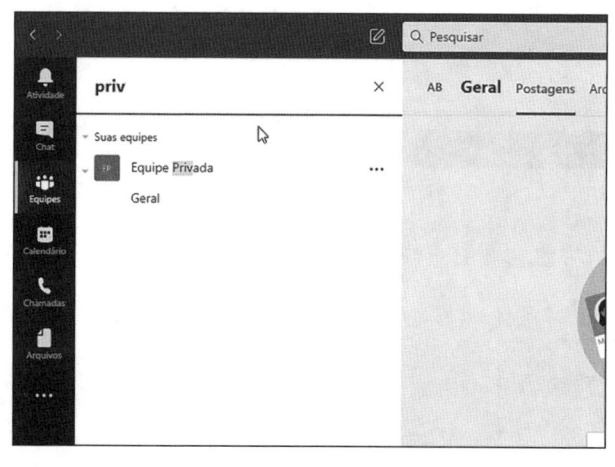

FIGURA 8-5: Filtrando a lista de equipes e canais.

DICA

Utilizo o recurso de filtragem com frequência quando tenho uma grande lista de canais que ultrapassa o final da minha tela e quando quero ir direto para uma equipe ou um canal sem ter de rolar a tela e procurar.

Mudando a Ordem das Equipes em Sua Lista

No geral, as pessoas veem equipes e canais de cima para baixo. Portanto, pode ser útil manter as equipes mais importantes no topo da lista para vê-las primeiro. Podemos arrastar e soltar equipes na lista para mudar a ordem. Para isso, basta clicar e manter pressionado o nome da equipe, arrastar e soltar no local onde queremos que fique, como mostra a Figura 8-6.

1. Clique e mantenha pressionado o canal que deseja mover.

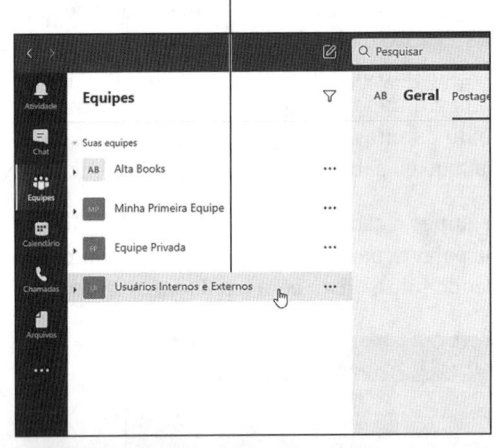

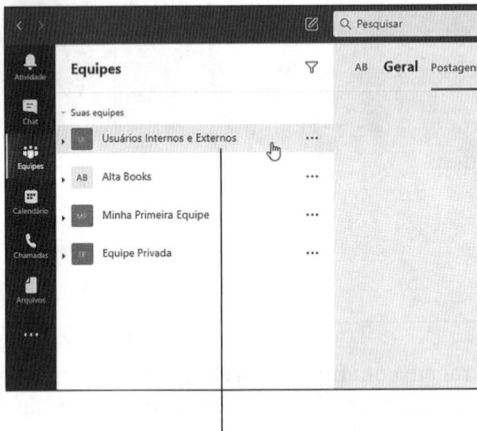

FIGURA 8-6: Arraste e solte equipes em sua lista para mudar a ordem.

2. Arraste e solte o canal no local desejado.

Silenciando Canais para Diminuir as Notificações

Podemos silenciar um canal para impedir que as notificações apareçam no feed Atividade. Ainda podemos clicar em um canal silenciado e acompanhar as conversas, mas o silenciamento torna o processo mais proativo; nós é que decidimos quando prestar atenção ou responder às notificações. Gosto de silenciar canais quando o tempo para responder mensagens não é crucial. Por exemplo, geralmente silencio canais que gosto de acompanhar, mas não preciso responder com frequência. Então, quando tenho tempo, clico nos canais para me atualizar sobre as conversas.

Para silenciar um canal, siga estes passos:

1. **Clique nas reticências ao lado do nome do canal que deseja silenciar.**
2. **Selecione Notificações do canal no menu suspenso.**

   A caixa de diálogo Configurações de notificação de canal aparecerá. Nela, você pode ajustar as configurações de notificação de Todas as postagens e Menções de canal.

3. **Selecione Desativado em ambas as configurações para silenciar o canal.**

   Se ainda quiser ser notificado quando alguém o menciona com @ em um canal, pode deixar essa opção ativada. Descrevo essas configurações mais detalhadamente na próxima seção.

4. **Selecione Salvar para salvar seus ajustes.**

Acompanhando Atividades Importantes com as Notificações

Mesmo com todos os recursos que vimos até agora neste capítulo, a quantidade de informações que chegam até nós é espantosa. Um dos recursos mais importantes que podemos usar para examinar a montanha de tagarelice é a configuração de notificações do Teams, onde podemos definir com que frequência recebemos notificações de novas atividades dos canais.

Eu configuro as notificações para que mostrem apenas as mensagens que quero ver imediatamente. O restante das mensagens vejo quando me é conveniente. Assim, não sou constantemente interrompida por todas as mensagens enviadas.

Para acessar as configurações de notificações, clique nas reticências ao lado do canal que deseja ajustar e selecione Notificações do canal. Você pode escolher três opções para cada configuração: desativar todas as notificações, mostrá-las apenas no feed Atividade ou mostrar notificações no feed Atividade e também na faixa do Teams que aparece no fim da tela de seu computador (como uma notificação de e-mail).

Duas configurações aparecem na caixa de diálogo Configurações de notificação de canal:

» **Todas as novas postagens:** Permite o ajuste de notificações para qualquer post novo (também conhecido como *thread*), em um canal.

» **Menções de canal:** Permite a configuração de quando e como você é notificado quando alguém o menciona com @ em um canal.

DICA

Gosto de manter as notificações de menções em canais ativada porque, se alguém mencionar meu nome com @, quero ser notificada imediatamente. Uma área que sempre desativo é quando alguém menciona um canal inteiro com @, em vez de uma pessoa específica. Se vir isso acontecendo muito em um canal e isso o atrapalhar, basta desativar essas notificações ou permitir que apareçam apenas no seu feed Atividade, mas não na faixa pop-up que chama sua atenção imediata.

Procurando Conversas Antigas

Um problema que sempre tenho é lembrar de conversar, mas não lembrar dos detalhes específicos, como datas, horários, locais e conclusões. Se não os anoto enquanto converso, provavelmente os esqueço mais tarde. O bom da comunicação digital é que há um registro da conversa (supondo que ela tenha ocorrido por texto, não por voz). Usando a funcionalidade de busca do Teams, podemos procurar nas conversas digitais que ocorreram e ir direto à conversa que queremos relembrar.

A funcionalidade de busca tem a forma de uma caixa de pesquisa. Ela pode ser encontrada no topo do aplicativo, como mostra a Figura 8-7.

No Teams, podemos pesquisar além da comunicação digital. Também podemos pesquisar pessoas que fazem parte de equipes da organização e até arquivos. Clique na guia adequada no topo do painel de navegação à esquerda para mudar de resultados (veja a Figura 8-7).

DICA

A mesma caixa de texto usada para inserir os termos da pesquisa pode ser usada para atalhos. Por exemplo, digite **/novidades** para ver uma lista de novidades no aplicativo. Há muitos atalhos que podem ser inseridos para acelerar as tarefas rotineiras. Se digitarmos uma (/) na janela de comando, um menu suspenso aparecerá listando todos os comandos disponíveis e uma breve descrição do que eles fazem, como mostra a Figura 8-8.

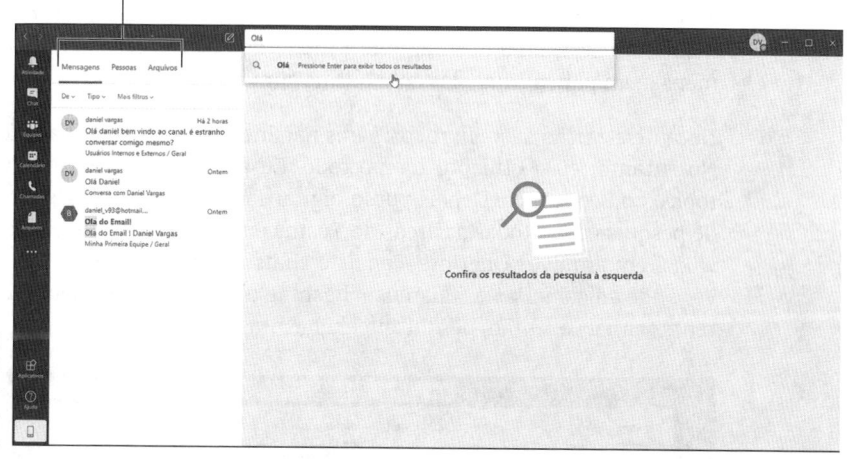

FIGURA 8-7: Usando a funcionalidade de pesquisa no Teams.

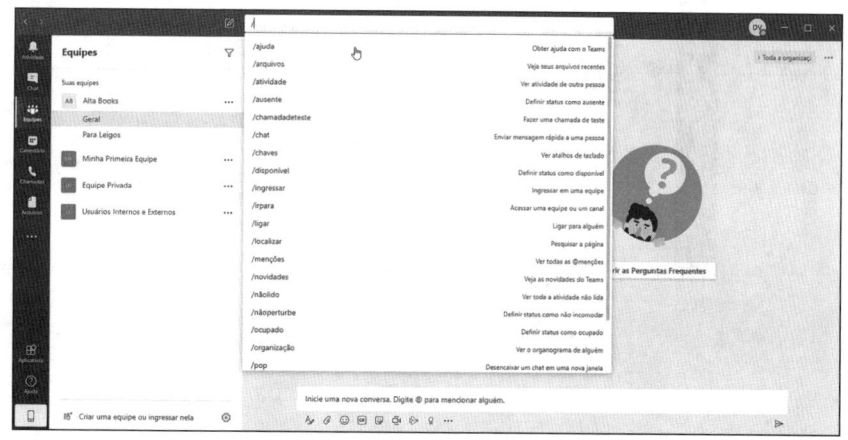

FIGURA 8-8: Vendo os atalhos de comandos atuais no Teams.

CAPÍTULO 8 **Domando o Barulho e Mantendo o Foco** 113

Sendo Criativo com Busca e Hashtags

Se você já usou o Twitter, o Slack ou o Yammer, provavelmente está familiarizado com o conceito de hashtag. A *hashtag* é composta do símbolo da cerquilha (#) seguido imediatamente de uma série de caracteres ou palavras. Por exemplo, #PiqueniqueDaEmpresa é uma hashtag.

No Twitter, podemos clicar nessa hashtag e ver qualquer tuíte enviado que a inclua, ou seja, uma hashtag é um modo de adicionar palavras-chave a uma mensagem para agrupá-las com outras similares.

Durante a edição deste livro, o Teams não incluía a funcionalidade de hashtags. No entanto, eu a utilizo o tempo todo. Eu gosto de usar hashtags para ligar tópicos ou conceitos. Depois posso digitar facilmente a hashtag em uma barra de pesquisa e ver todas as áreas do Teams em que a adicionei. Eu as utilizo nas wikis, em arquivos OneNote, canais e chats privados. Na Figura 8-9 podemos ver onde adicionei #olá (falamos: "hashtag olá") em várias mensagens de diferentes canais e, então, pesquisei pela hashtag.

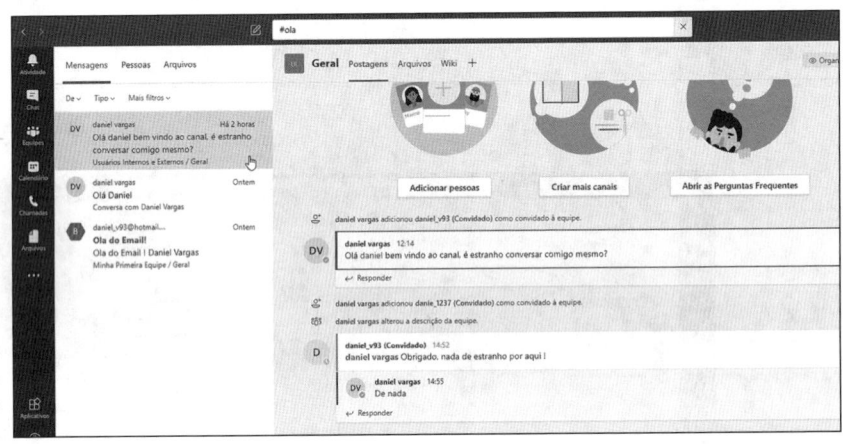

FIGURA 8-9: Usando hashtags nas buscas.

3 Ficando Sincronizado com Reuniões e Conferências

NESTA PARTE...

Descubra como o Microsoft Teams se integra com o Outlook e brilha quando usamos este para gerenciar e conduzir reuniões do Teams.

Aprenda a agendar uma nova reunião e ingressar em uma reunião existente.

Explore as capacidades de conferências e videoconferências integradas que possibilitam fazer videochamadas pelo portal do Teams.

Explore o hardware que você pode usar com o Teams, incluindo fones de ouvido, caixas de som e câmeras, além de dispositivos projetados para grandes salas de reuniões e conferências.

NESTE CAPÍTULO

» Entendendo os diferentes tipos de reuniões

» Agendando e ingressando em reuniões

» Melhorando o nível das reuniões com conferências e videochamadas

» Aceitando participantes locais e remotos em uma reunião ao mesmo tempo

Capítulo **9**

Adotando o Teams para Aprimorar Reuniões

Se você for experiente no Microsoft Office, certamente já está familiarizado com o Outlook. Microsoft Outlook é um aplicativo que faz parte do conjunto Office de produtos com o qual podemos gerenciar e-mails, agenda e contatos. O Microsoft Teams se integra ao Outlook e brilha quando é utilizado para conduzir reuniões.

Neste capítulo, você descobrirá os diferentes tipos de reuniões do Teams: agendadas, personalizadas e privadas. Aprenderá a agendar uma nova reunião no Teams e adicionar a funcionalidade do Teams a uma reunião agendada no Outlook, como começar uma reunião e ingressar em uma já existente e, finalmente, explorará as capacidades integradas de conferências e videochamadas, que possibilitam a reunião com pessoas do mundo todo.

Atualizando-se Sobre os Tipos de Reuniões do Teams

Reunião é um termo geral que engloba desde um chat individual com um amigo até uma apresentação para centenas de colegas. O Teams aceita vários tipos de reuniões e o modo como as configuramos depende de sua frequência e quantas pessoas precisam ser envolvidas.

Os três tipos de reunião do Teams incluem:

- » **Reuniões regulares ou recorrentes:** São as reuniões tradicionais de uma organização. Por exemplo, podemos ter reuniões de equipe recorrentes que acontecem toda segunda-feira às 11 horas. Ou nossos colegas podem se reunir regularmente para revisar os relatórios financeiros mais recentes com várias pessoas da organização. Essas reuniões são agendadas.
- » **Reuniões personalizadas instantâneas:** Acontecem em um determinado momento. Por exemplo, podemos nos comunicar com um grupo de pessoas, e alguém decide que seria melhor fazer uma reunião rápida para decidir alguma coisa.
- » **Reuniões privadas:** Envolvem um debate com outra pessoa. Igualo esse tipo de reunião a uma ligação telefônica.

Quando trabalhar com o Teams, lembre-se de quais tipos de reunião podem ser iniciadas. Podemos agendar uma reunião, começar uma reunião instantânea com um grupo de pessoas ou começar uma reunião privada com outra pessoa.

Use os tipos de reuniões para criar seu modelo mental de maior eficiência com o Teams. Por exemplo, se precisar se reunir com cinco pessoas imediatamente, não é preciso agendar uma nova reunião no calendário de todos. Basta usar a funcionalidade Reunir Agora para começar uma reunião instantânea, que será abordada mais adiante neste capítulo.

Vendo Seu Calendário no Teams

Assim como podemos ver o calendário no Microsoft Outlook, podemos vê-lo no Microsoft Teams. É nele que as reuniões são agendadas e onde podemos ver de quais precisamos participar. Clique no ícone Reuniões no painel de navegação à esquerda, como mostra a Figura 9-1, para abrir seu calendário Outlook no Teams.

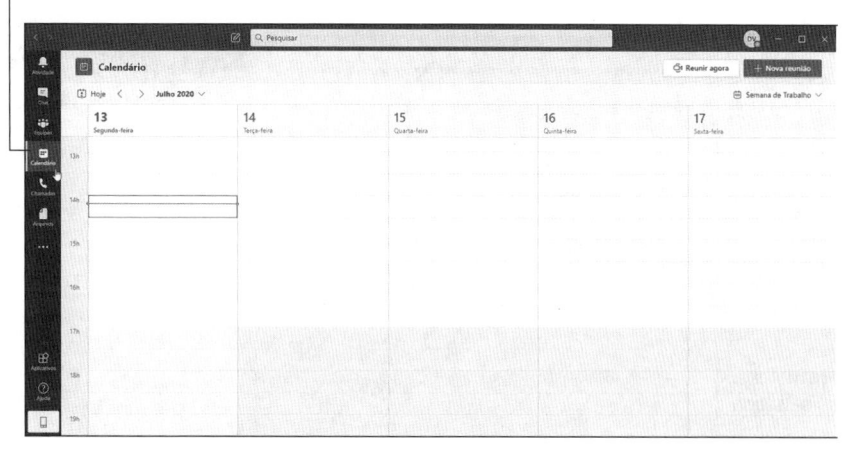

FIGURA 9-1: Vendo seu calendário Outlook no Teams.

Clique para abrir seu calendário

> **DICA**
>
> O item de navegação Reuniões só aparece como uma opção no Teams se você tem o Outlook instalado no mesmo computador. Se sua assinatura Office 365 incluir os clientes Office, poderá instalá-lo fazendo login em https://office.com. Depois de logado, você verá o botão Instale o Office na página principal.

Podemos ver o calendário no Teams de várias formas: por dia, por semana ou por semana de trabalho. A visualização pode ser mudada com o seletor à direita superior do calendário. Por padrão, o seletor de visualização está definido para Semana de trabalho.

Criando uma Nova Reunião e Convidando Pessoas

Com o Teams, podemos criar uma reunião instantânea ou personalizada para nos conectar com alguém imediatamente ou podemos agendar uma reunião que aparecerá no calendário Outlook dos convidados. Para criar uma reunião personalizada, clique no botão Reunir Agora, à direita superior de seu calendário, mostrado na Figura 9-2. Ao clicar, uma reunião será criada e você será capaz de ingressar nela instantaneamente.

> **DICA**
>
> No Teams, temos a opção de ativar ou desativar a câmera e o microfone antes de ingressar em uma reunião.

Ao criar uma reunião usando Reunir Agora, você será a única pessoa lá e poderá convidar outros para participarem selecionando Participantes da Reunião nos ícones que aparecem no meio da janela de reunião e escrevendo o nome da pessoa que deseja convidar.

CAPÍTULO 9 **Adotando o Teams para Aprimorar Reuniões** 119

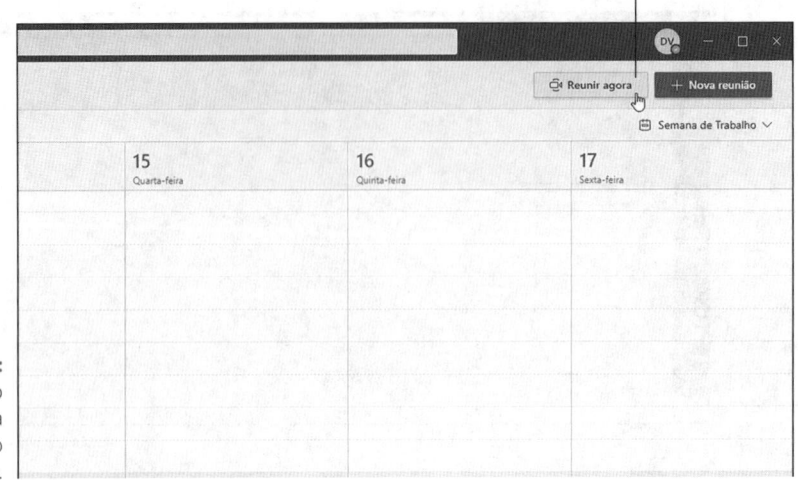

FIGURA 9-2: Ingressando em uma reunião no Teams.

Clique para iniciar uma reunião instantânea

> Também é possível iniciar uma áudio ou uma videoconferência personalizada a partir de um chat clicando no ícone da câmera de vídeo ou do microfone. Esses ícones podem ser encontrados à direita superior da tela quando estamos conversando com alguém ou passamos o mouse por cima do nome de uma pessoa em um canal. Os ícones aparecerão e poderemos iniciar uma chamada de voz ou um vídeo com ela, ou até enviar um chat ou um e-mail. Essa funcionalidade é abordada no Capítulo 4.

A reunião instantânea é um bom recurso que utilizo com frequência. Entretanto, muitas reuniões também são agendadas com antecedência e incluídas nos calendários das pessoas. Essa é uma tarefa que eu costumava fazer no Outlook, mas me vejo usando o Teams atualmente.

Para agendar uma nova reunião no Teams, siga estes passos:

1. **Clique no ícone Reuniões no painel de navegação à esquerda para abrir o calendário do Outlook.**

2. **Selecione o botão Nova reunião, ao lado do botão Reunir Agora.**

    Ambos são exibidos na Figura 9-2. Uma caixa de diálogo Nova reunião aparece para configurar a reunião, como mostra a Figura 9-3.

> Também podemos pesquisar no calendário e clicar em um dia e hora para abrir a caixa de diálogo Nova reunião.

PARTE 3 **Ficando Sincronizado com Reuniões e Conferências**

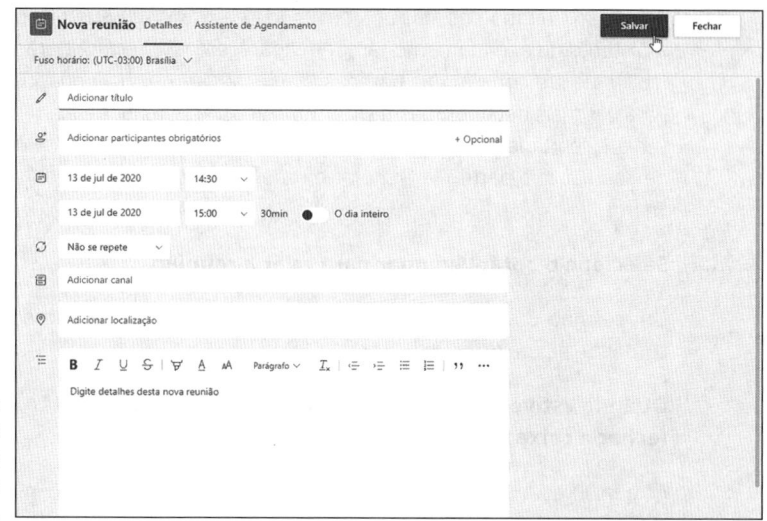

FIGURA 9-3: Agendando uma nova reunião no Teams.

3. **Forneça título, local, data, hora e detalhes para a reunião.**

4. **Convide pessoas para sua reunião digitando os nomes delas na caixa de texto Convidar pessoas.**

   Enquanto digita, o Teams oferecerá sugestões de membros da equipe com base nas letras digitadas.

5. **Selecione a(s) pessoa(s) desejada(s) na lista de membros da equipe.**

   Também podemos convidar pessoas de fora da organização se esse recurso estiver habilitado. Veja no Capítulo 7 mais informações sobre como trabalhar com usuários externos.

PAPO DE ESPECIALISTA

(Opcional) Uma nuance de uma reunião do Teams é que ela pode ficar disponível e aberta para qualquer pessoa no canal. Para tanto, selecione o canal que deseja acessar no menu suspenso Selecione um Canal para se Reunir. Com isso, a reunião aparecerá no canal. Quando for iniciada, qualquer um do canal poderá ingressar nela. Além disso, todas as conversas de chat e registros da reunião aparecerão nesse canal do Teams.

Gosto de pensar nessa opção como um recurso de transparência. Apesar de precisar me reunir apenas com três pessoas, posso dar a todos do canal a opção de participar da reunião. Isso também permite que todos no canal vejam os registros, os chats e qualquer arquivo compartilhado, ou seja, a reunião é transparente para todos do canal, mesmo quando somente alguns são convidados.

CAPÍTULO 9 **Adotando o Teams para Aprimorar Reuniões**

Tendo adicionado pessoas ao convite, o Teams mostra sua disponibilidade. O assistente de agendamento também aparecerá e você verá horários de disponibilidade em comum das pessoas com base em seus calendários do Outlook. Para ver mais detalhes, basta clicar no link do Assistente de agendamento para ver o calendário de disponibilidade de cada participante. Essa funcionalidade de reunião faz parte do Outlook há muito tempo e agora está integrada no Teams.

6. **Selecione o botão Agendar para criar a reunião.**

   Um resumo da reunião será exibido e poderá ser editado, caso você tenha cometido algum erro.

7. **Quando estiver satisfeito com a reunião, selecione o botão Fechar para fechar a caixa de diálogo Nova reunião.**

   A reunião está agendada em seu calendário, como mostra a Figura 9-4. Além disso, se o canal do Teams foi selecionado, ela também aparecerá nele (veja a Figura 9-5).

FIGURA 9-4: Uma reunião no seu calendário do Teams.

LEMBRE-SE

O calendário do Teams é ligado ao Microsoft Outlook. Ao abrir o calendário no Outlook, vemos a reunião recém-criada no Teams, como mostra a Figura 9-6. Também podemos agendar uma reunião do Teams diretamente no Outlook, basta clicar no botão Nova reunião do Teams na Faixa de Opções do Outlook.

O Outlook é integrado a diversos tipos de software de reuniões. Como o Teams vem em muitas assinaturas do Office 365, vejo a maioria das organizações adotá-lo rapidamente. Contudo, se sua organização utilizar outro software de reuniões, como o GoToMeeting, a experiência será similar no Outlook.

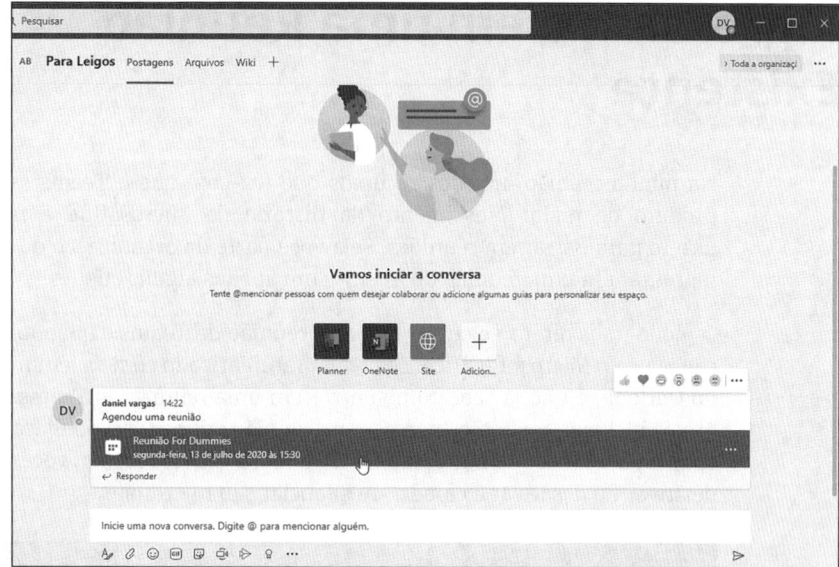

FIGURA 9-5: Uma reunião compartilhada com um canal do Teams.

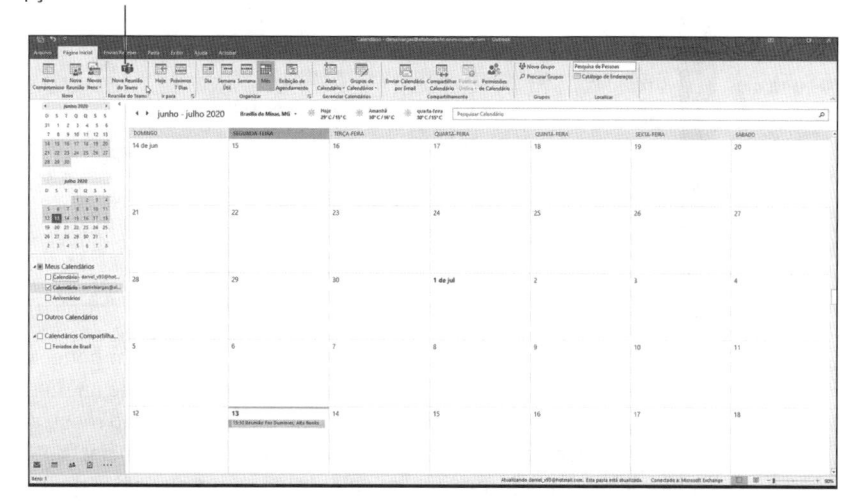

FIGURA 9-6: Visualizando uma reunião agendada do Teams no Outlook.

Opção Nova reunião do Teams

DICA Se precisar divulgar um evento para muitas pessoas, poderá usar um recurso chamado Eventos ao vivo do Teams. Esse recurso costumava ser chamado de Skype Meeting Broadcast e foi projetado para apresentações a grandes públicos. Se sua assinatura do Office 365 incluir esse recurso, você verá a opção para criar uma reunião comum ou um Evento ao vivo do Teams ao clicar no botão Agendar reunião.

CAPÍTULO 9 **Adotando o Teams para Aprimorar Reuniões** 123

Ingressando em uma Reunião Existente

Na minha opinião, um dos recursos que fez com que o Teams se tornasse o produto de maior crescimento da história da Microsoft é a facilidade de usá-lo para entrar em reuniões. Seja você parte da organização ou não, poderá ingressar em uma reunião do Teams com apenas alguns cliques.

O modo mais direto de entrar em uma reunião do Teams é quando a organização já usa o Microsoft Office. Se estiver familiarizado com os lembretes pop-up do Outlook, então já sabe como entrar em uma reunião do Teams. Esses lembretes incluem um botão Ingressar na reunião online (veja a Figura 9-7), que o conecta à reunião. Ao ingressar em uma reunião dessa forma, você terá a opção de ativar ou desativar a câmera ou silenciar seu microfone.

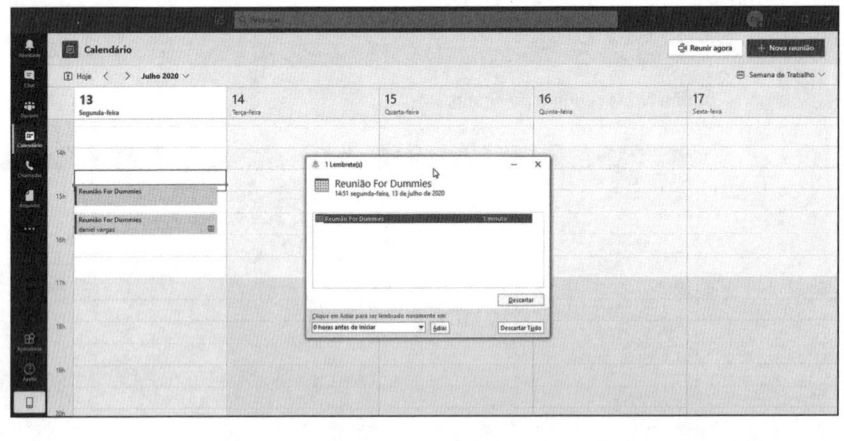

FIGURA 9-7: Ingressando em uma reunião do Teams a partir de um lembrete de reunião do Outlook.

O link para ingressar em uma reunião do Teams também pode ser encontrado ao abrir a reunião a partir do calendário do Outlook. Clique na reunião no calendário e o link para ingressar aparecerá na descrição, como mostra a Figura 9-8. Uma notificação também aparecerá se uma reunião iniciar no Teams e você estiver logado. Ela informará que a reunião começou e você pode entrar nela.

LEMBRE-SE

O Teams pode ser instalado no Windows, Mac e Linux. Se estiver usando um computador temporário, poderá utilizar a versão web. Também poderá instalar o Teams em seu dispositivo móvel com iOS ou Android. Contudo, acho mais produtivo participar de reuniões quando estou sentada à mesa usando um teclado, uma câmera e um microfone no notebook ou no desktop. A instalação de clientes Teams é abordada no Capítulo 3.

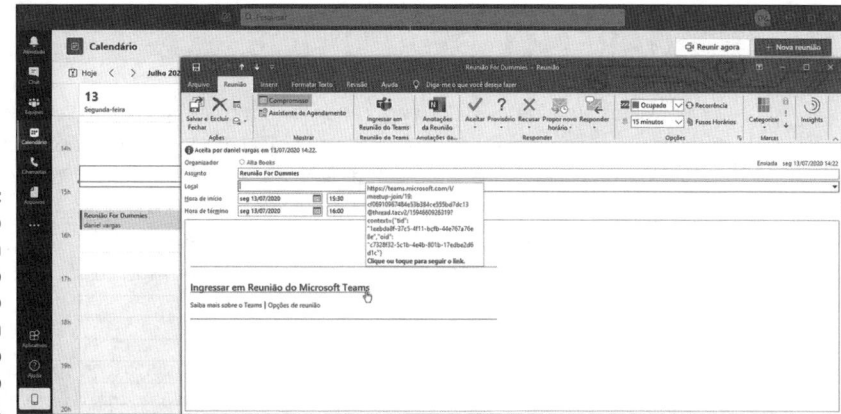

FIGURA 9-8: Ingressando em uma reunião do Teams ao abrir uma reunião no calendário do Outlook.

Usando o Teams para Conferências

Se você espera que as pessoas entrem nas reuniões fazendo ligações de telefones tradicionais, pode configurar uma audioconferência. Para isso, basta ter um plano telefônico, abordado no Capítulo 12. Ao configurar esse recurso no Teams, um número de telefone tradicional será atribuído à reunião. Os participantes poderão conferir a parte de áudio de uma reunião ligando de um telefone tradicional. Entretanto, não terão a experiência total da reunião, como o compartilhamento de arquivos e vídeo.

CUIDADO

O recurso de audioconferência não está disponível em todos os países. Verifique se está disponível em seu país usando seu mecanismo de busca favorito para pesquisar *Conferência de áudio no Microsoft Teams*. Também é possível pesquisar no site oficial da Microsoft: https://docs.microsoft.com.

Usando o Teams para Videochamadas

As reuniões evoluíram ao longo dos anos. Antigamente, todos se amontoavam em uma sala para se reunir pessoalmente. As pessoas que não estavam no mesmo local podiam ligar para um telefone para que todos compartilhassem uma linha e ouvissem uns aos outros. Tudo isso mudou quando as reuniões foram para a internet com o Lync e o Skype. O Teams é uma continuação desses produtos de funcionalidade comprovada, e a Microsoft evoluiu e consolidou sua tecnologia de reuniões com o Teams.

TAGARELICE DE REUNIÕES

Muitas vezes, uma reunião do Teams pode ter um chat rolando em seu decorrer, e todos da equipe podem mandar mensagens e acompanhá-las. O apresentador pode rever as conversas e responder perguntas, caso o tempo permita. Além disso, pessoas podem compartilhar links e arquivos no chat. Uma das coisas de que gosto no chat da reunião do Teams é que posso sempre me atualizar depois e ver qualquer discussão e falação que tenha perdido se me atrasar. Se perder a reunião toda, posso ver o registro mais tarde e me atualizar.

A parte do chat de uma reunião do Teams é uma ótima maneira de comunicar informações relevantes. Por exemplo, se alguém está falando sobre uma planilha específica do Excel, essa pessoa pode enviar um link desse documento no chat para que todos possam acessá-lo imediatamente. Confira o Capítulo 18, na Parte dos Dez, para descobrir mais sobre as conversas com outros membros da equipe durante uma reunião.

PAPO DE ESPECIALISTA

O Lync foi um produto padrão usado para conversas e reuniões por muitos anos. Depois seu nome mudou para Skype for Business e agora ele foi englobado pelo Teams. Se já experimentou qualquer um desses produtos no passado, se sentirá em casa com o Teams. A interface é diferente, mas os conceitos continuam os mesmos.

Uma reunião do Teams pode incluir muitos recursos diferentes. No nível mais básico, uma reunião do Teams fornece um chat de grupo online, um link de voz e uma tela compartilhada, onde as pessoas podem fazer apresentações, compartilhar suas telas e ver umas às outras por vídeo.

Uma reunião geralmente é mais produtiva e inclusiva quando podemos ver os outros participantes, suas reações e expressões faciais. O Teams é especialmente bom nesse aspecto, quando a sala de conferência também tem um vídeo da sala toda. Dessa forma, pessoas, no local ou não, podem ver umas às outras *e* a apresentação ao mesmo tempo. Pessoas de fora veem a apresentação e o vídeo da sala em suas telas. As que estão na sala veem a apresentação e o vídeo daquelas de fora projetado na parede. Essa funcionalidade faz com que uma reunião com uma equipe dispersa pareça natural e eficiente. Quando participo de uma reunião sem vídeo, sempre sinto como se estivesse do lado de fora da sala de reunião. Quando há vídeo, sinto-me conectada ao restante do pessoal, porque posso vê-los e eles podem me ver. Para que isso aconteça, é preciso ter um hardware especial para o Teams, coisa que será abordada no Capítulo 10.

Para conduzir uma videoconferência em um chat do Teams, siga estes passos:

1. **Clique no ícone Chat no painel de navegação à esquerda e selecione a mensagem de chat da pessoa para quem gostaria de ligar.**

    Se ainda não tiver um chat com essa pessoa, pode iniciar um clicando no ícone Novo chat (que parece um lápis escrevendo em um papel).

2. **Para começar uma videoconferência, clique no ícone de vídeo à esquerda superior do chat, como mostra a Figura 9-9.**

    A videoconferência começará ligando para a outra pessoa e você pode clicar no ícone de vídeo ou áudio para desligar sua câmera ou silenciar seu áudio, como mostra a Figura 9-10.

Clique para iniciar uma chamada de vídeo

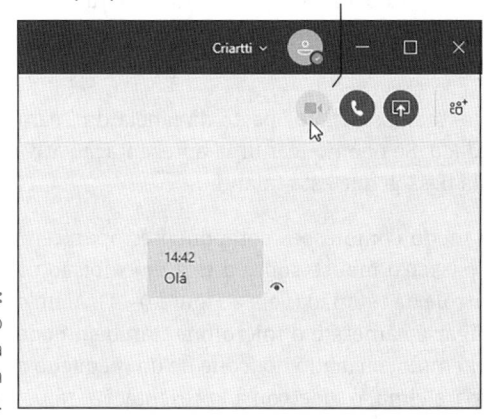

FIGURA 9-9: Iniciando um vídeo a partir de um chat.

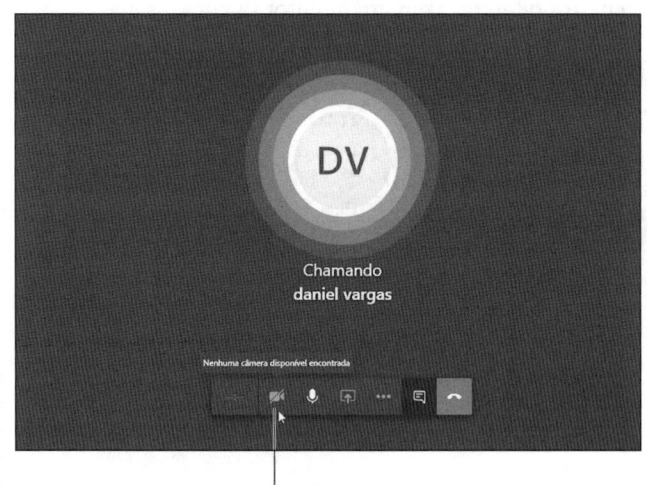

FIGURA 9-10: Fazendo uma chamada de vídeo para outra pessoa.

Clique para ativar ou desativar a câmera

CAPÍTULO 9 **Adotando o Teams para Aprimorar Reuniões** 127

DICA

Você pode desligar sua câmera e seu microfone a qualquer momento da ligação. Por exemplo, talvez seu filho entre inesperadamente na sala e você queira desligar sua câmera por um momento, ou seu cachorro comece a latir e você precise silenciar seu microfone. Clique no ícone de vídeo ou áudio e a câmera será desligada ou o áudio, silenciado. Para reativá-los, basta clicar novamente no ícone.

3. **Quando terminar a ligação, clique no ícone vermelho para desligar, e a chamada será finalizada.**

DICA

Podemos iniciar uma videochamada de praticamente qualquer lugar do Teams. Basta passar seu mouse sobre o nome da pessoa que deseja chamar e selecionar o ícone de vídeo. Todos os contatos podem ser encontrados selecionando o ícone Chamadas no painel de navegação à esquerda e, então, Contatos. Eu geralmente só passo o mouse sobre o nome de uma pessoa em um canal ou começo uma ligação a partir de um chat, como foi mostrado nos passos anteriores.

Durante uma reunião do Teams, a maior parte da janela do Teams é ocupada pela apresentação abordada. Se não houver uma apresentação ativa, a tela será preenchida pelo vídeo da pessoa que está falando.

Podemos customizar o modo como esses componentes aparecem no computador. Para isso, basta passar o mouse sobre a tela de exibição principal para revelar os ícones de controle da reunião (veja a Figura 9-11). Além de usar esses ícones para ligar e desligar a câmera e o microfone, também podemos ajustar a exibição da tela. Por exemplo, clicando no ícone de um pequeno monitor com uma flecha apontando para cima, o vídeo ou a apresentação irá para uma nova tela para que possamos ver diferentes aspectos da reunião em monitores diferentes ou partes diferentes em um monitor maior.

FIGURA 9-11: Use estes ícones para customizar sua tela de reunião.

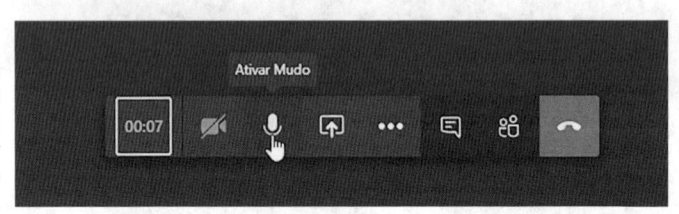

Na maioria das vezes, acho o padrão bom o bastante e não mudo nada. Mas esteja ciente de que poderá fazê-lo se quiser. A melhor forma de descobrir essa funcionalidade é passar o mouse sobre a tela de reunião e testar os ícones que aparecem.

> **NESTE CAPÍTULO**
>
> » **Descobrindo como funciona a comunicação por viva-voz no Teams**
>
> » **Observando o hardware de sala de conferência**
>
> » **Encontrando o dispositivo certo para suas necessidades**

Capítulo **10**

Levando o Teams para o Mundo Físico

As reuniões e as comunicações passaram por uma revolução nas últimas décadas. A internet e a conectividade mudaram o jogo das comunicações globais. Eu ainda me lembro de ligar para amigos de outras partes do mundo usando um telefone fixo tradicional e ouvindo o pequeno eco ao fundo. Eles sempre pareciam muito distantes e isso fazia sentido, já que estavam mesmo. Então chegou o Skype, e me acostumei a ligar para os amigos em qualquer parte do mundo usando a internet e vendo-os enquanto conversávamos. O Skype mudou a paisagem das comunicações.

O Microsoft Teams fornece a mesma experiência do Skype. Como descobrimos no capítulo anterior, podemos fazer chamadas de vídeo diretamente pelo portal do Teams! Ele também inclui vários recursos destinados especificamente para trabalhar com grupos de pessoas em suas equipes. Uma área que realmente cresceu nos últimos anos à medida que o Teams entrou em cena foi a de hardware. As empresas de hardware começaram a criar dispositivos otimizados e projetados especificamente para ele.

Neste capítulo, você explorará algumas novidades de hardware que podem ser usadas com o Teams, incluindo dispositivos especificamente projetados para você como indivíduo, como fones de ouvido, e também os criados para salas de reuniões e audioconferências. Se você, como eu, adora dispositivos, este capítulo foi feito para você!

O Teams É Mais do que um Software

É fácil esquecer que um produto de software como o Microsoft Teams pode englobar mais do que apenas software. O Teams é projetado para comunicações com outras pessoas e, como resultado, requer dispositivos físicos como telefones, fones de ouvido, telas e projetores para facilitar essa comunicação.

Esses dispositivos existem há anos, mas os fabricantes estão começando a projetá-los para cenários específicos e aplicações de software específicas como o Teams. A Microsoft tem uma página (`https://www.microsoft.com/pt-br/microsoft-365/microsoft-teams/across-devices/devices`) que descreve esses dispositivos em detalhes e informa onde podem ser adquiridos (veja a Figura 10-1).

DICA Os dispositivos que a Microsoft inclui em suas páginas de produtos são projetados especificamente para audioconferências e ligações, e são certificados para usar com o Teams. Para os dispositivos pessoais, como fones de ouvido e câmeras de vídeo, geralmente podemos usar qualquer dispositivo compatível com nosso computador. Para outros dispositivos, como sistemas de sala e telefones de conferência, é melhor seguir as recomendações da Microsoft, ou pelo menos ter uma declaração explícita do fabricante de que o dispositivo funciona com o Teams.

FIGURA 10-1: A página da Microsoft dedicada a hardwares para o Teams.

Ficando com as Mãos Livres no Teams

Usar seu computador para fazer e receber ligações telefônicas está se tornando o novo normal. Algumas organizações adotaram totalmente essa prática, enquanto outras se mantêm com o tradicional e comprovado telefone. Em qualquer caso, você pode encontrar dispositivos para usar e liberar as mãos enquanto está em uma ligação ou reunião.

As duas principais categorias desses dispositivos são headsets e viva-voz. Se você trabalha em um ambiente aberto ou compartilhado, a melhor escolha provavelmente é um headset. Se tiver sorte o bastante de trabalhar em um escritório com quatro paredes, talvez prefira um viva-voz. A Microsoft exibe alguns headsets e viva-voz em sua página de produtos, como nas Figuras 10-2 e 10-3.

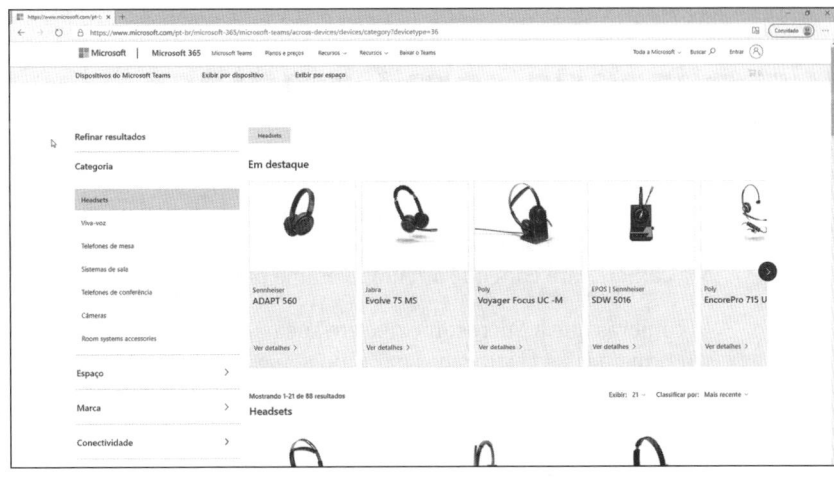

FIGURA 10-2: Os headsets exibidos na página de produtos da Microsoft para o Teams.

Pessoalmente, prefiro um headset que cubra completamente as orelhas e tenha um microfone. Sinto-me mais imersa na ligação quando uso um headset assim e consigo me desligar facilmente de distrações, como outras conversas que possam estar acontecendo ao meu redor.

Quando preciso incluir outros na conversa, mudo para um viva-voz para que todos possam ouvir e participar da reunião. Alguns bons viva-voz que vi têm microfones omnidirecionais, para que o áudio seja capturado de todos os ângulos, mesmo se você está com a cabeça inclinada e não fala diretamente no microfone. Mas, normalmente, qualquer microfone serve. Ainda não vi um microfone que funcione em um computador e o Teams não consiga usar.

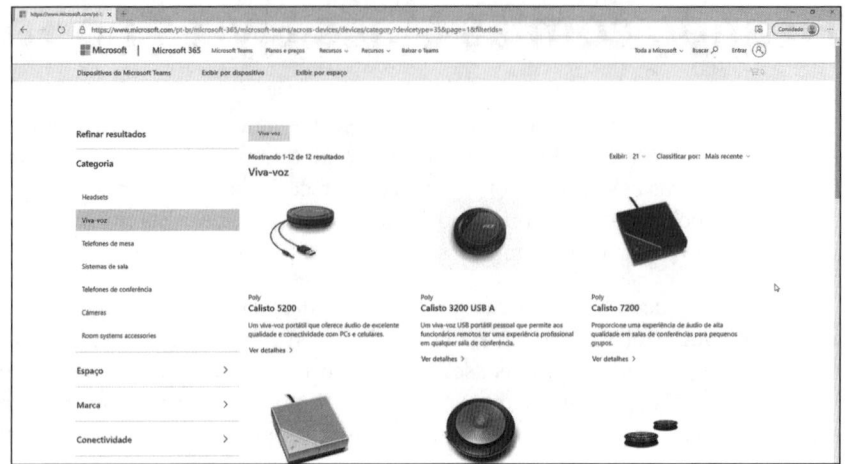

FIGURA 10-3: Os viva-voz exibidos na página de produtos da Microsoft para o Teams.

Visualizando com Câmeras

Na minha opinião, um dos aspectos mais importantes de uma reunião online de sucesso é poder ver outras pessoas. A reação de alguém diz mais sobre o tom da reunião e de como ela está indo do que a maior parte do que é dito nela. Uma boa câmera fará com que a reunião online pareça presencial.

As câmeras que a Microsoft exibe em sua página de produtos são de primeira, e são projetadas e certificadas para funcionar com o Teams (veja a Figura 10-4). Entretanto, assim como os headset, qualquer câmera que funcione com seu computador geralmente funciona com o Teams.

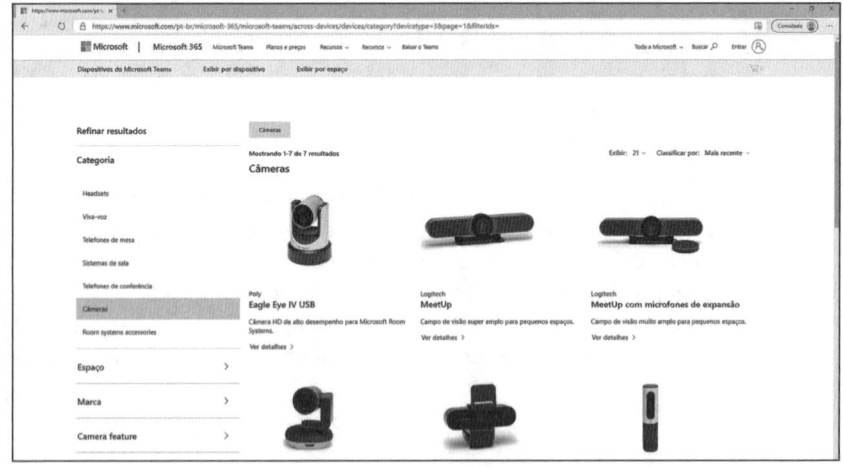

FIGURA 10-4: As câmeras exibidas na página de produtos da Microsoft para o Teams.

> ### O QUÊ? ESSA CÂMERA CUSTA US$10.000?
>
> No extremo das câmeras de primeira, vejamos a EagleEye Director 2, que aparece na página de produtos da Microsoft. Seu preço é de US$10.995! O que ela tem de tão especial? Bem, eu já estive em reuniões que utilizaram essa câmera e ela fornece outro nível de interação. Ela serve para reuniões com um grande número de pessoas. A câmera se conecta a um sistema inteligente de microfone, o que significa que, quando alguém na sala começa a falar, ela se direciona e foca automaticamente essa pessoa. O resultado é que o sistema da câmera assume o papel de alguém caminhando pela sala com um microfone e um operador de câmera que foca quem está falando. Uma vez experimentado esse nível de reunião imersiva, é fácil desejar que esteja disponível em todos os lugares.

Eu já usei câmeras caras e outras muito baratas. O valor agregado ao adicionar uma câmera a uma reunião é extraordinário. Usar câmeras mais caras torna o valor agregado discutível, mas não há dúvidas de que câmeras de primeiríssima qualidade são ótimas quando cabem no orçamento.

DICA: Os produtos exibidos pela Microsoft em sua própria página são alguns dos melhores, mas também podemos passar na loja de eletrônicos local ou online e escolher o que melhor funcionará com nosso computador. Acho que a melhor experiência acontece com uma câmera que suporta resolução de vídeo 4K e é capaz de transmitir pelo menos 30 frames por segundo (FPS).

DICA: O aspecto mais importante de realizar uma reunião de sucesso é a velocidade de sua rede e conexão de internet. Você pode ter a melhor câmera 4K, mas, se a velocidade da sua internet é lenta, a pessoa parecerá picotada e o áudio não será ouvido claramente, porque todos esses dados 4K não conseguirão chegar à outra pessoa rápido o bastante para fazer diferença. Se há um produto para se gastar um pouco mais, é em uma conexão de internet rápida.

Usando Telefones de Mesa para o Teams

Usar um telefone de mesa com o Teams oferece uma nova dinâmica interessante para a comunicação. Esse telefone é quase idêntico a um telefone tradicional, mas, além de uma comunicação voz a voz, como no tradicional, o telefone específico para o Teams também inclui uma tela que pode ser usada para apresentações e vídeo. Os telefones de mesa que a Microsoft exibe em sua página de produtos estão na Figura 10-5. Eles são o tipo de dispositivo que é bom garantir que seja especificamente projetado e certificado para o Teams.

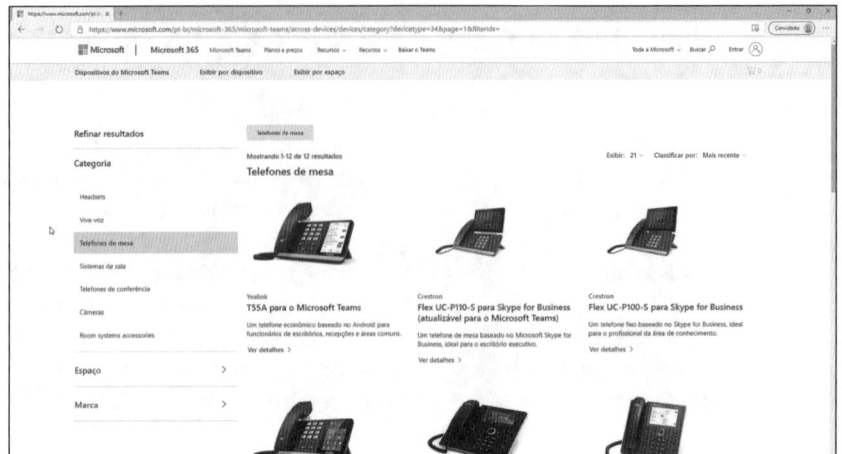

FIGURA 10-5: Os telefones de mesa exibidos na página de produtos da Microsoft para o Teams.

Esses telefones não são baratos, pois são basicamente um pequeno computador projetado especificamente para reuniões online. Para configurá-los, é preciso logar no telefone como fazemos em um computador.

Abordo a configuração de um número de telefone e o uso do Teams como sistema telefônico no Capítulo 11.

Transformando uma Sala de Conferências em uma Sala do Teams

Uma sala de conferências tradicional, também chamada de sala de reuniões, geralmente tem uma mesa com cadeiras em volta, um projetor e, talvez, um telefone viva-voz para participantes remotos participarem da reunião. A maioria das organizações tem alguma forma de sala de conferências em sua locação. Eu estive em centenas delas, em clientes do mundo todo, e é impressionante o quanto são parecidas. Poderíamos colocar alguém em uma sala de conferências em Manila, nas Filipinas e, depois, em Seattle, Washington, e provavelmente seria difícil que essa pessoa as diferenciasse.

O Teams tem recursos e dispositivos excelentes que aumentam essas salas de conferências e as transformam em um espaço digital aconchegante e inclusivo para participantes remotos. Um desses dispositivos é um telefone de conferências criado para o Teams que permite entrar na sala, apertar um botão e fazer com que a sala toda ingresse automaticamente em uma reunião do Teams. Um telefone de conferência para o Teams é projetado para comunicações por voz. Os exibidos na página de produtos da Microsoft estão na Figura 10-6.

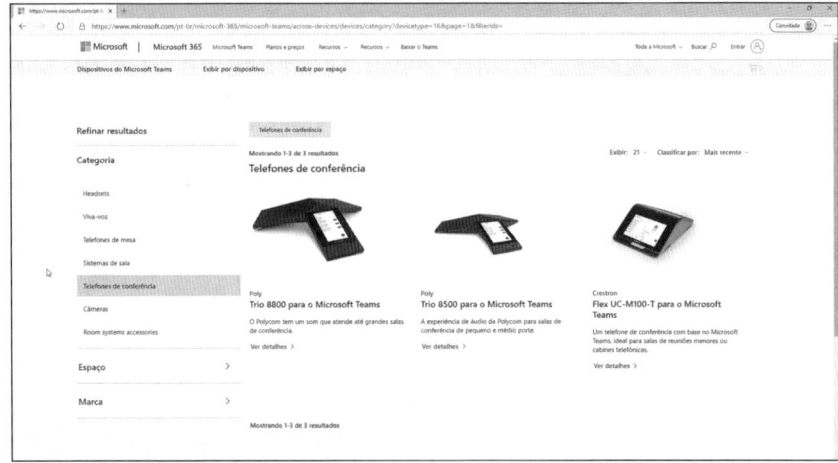

FIGURA 10-6: Os telefones de conferência na página de produtos da Microsoft para o Teams.

Outro desenvolvimento animador dos sistemas de comunicação de salas de conferências são os sistemas de sala do Teams (veja a Figura 10-7). *Sistemas de sala* são uma combinação de telefones de conferência, câmeras, projetores e microfones projetados para transformar a comunicação.

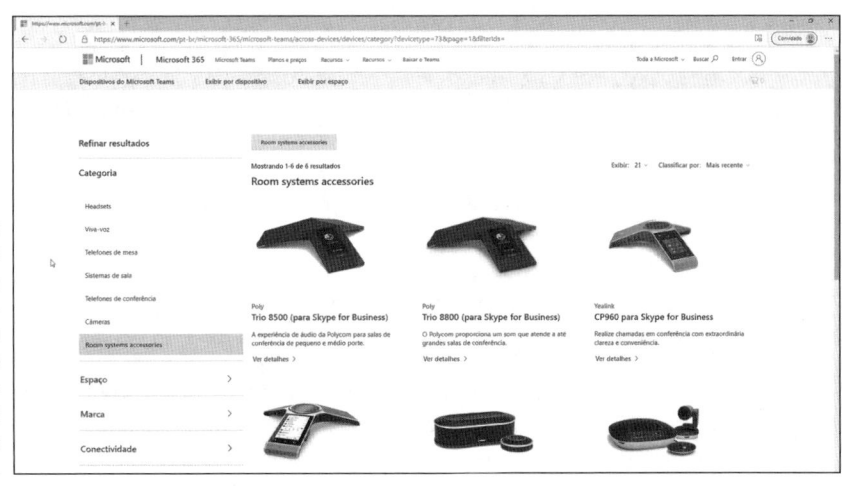

FIGURA 10-7: Os sistemas de sala apresentados na página de produtos da Microsoft para o Teams.

CAPÍTULO 10 **Levando o Teams para o Mundo Físico** 135

VISLUMBRANDO O FUTURO COM O SURFACE HUB

Se quiser ver o futuro do que é possível realizar com o Teams, confira o Surface Hub, que é um centro de comunicação digital completo. Pense nele como uma smart TV com o Teams integrado. Você não só pode realizar reuniões com ele como um notebook gigante, mas também pode desenhar nele e movê-lo, pois ele tem bateria. Veja-o na página da Microsoft dedicada a ele (www.microsoft.com/en-us/surface/business/surface-hub-2) e na figura a seguir.

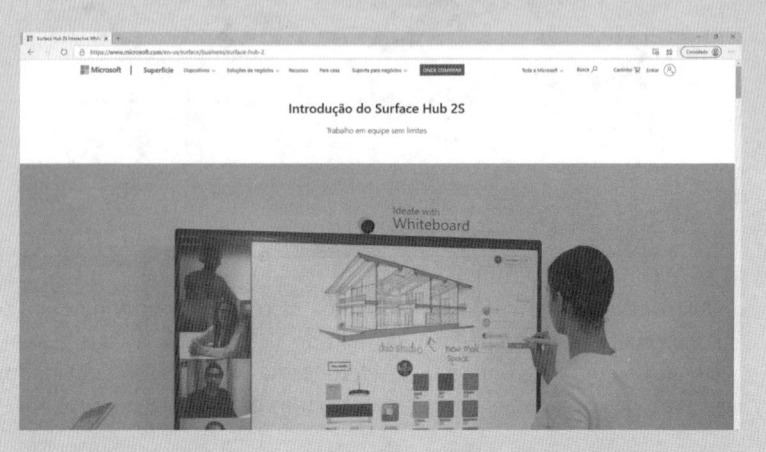

Recentemente tive a chance de conferir o Surface Hub e a sensação é a de algo futurístico. O preço vai muito além de muitos orçamentos, mas com cada hub custando em torno de US$9 mil a US$12 mil, a Google lançou um produto similar, chamado Jamboard (https://gsuite.google.com/products/jamboard), e esses computadores comunicacionais foram descritos como a nova onda da computação. Em vez de um computador pessoal, eles são computadores que pertencem a um espaço comum e compartilhado, e devem ser usados como tais. Vale a pena conferir e ficar de olho nesses dispositivos para futuras necessidades de reuniões.

> **DICA**
>
> Um sistema de sala do Teams inclui todos os dispositivos necessários para transformar uma sala de conferências tradicional em uma sala do Teams. É importante garantir que qualquer sistema comprado seja projetado e certificado para trabalhar com o Microsoft Teams
>
> Não há nada que o impeça de comprar todas as partes que formem um sistema de sala do Teams e montá-lo. O benefício de um pacote de sistema de sala é que todo o necessário vem como parte do sistema, então não é preciso descobrir qual parte funciona melhor uma com as outras.

4
Levando a Comunicação a Outro Nível com a Voz

NESTA PARTE...

Descubra como o Teams pode agir como o sistema telefônico da sua organização.

Aprenda a fazer e receber chamadas pelo portal do Teams usando um número de telefone tradicional e como fazer ligações sem um desses.

Descubra como configurar o Teams para encaminhar as chamadas recebidas e lidar com a secretária eletrônica, e como você pode configurar árvores telefônicas e filas de chamadas usando o Teams.

Aprenda a atribuir representantes que podem trabalhar com o Teams em seu nome, como configurar permissões e como definir notificações e privacidade.

NESTE CAPÍTULO

» Entendendo a comunicação por voz moderna

» Fazendo e recebendo chamadas no Teams

» Configurando o Teams com um número de telefone novo ou existente

» Acostumando-se com o uso do Teams como seu telefone

Capítulo 11
Fazendo e Recebendo Chamadas

Comunicar-se com os outros usando a voz é uma atividade humana básica que começou quando o homem colocou os pés no mundo. A comunicação a distância tem sido uma opção para a maioria das pessoas desde o fim do século XIX, com o advento do telefone. Hoje, aplicativos de internet como o Skype mudaram o jogo da comunicação por voz e o Microsoft Teams é a próxima evolução.

Neste capítulo, você descobrirá como o Teams pode agir como o sistema telefônico de sua organização. Aprenderá a fazer e receber chamadas usando o Teams, como os números de telefone funcionam nele e como realizar chamadas sem eles. Além disso, aprenderá um pouco sobre a história dos números de telefones e como configurá-los pelo Teams para que funcionem com o sistema telefônico tradicional.

Fazendo Ligações no Teams

Em nosso escritório em Seattle, Washington, não temos um sistema telefônico, nem mesmo telefones tradicionais. Em vez disso, temos uma rede de alta velocidade conectada a uma internet rápida, que usamos para realizar chamadas por meio de computadores e dispositivos eletrônicos. Quando queremos ligar para outra pessoa no escritório, usamos o Teams. Quando queremos falar com alguém de fora do escritório por um número de telefone comum, também usamos o Teams.

DICA

Para receber ou fazer ligações usando um número de telefone pelo Teams, devemos configurá-lo com a licença correta e atribuir um número de telefone. Se não fizermos isso, não poderemos ligar para um número de telefone nem outra pessoa poderá nos ligar usando um telefone comum. Mais adiante neste capítulo abordarei a configuração de números de telefone.

PAPO DE ESPECIALISTA

As redes modernas de comunicação podem se tornar confusas muito rapidamente. Para compreendê-las melhor, vale a pena entender como funcionam. Livros inteiros foram escritos sobre elas, mas entender algumas diferenças é bem simples. A Rede Pública de Telefonia Comutada (RPTC) é precursora da internet e usava tecnologia analógica, que criava um caminho entre seu telefone e o da outra pessoa pela rede. Os números de telefone foram inventados para que a rede identificasse cada dispositivo (veja o box "Entendendo como os Números de Telefone Funcionam", mais adiante neste capítulo). Se o circuito entre os telefones era interrompido, a ligação caía.

A internet foi inventada para resolver o problema de depender de um único caminho entre dois pontos de uma rede. Além disso, ela usa informação digital, conhecida como *pacotes*, para enviar informações pela rede. Para otimizar a comunicação por voz na rede digital (a internet), inventou-se um novo protocolo, chamado Voz sobre IP (VoIP). Hoje há uma estranha combinação dessas duas redes e a terminologia RPTC ainda se refere ao uso da rede telefônica tradicional, mas agora há uma mistura de conexões de internet interligadas a ela.

No geral, poderemos usar apenas tecnologia VoIP se ligarmos para alguém com o Teams no computador pela internet e a outra pessoa responder usando o Teams. Não há números telefônicos envolvidos. Quando precisamos utilizar um, há a necessidade de passar pelo sistema regulatório que foi associado à rede RPTC, e isso envolve empresas telefônicas e os órgãos reguladores federais. Prevejo um dia em que todos terão conexões de internet de alta velocidade em todos os seus dispositivos (pense em Elon Musk e seu sistema de internet via satélite Starlink), e os números de telefones desaparecerão. Mas, por enquanto, ainda precisamos de telefones para contatar pessoas que não usam produtos VoIP, como Teams, Skype, Hangouts, Slack, Zoom e vários outros.

Ligando para outro usuário do Teams

Se você já usou um aplicativo de software, como o Skype, para ligar para outra pessoa usando o mesmo aplicativo, sabe o quanto é fácil se comunicar utilizando a voz pela internet. O Teams segue esse mesmo paradigma. Podemos iniciar uma chamada com outro usuário Teams de praticamente qualquer parte do aplicativo. Se o nome estiver aparente, podemos ligar para essa pessoa. Basta passar o mouse sobre o nome e selecionar o ícone do telefone, como mostra a Figura 11-1.

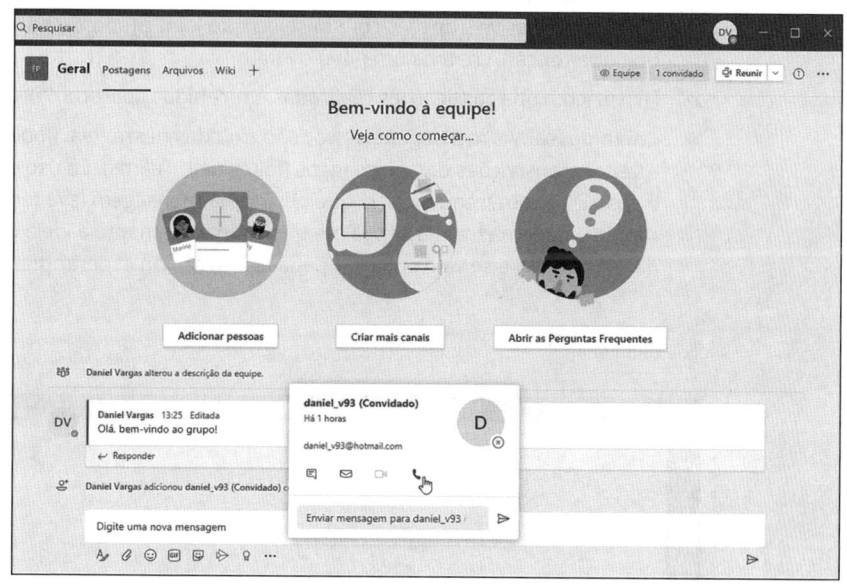

FIGURA 11-1: Ligando para outro usuário do Teams.

DICA

Quando estou trabalhando no escritório, prefiro usar um headset que tenha microfone embutido para fazer minhas chamadas. Isso me permite ficar com as mãos livres para continuar trabalhando no computador. Abordo o uso de headsets com o Teams no Capítulo 10.

Encontrando o painel de Chamadas

Na seção anterior, vimos como a comunicação, incluindo as chamadas de voz, está integrada na interface do Teams (Figura 11-1). Ele também oferece um painel Chamadas especificamente para a comunicação por voz. Abra o painel Chamadas clicando no ícone de mesmo nome no painel de navegação à esquerda, como mostra a Figura 11-2. Note que o ícone não aparecerá se a voz não estiver configurada no Teams. Essa é uma tarefa do administrador, abordada mais adiante neste capítulo e no Capítulo 12.

O painel Chamadas inclui itens de navegação para discagem rápida, contatos, histórico e caixa postal, bem como uma área para fazer uma chamada:

» **Discagem rápida:** Área em que podemos configurar os contatos para os quais ligamos com frequência. Como o nome já diz, é para ligar rapidamente para alguém. Eu acho isso muito útil quando estou trabalhando com organizações muito grandes e a lista de contatos pode incluir centenas ou milhares de pessoas.

» **Contatos:** Essa tela contém uma lista de todos os contatos. Podemos adicionar qualquer tipo de contato a ela, não precisa ser outro usuário do Teams. Ele é adicionado selecionando o botão Adicionar contato à direita superior da tela. Então, digitamos o nome ou o telefone, e o Teams começa automaticamente a procurar os outros usuários dentro da organização e apresenta possíveis opções com base no que foi digitado. Se não encontrar qualquer opção, criamos um novo contato.

» **Histórico:** Todas as ligações realizadas e recebidas aparecem nessa tela.

» **Caixa postal:** As mensagens de voz são exibidas nessa tela. Podemos ouvir e ver as transcrições das mensagens (feitas pelo Teams). Eu uso o recurso de transcrição com frequência, já que ouvir uma mensagem leva tempo e uma rápida olhada na transcrição já me dá instantaneamente a ideia do assunto da mensagem e se vale ou não a pena agir agora ou esperar mais um tempo.

FIGURA 11-2: Abrindo o painel Chamadas no Teams.

DICA Ao adicionar um novo contato no Teams, basta digitar as primeiras letras do nome de uma pessoa ou números do seu telefone, e o Teams fará a busca nos contatos da organização e oferecerá opções em um menu suspenso com base no que foi digitado. Para refinar a busca, é só continuar digitando.

O painel Chamadas também inclui uma área no painel de navegação esquerdo chamada "Fazer uma chamada" (veja a Figura 11-2). Nessa área, encontramos um ícone de telefone ao lado do nome de cada contato. Clique nele para ligar imediatamente para esse contato. Para mim, essa área é redundante, já que podemos fazer uma ligação para qualquer contato apenas clicando no ícone de telefone ao lado do nome da pessoa em qualquer parte do Teams. A maioria de minhas ligações acontece a partir de canais e áreas de chat do aplicativo; eu não vou necessariamente até o painel Chamadas. Apenas passo o mouse sobre o nome do usuário, independentemente do lugar onde estou no Teams, e seleciono o ícone de telefone para iniciar uma chamada de voz.

> **DICA**
>
> Se você tiver um número de telefone configurado no Teams, poderá vê-lo no painel Chamadas acima da seção "Fazer uma chamada", como mostra a Figura 11-3. Se não tiver um número atribuído ao usuário logado no Teams, nada aparecerá.

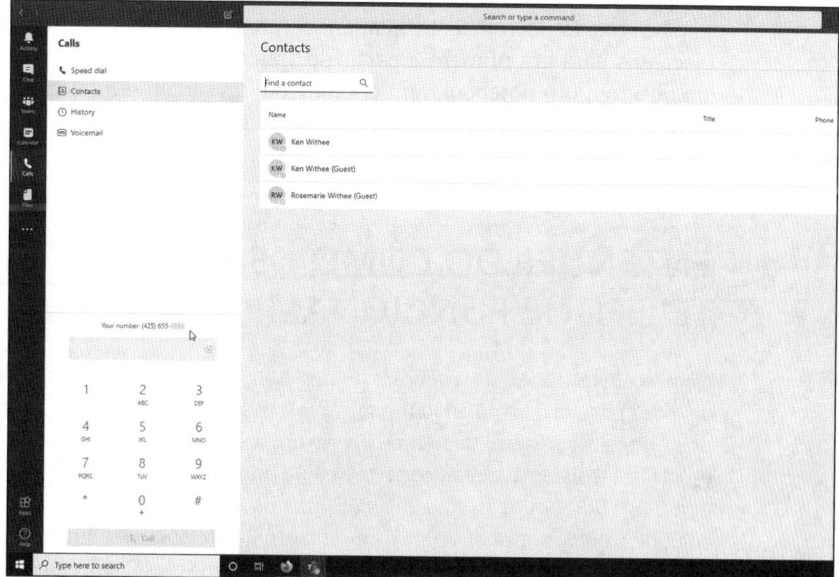

FIGURA 11-3: Quando um número de telefone foi atribuído a um usuário do Teams, ele aparece no painel Chamadas.*

Recebendo Ligações no Teams

Aparentemente, receber uma chamada no Teams ocorre da mesma forma, não importa se a outra pessoa iniciou a ligação usando o Teams ou um telefone tradicional. Seu aplicativo chama, e você decide se atende ou ignora.

O melhor do Teams está na capacidade de configurar o que acontece quando alguém liga. Por exemplo, podemos configurar o Teams para encaminhar chamadas recebidas para o telefone de mesa das 9 às 11 horas da manhã em dias de semana, e para o celular em outros horários. Ou podemos configurá-lo para

---

* N. E.: Você precisa ter um telefone vinculado à Microsoft para utilizar este serviço.

tocar em qualquer dispositivo em que estamos ativos, para que as ligações sejam recebidas onde estivermos. Os detalhes da funcionalidade de operador digital serão abordados no Capítulo 12.

Usando o Teams com Números de Telefone

No Teams, podemos ligar para qualquer um dos contatos na lista clicando no ícone do telefone. No entanto, nem todos usam o Teams ou a internet, então os números de telefone continuam. E o Teams lida com eles como o esperado. Discamos para um número a partir do aplicativo, independentemente de usar um desktop, um notebook, um telefone ou um tablet, e o telefone para o qual ligamos toca. Da mesma forma, se alguém ligar para o número de telefone que configuramos no Teams, o aplicativo tocará.

ENTENDENDO COMO OS NÚMEROS DE TELEFONE FUNCIONAM

Número de telefone é uma série de números atribuídos a um telefone que, quando discados por um usuário em outro telefone, possibilitam uma conexão entre os dois dispositivos. Partes do número designam o país, a área, a região e o dispositivo específico. O sistema telefônico geral é conhecido como Rede Pública de Telefonia Comutada (RPTC), que nasceu em 1875, quando Alexander Graham Bell inventou a comunicação de voz por fio. Bell criou, então, a Bell Telephone Company em 1877, e a comunicação de voz a longa distância se tornou uma regra. O mecanismo para se conectar com os outros passou a ser o número de telefone.

A comunicação moderna muda esse paradigma. Ainda podemos usar um número de telefone para nos conectar a outro dispositivo, mas, se estivermos contatando alguém usando os mesmos aplicativos de comunicação, como Skype ou Teams, basta selecionar o nome dessa pessoa na lista de contatos. Em vez de nossa voz viajar pela RPTC, viaja pela internet usando Voz sobre IP (VoIP).

Como vemos neste capítulo, podemos usar o aplicativo do Teams para ligar para outros contatos do Teams por meio da rede local ou até pela internet. Entretanto, se quisermos realizar e receber chamadas usando a RPTC, precisaremos ter uma licença e um número de telefone, assunto abordado neste capítulo.

Muitas vezes uso o Teams para fazer ligações a partir de meu celular. É fácil esquecer de que preciso apenas do Teams e de uma conexão com a internet para que funcione. Meu plano móvel é praticamente apenas para me manter conectada à internet. Sim, eu tenho um número de celular de minha operadora, mas poderia facilmente obter um da Microsoft com o Teams, do Google com o Hangouts ou qualquer número de serviços novos. Meu plano móvel serve para me conectar à internet quando não estou na minha mesa. Se Elon Musk continuar com seu plano de transmissão de internet de alta velocidade a partir de satélites com Starlink, me pergunto se ainda precisarei de um plano móvel. Ou talvez as torres de celular e os satélites passem a competir por nossas necessidades de internet móvel.

DICA

Para fazer uma ligação telefônica, basta ter o aplicativo do Teams e uma conexão com a internet.

Quando um usuário do Teams tem um número de telefone configurado, esse número aparece à esquerda inferior do painel Chamadas (mostrado anteriormente na Figura 11-2). Quando alguém liga para esse telefone, o Teams toca e a chamada pode ser atendida. Também é possível ligar para um número de telefone inserindo-o na seção "Fazer uma chamada".

Adicionando Números de Telefone ao Teams

Muitas organizações usam o Teams e pagam por um serviço telefônico à parte. E a conta desse serviço até mesmo para um escritório pequeno pode ser assustadora! A Microsoft oferece serviços telefônicos pelo Teams que podem ser assinados pelo Centro de Administração do Office 365 e configurados no Centro de Administração do Teams. (O Centro de Administração do Teams é abordado em detalhes nos Capítulos 13 e 14.) Nesta seção, resumo os passos para assinar um serviço telefônico e começar a usar números de telefone no Teams.

CUIDADO

Para usar o Teams para receber e fazer chamadas usando um número de telefone, é preciso assinar um serviço telefônico e ter uma licença. Se não fizer isso, você só será capaz de ligar para outros usuários do Teams.

Obtendo uma licença e um plano telefônico

A licença é uma área que geralmente causa muita confusão e frustração com os produtos da Microsoft. A boa notícia é que, para pequenas e médias organizações, a Microsoft reconheceu esse problema e está tentando reduzi-lo (grandes organizações geralmente têm um representante da conta dedicado).

Durante a produção deste livro, a Microsoft lançou, no Reino Unido e no Canadá, um plano de voz e licença baseado em nuvem chamado Microsoft 365 Business Voice e que "logo" chegaria aos Estados Unidos. Ele inclui todo o necessário para começar a usar números de telefone com o Teams e está integrado ao Office 365, oferecendo a capacidade de fazer chamadas telefônicas no Microsoft Teams. A página de documentação desse plano é exibida na Figura 11-4.

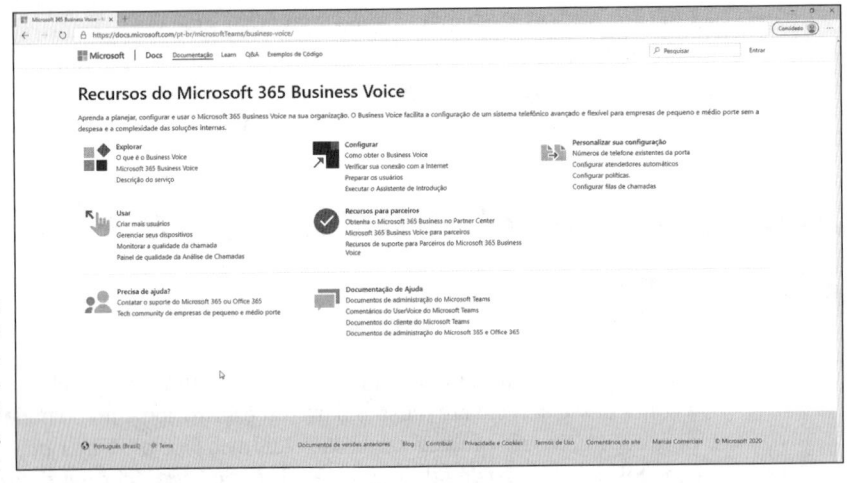

FIGURA 11-4: A página de documentação do Microsoft 365 Business Voice.

Sem usar o novo plano e licença Microsoft 365 Business Voice, você precisará ter uma licença e um plano de chamadas de um sistema telefônico. Ao escrever este capítulo e o Capítulo 12, comprei a licença Microsoft 365 E5 e um plano de chamadas. No entanto, espero ansiosamente que a licença do Microsoft 365 Business Voice chegue aos Estados Unidos. Se sua assinatura do Microsoft 365 ou do Office 365 não incluir a licença correta, você verá uma mensagem de erro quando começar o assistente para obter um novo número de telefone, como mostra a Figura 11-5.

DICA

Pode levar algum tempo para ter uma licença que inclua serviços telefônicos. Se você comprar uma licença e imediatamente tentar criar um novo número de telefone, é provável que verá o erro mostrado na Figura 11-5. Espere pelo menos 24 horas e tente novamente. Se a mensagem de erro continuar, abra um pedido de serviço (tíquete de suporte) com a Microsoft. É possível fazer isso no Centro de Administração Office 365, na opção Suporte, no painel de navegação, à esquerda.

Podemos ter licenças para diversos recursos do Teams, como conferências, números para ligação grátis e planos de chamadas. Verifique a descrição do serviço para cada licença e veja o que está incluso. Você encontrará essas licenças junto das outras do Microsoft 365 ou do Office 365 no site de administração desses outros serviços. No Capítulo 1, você aprendeu como fazer uma assinatura do Microsoft 365 ou do Office 365. Depois de logar em seu painel, encontrará as informações da licença na seção Faturamento no painel de navegação.

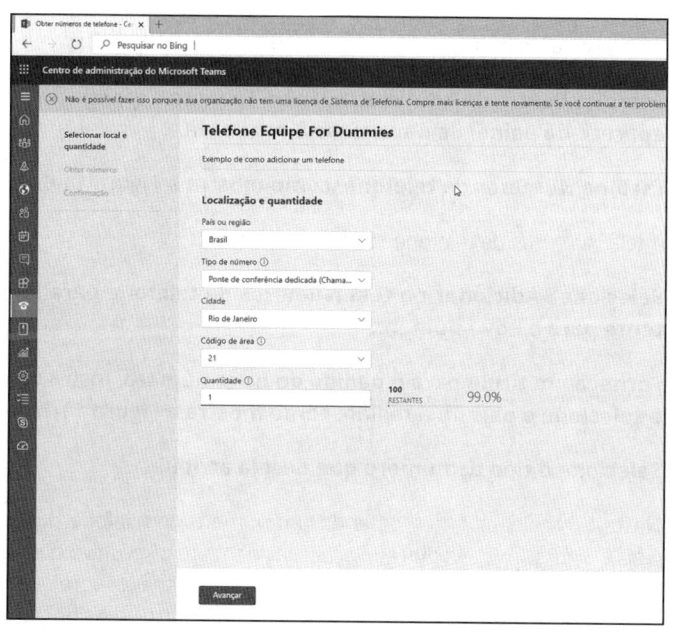

FIGURA 11-5: Sem a licença correta, você não conseguirá ter um número de telefone.

Para adicionar um número de telefone a um usuário do Teams, precisamos também de um plano de chamadas. Ele é basicamente um modo de pagar pelo tempo que usamos a Rede Pública de Telefonia Comutada (RPTC). Podemos encontrar planos de chamadas para ligações local e internacional. Se você está familiarizado com a telecomunicação tradicional, tudo isso pode parecer comum. Se essa terminologia for nova, agradeça por aprendê-la neste momento em que é simplificada por serviços como o Teams.

Boa parte da atratividade do Teams é que podemos começar a usá-lo em pouco tempo sem precisar contratar especialistas caros. Entretanto, a Microsoft também oferece recursos e serviços projetados especificamente para grandes organizações. Por exemplo, ela oferece uma funcionalidade substituta conhecida como Sistema Telefônico para sistemas tradicionais PBX (Private Branch eXchange). PBX é um sistema para direcionar tráfego telefônico na organização. Ele costumava ser um grande dispositivo físico que ocupava uma pequena sala. A oferta da Microsoft é totalmente virtual e reside na nuvem, mesmo realizando a mesma funcionalidade.

> **DICA:** Se você for um tomador de decisão de uma grande organização, recomendo procurar diretamente a Microsoft e pedir que um representante apresente os recursos e as licenças extras para o Teams.

Assinando um novo número de telefone

Podemos requisitar um novo número de telefone para um local e a Microsoft o atribuirá a partir dos números disponíveis. Para obter um novo telefone que possa ser atribuído a um usuário do Teams, siga estes passos:

1. **Entre no Centro de Administração do Teams e expanda a opção Voz, que aparece no painel de navegação à esquerda.**

2. **Escolha Números de telefone, como mostra a Figura 11-6.**

   A tela Números de telefone se abre no painel.

3. **Selecione +Adicionar na tela Números de telefone para iniciar o assistente para o novo número.**

4. **Forneça um título para o pedido do novo número, insira uma descrição e selecione o país ou a região, como mostra a Figura 11-7.**

5. **Selecione o tipo de número que deseja atribuir.**

   Neste exemplo, estou escolhendo um número de telefone básico de usuário (veja a Figura 11-7). As outras opções incluem um dispositivo de audioconferência dedicado cobrado e um gratuito, uma fila de espera cobrada e uma gratuita, e um atendedor automático cobrado e um gratuito. Essas opções são abordadas mais detalhadamente no Capítulo 12.

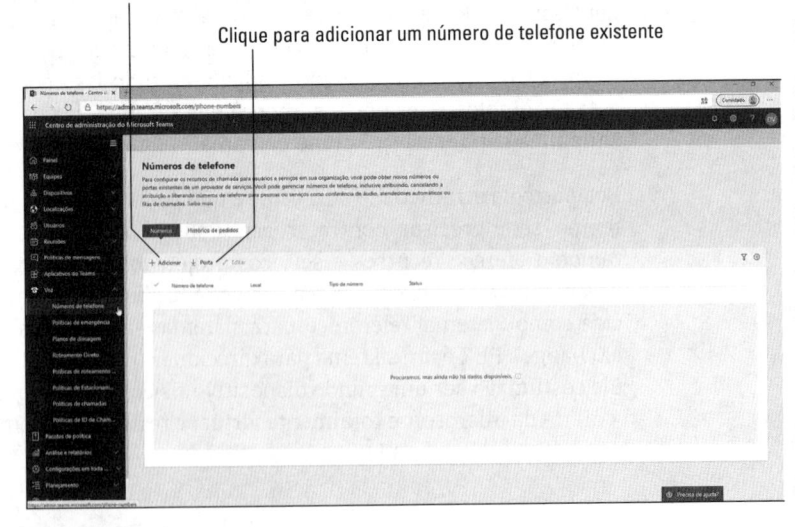

FIGURA 11-6: Abra a página Números de telefone no Centro de Administração do Teams.

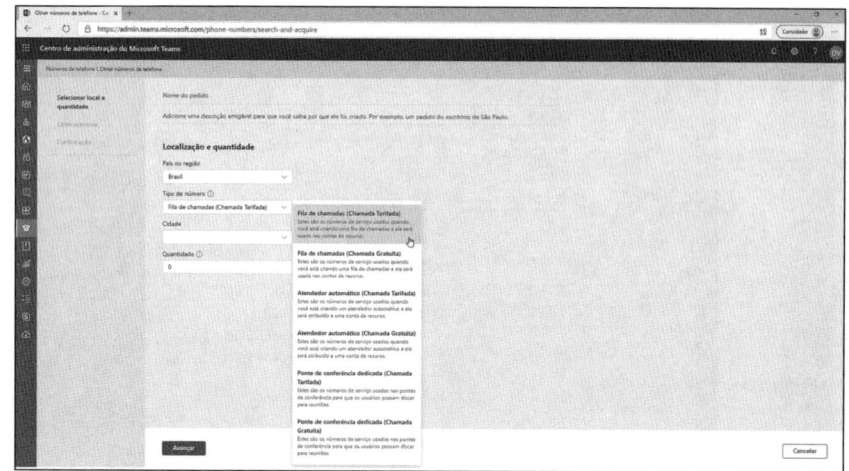

FIGURA 11-7: Selecionando o tipo de número de telefone a ser obtido no Centro de Administração do Teams.

6. **Selecione um local onde esse número de telefone será baseado.**

   Se você já inseriu os locais, poderá procurar em uma lista. Se não, adicione um novo local. Esse será o local físico do número de telefone e é usado para coisas como serviços de emergência, como quando ligamos para a polícia. Eu inseri nosso escritório em Seattle como local, como mostra a Figura 11-8.

7. **Selecione Salvar para salvar o local e, depois, selecione-o como o local desse número de telefone, como mostra a Figura 11-9.**

8. **Selecione o código de área das opções disponíveis, a quantidade de números de telefone que deseja adicionar, depois selecione Próximo para continuar.**

   Recebi uma mensagem de erro dizendo que não havia mais números 206 (de Seattle) disponíveis. Então inseri um endereço de Redmond, Washington, e obtive um código de área 425 para que pudesse continuar. Entrei em contato com a Microsoft e fiquei sabendo que novos códigos de área estão sendo adicionados. Se você tiver problemas, recomendo abrir um pedido de serviço no seu Centro de Administração do Office 365 na área de Suporte no painel de navegação à esquerda.

   DICA

   Tive vários problemas e erros enquanto tentava configurar um novo número de telefone. Tive de abrir um tíquete de suporte para conseguir resolvê-los. No geral, quando tiver problemas, abra um pedido de serviço. A Microsoft sempre respondeu rápido, na minha experiência, e os representantes de atendimento ao cliente o auxiliarão na resolução do seu problema, geralmente no mesmo dia. Você pode abrir um pedido de serviço no Centro de Administração do Office 365 na área de Suporte no painel de navegação à esquerda.

CAPÍTULO 11 **Fazendo e Recebendo Chamadas** 149

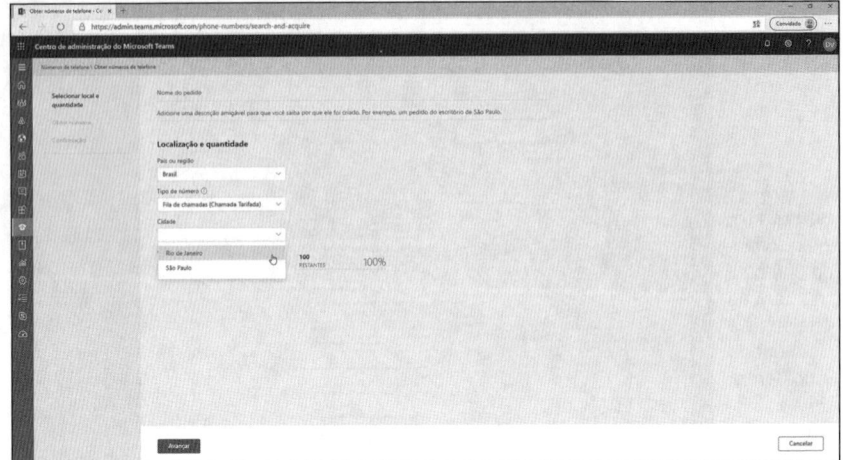

FIGURA 11-8: Adicionando um local para um número de telefone no Centro de Administração do Teams.

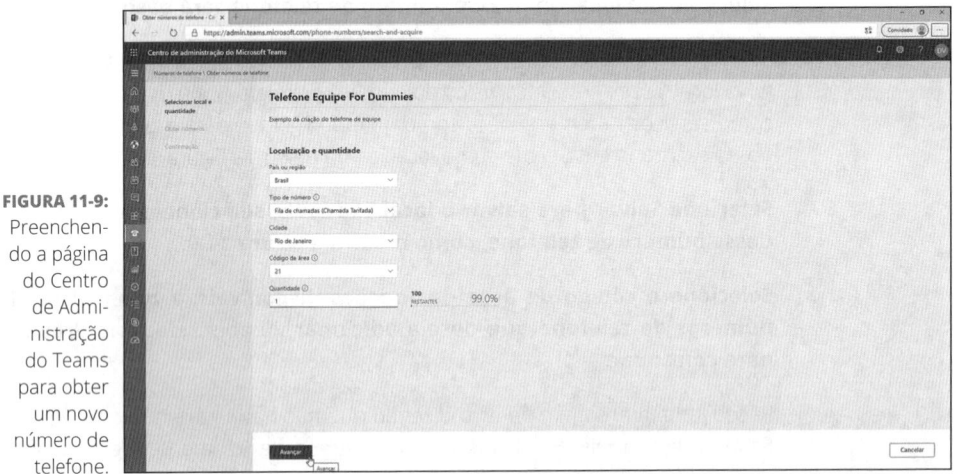

FIGURA 11-9: Preenchendo a página do Centro de Administração do Teams para obter um novo número de telefone.

9. **Revise o número atribuído e selecione Fazer Pedido, como mostra a Figura 11-10.**

   Assim que seu novo número de telefone for fornecido, você verá uma página de confirmação que informará que o pedido foi realizado.

10. **Selecione Finalizar e seu novo número de telefone será listado na página Números de telefone no Centro de Administração do Teams, como mostra a Figura 11-11.**

    Agora você pode atribui-lo a um usuário do Teams.

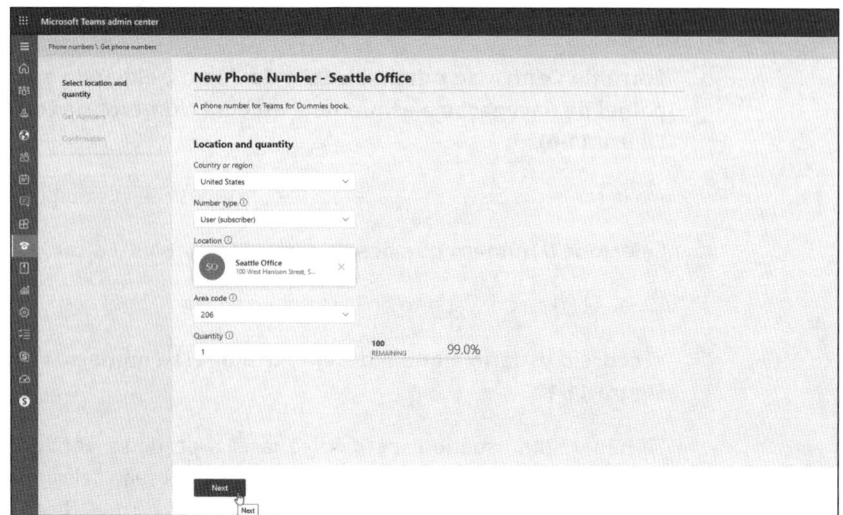

FIGURA 11-10: Realizando um pedido de novo número de telefone.*

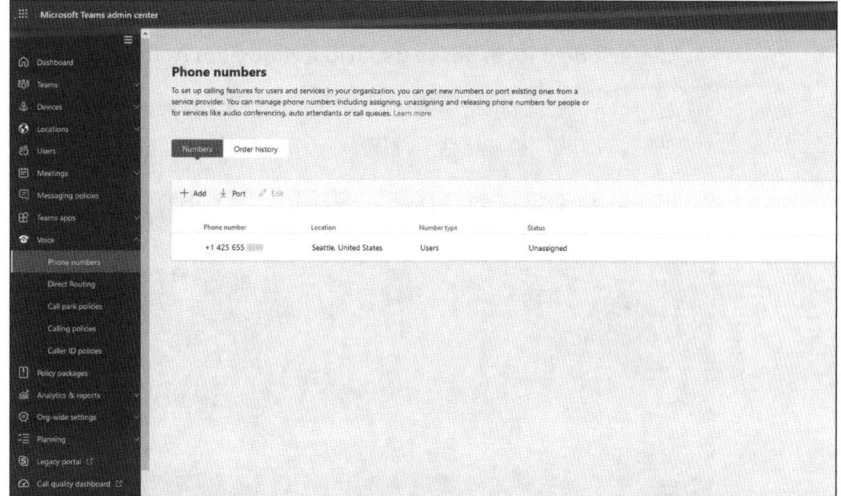

FIGURA 11-11: Um novo número de telefone no Centro de Administração do Teams.*

Atribuindo um número de telefone a um usuário do Teams

Quando obtemos um novo número de telefone, ele não está atribuído a ninguém. Podemos usar o Centro de Administração do Teams para atribuir um número de telefone a um usuário do Teams.

---

* N. E.: Você precisa ter um telefone vinculado à Microsoft para utilizar este serviço

CAPÍTULO 11 **Fazendo e Recebendo Chamadas** 151

Para atribuir um número de telefone a um membro do Teams, siga estes passos:

1. **Entre no Centro de Administração do Teams, expanda a opção Voz no painel de navegação à esquerda e escolha Números de telefone (veja a Figura 11-6).**

   A tela Números de telefone aparecerá com todos os seus números do Teams.

2. **Selecione o número que deseja atribuir e, depois, Editar.**

   O painel Editar será aberto do lado direito da tela.

3. **Procure o usuário a quem deseja atribuir esse número, como mostra a Figura 11-12.**

   > **DICA**: Se não vir um usuário específico ao fazer a pesquisa, verifique se ele tem uma licença de Plano de chamadas. Isso pode ser feito selecionando o usuário no Centro de Administração do Microsoft 365 ou do Office 365 (veja uma referência no Capítulo 1) e a caixa com a licença correta do Plano de chamadas, como mostra a Figura 11-13.

4. **Selecione o local desse usuário e clique em Aplicar.**

   O número de telefone agora está atribuído ao usuário do Teams e qualquer ligação para ele será direcionada a esse usuário.

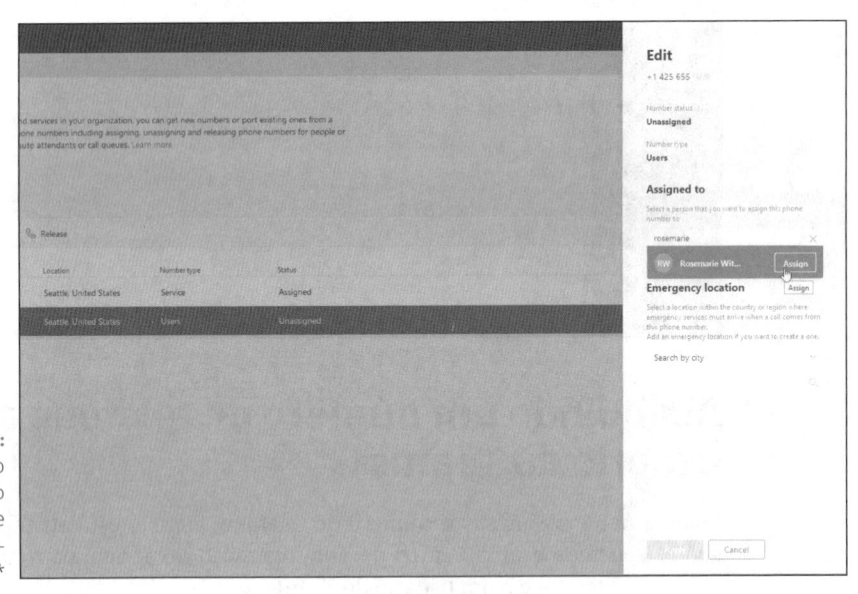

FIGURA 11-12: Atribuindo um número de telefone a um usuário.*

---

* N. E.: Você precisa ter um telefone vinculado à Microsoft para utilizar este serviço

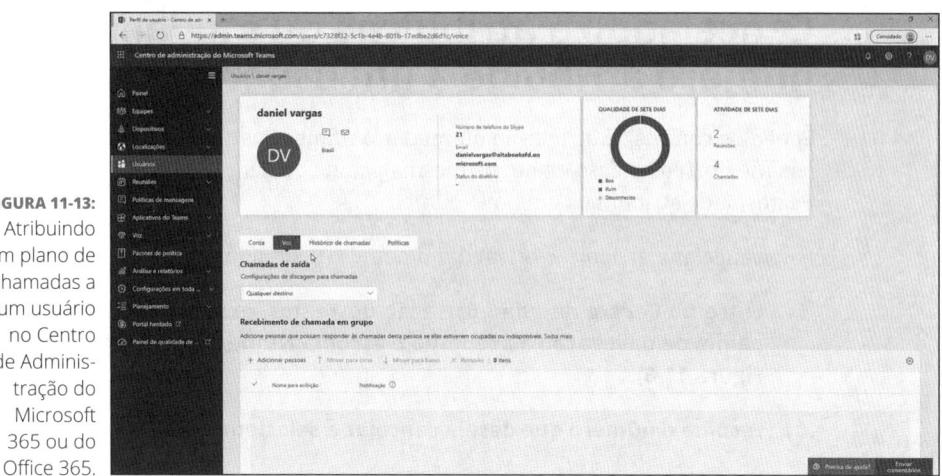

FIGURA 11-13: Atribuindo um plano de chamadas a um usuário no Centro de Administração do Microsoft 365 ou do Office 365.

Importando um número de telefone existente para o Teams

Se você já tem um número de telefone, pode transferi-lo para o Teams. O processo é similar ao de obter um novo, mas você seleciona Portabilidade, em vez de +Adicionar na tela de Números de telefone do Centro de Administração do Teams. Ambas as opções são exibidas na Figura 11-6. Uma vez selecionada a opção Portabilidade, o assistente iniciará, como mostra a Figura 11-14. Siga-o para importar seu número de telefone existente para o Teams. Quando concluir, o número poderá ser atribuído a um usuário do Teams.

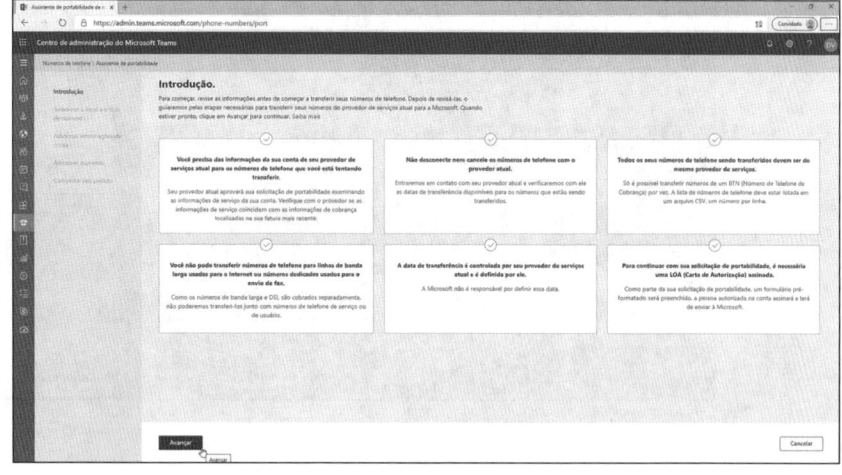

FIGURA 11-14: Importando um número de telefone existente para o Teams com o assistente de portabilidade.

CAPÍTULO 11 **Fazendo e Recebendo Chamadas** 153

Cancelando a atribuição ou mudando o número atribuído a um usuário

Podemos cancelar a atribuição ou mudar o número de telefone atribuído a um usuário do Teams. Isso é feito na mesma página do Centro de Administração do Teams onde atribuímos um novo número.

Para cancelar a atribuição ou mudar o número atribuído, siga estes passos:

1. **Entre no Centro de Administração do Teams, expanda a opção Voz no painel de navegação à esquerda e escolha Números de telefone (veja a Figura 11-6).**

2. **Escolha o número que deseja cancelar e selecione Editar.**

    O painel Editar será aberto à direita da tela, onde você verá o usuário atual a quem o número está atribuído (veja a Figura 11-15).

3. **Clique no X ao lado do nome da pessoa para cancelar a atribuição e depois em Aplicar, para salvar as modificações.**

4. **Para atribuir um número diferente, siga o mesmo processo. Selecione o número desejado, Editar e atribua ao usuário do Teams.**

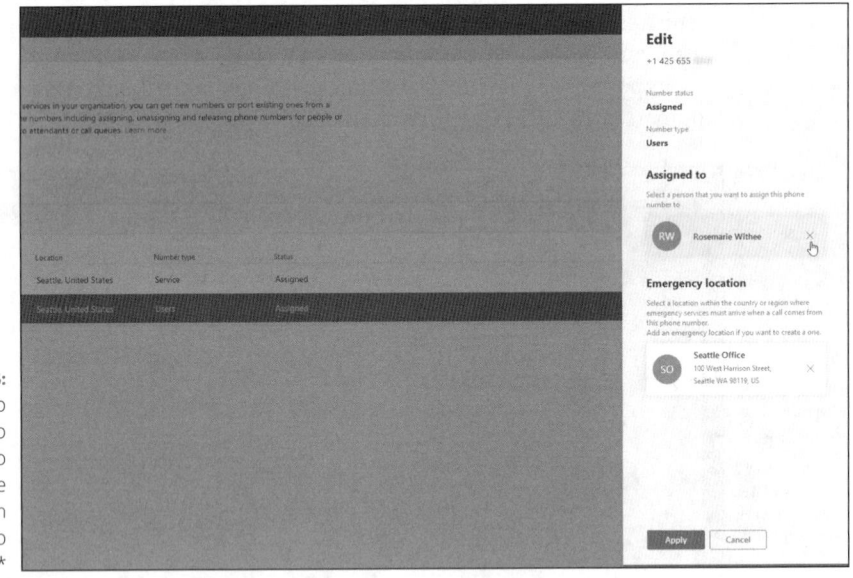

FIGURA 11-15: Cancelando a atribuição do número de telefone de um usuário do Teams.*

---

* N. E.: Você precisa ter um telefone vinculado à Microsoft para utilizar este serviço.

Configurando um Telefone do Teams

Muitas organizações com as quais trabalho ainda preferem usar um telefone tradicional para fazer e receber chamadas. Vários dispositivos foram lançados especificamente para essas preferências.

Abordo os telefones especialmente criados para o Teams no Capítulo 10. Um telefone do Teams parece um telefone comum com uma tela anexa. Uma das opções da página de produtos da Microsoft está exibida na Figura 11-16. O telefone roda o aplicativo Teams e fazemos login nele assim como faríamos no computador ou no dispositivo móvel.

FIGURA 11-16: Um telefone do Teams exibido na página de produtos da Microsoft.

Uma vez logado, podemos ligar para um número como faríamos com qualquer outro telefone. Ou podemos usar a tela para selecionar um contato do Teams e iniciar uma chamada de voz com essa pessoa. O bom desses dispositivos é que podemos levar comunicações do Teams para pessoas que preferem usar um telefone tradicional. Não é preciso nenhum outro dispositivo. O Teams já vem pré-instalado no telefone e tudo o que a pessoa precisa fazer é logar na própria conta do Teams.

> **NESTE CAPÍTULO**
>
> » Aprendendo a customizar o recebimento de chamadas
>
> » Limitando o Teams com permissões
>
> » Usando a caixa postal moderna
>
> » Configurando dispositivos, atendedores automáticos e filas de chamadas para sua organização

Capítulo **12**

Permitindo que o Teams Seja Seu Operador Pessoal

Antigamente, apenas os executivos mais velhos tinham assistentes administrativos, que respondiam suas chamadas e as encaminhavam adequadamente. Com o Microsoft Teams, todos podem definir regras para o encaminhamento de suas chamadas recebidas e para lidar com a caixa postal. O Teams pode até transcrever suas mensagens da caixa postal para que você as leia e determine se vale a pena lidar com elas naquele momento ou se é algo que pode esperar.

Também no passado, recursos avançados de sistema de voz, como centrais telefônicas e filas de chamadas, eram apenas para grandes organizações. O Teams fornece essas capacidades para organizações de todos os tamanhos.

Neste capítulo, você aprenderá a dizer ao Teams quando e onde chamar quando receber ligações. Descobrirá como criar regras para encaminhar chamadas automaticamente e limitar como e quando as recebe, para manter o foco sem ser interrompido. Também descobrirá como funciona a caixa postal do Teams e como configurá-la. Além disso, aprenderá a atribuir representantes que podem trabalhar com o Teams em seu nome, configurar permissões e definir notificações e privacidade, atendedores automáticos e filas de chamadas para sua organização.

Configurando Seus Dispositivos de Áudio no Teams

Um telefone tradicional é algo bem simples. Geralmente inclui um suporte e um headset, que contém os fones e o microfone, para que você possa ouvir e falar com a pessoa do outro lado da linha. Usar o Teams para ligações introduz muitas dimensões extras a esse jeito antigo de usar um telefone.

Ao usar o Teams para realizar e receber chamadas, podemos configurar diversos dispositivos de áudio e defini-los de muitas maneiras. Por exemplo, podemos ter um viva-voz e um headset plugados no computador e preferir que o viva-voz toque quando recebemos uma chamada para que possamos ouvi-la sem usar o headset ou atender à ligação e nos comunicar com a outra pessoa usando apenas o headset. Se houver outras pessoas à nossa volta que precisam ouvir a ligação, podemos transferir a chamada para o viva-voz. Isso tudo pode ser configurado usando o Teams.

Para configurar os dispositivos de áudio usados com o Teams para fazer e receber chamadas, siga estes passos:

1. **Entre no Teams e selecione Configurações no menu suspenso do perfil, como mostra a Figura 12-1.**

   A tela Configurações aparecerá.

2. **Na tela Configurações, selecione Dispositivos no painel de navegação à esquerda.**

   As caixas de som, os microfones e as câmeras ligadas ao seu computador serão exibidos, como mostra a Figura 12-2. Você pode selecionar qual dispositivo usar, como microfone, caixa de som e câmera, e pode escolher um chamado secundário, que permitirá direcionar a chamada para uma caixa de som ou um viva-voz e, ainda, responder usando seu headset.

3. **Para fazer uma chamada de teste a fim de testar suas configurações, clique no botão Fazer uma chamada de teste (veja a Figura 12-2).**

   Você ouvirá uma gravação que o orienta a dizer algumas palavras para testar seu microfone e caixa de som. Depois de gravar, uma página de resultados será exibida, como mostra a Figura 12-3. Se algum dispositivo não estiver funcionando adequadamente, você verá um triângulo vermelho ao lado. Neste exemplo, eu não tinha uma câmera configurada, mas o microfone, a caixa de som e a rede estavam funcionando bem.

   DICA

   Como o Teams usa a internet, é importante que sua conexão seja rápida. Eu uso esse teste com frequência para ver se há algum problema de rede que possa causar problemas em minhas ligações.

4. **Depois de fazer as configurações, feche a janela selecionando o X à direita superior da tela.**

   Não é preciso salvar as configurações, pois são salvas automaticamente durante os ajustes.

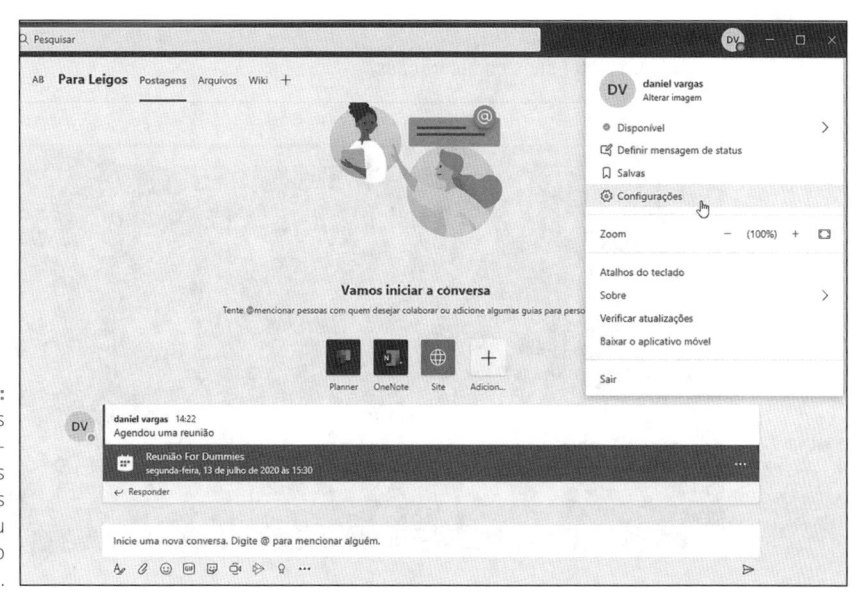

FIGURA 12-1: Abrindo as configurações do Teams no menu suspenso do perfil.

CAPÍTULO 12 **Permitindo que o Teams Seja Seu Operador Pessoal**   159

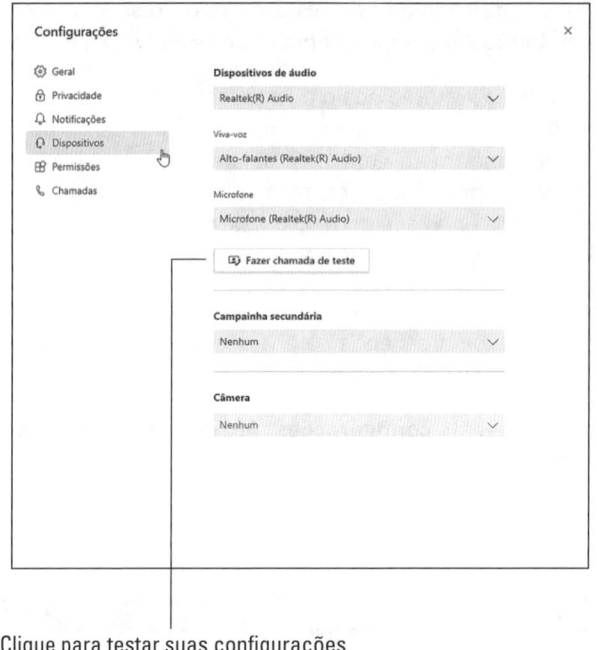

FIGURA 12-2: A seção Dispositivos na tela de Configurações do Teams.

Clique para testar suas configurações

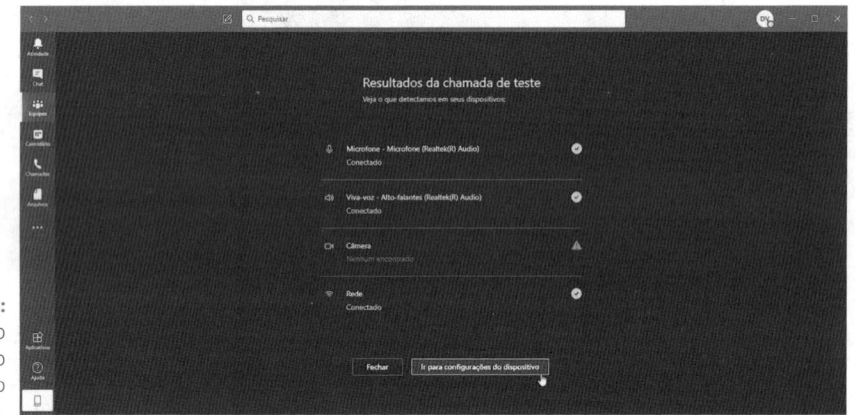

FIGURA 12-3: Fazendo uma ligação de teste no Teams.

> **DICA**
> Se você já estiver em uma reunião do Teams, poderá mudar as configurações do dispositivo selecionando as reticências na barra de ferramentas de informações da reunião e, então, selecionando a configuração Mostrar dispositivo, como exibido na Figura 12-4.

FIGURA 12-4: Abrindo as configurações do dispositivo durante uma reunião no Teams.

Customizando as Chamadas Recebidas

Podemos customizar o Teams para receber chamadas da melhor forma para nossas circunstâncias e podemos estabelecer regras que digam ao Teams o que fazer com as chamadas recebidas. Ele pode tocar no dispositivo sendo usado ou as chamadas podem ser encaminhadas para a caixa postal, para outro número ou até para um grupo de pessoas. Ele também pode ser configurado para fazer tudo isso somente depois que a chamada não for atendida.

DICA

Uma das coisas boas do Teams é que ele é um aplicativo de software que pode ser instalado em muitos dispositivos. Recomendo instalá-lo em vários, como notebook, desktop, telefone celular e tablet. Quando configuramos o Teams para que toque, ele o fará no dispositivo que estiver logado. Então, para receber as chamadas, basta entrar no aplicativo. O Teams não se importa com qual aplicativo está sendo usado; podemos usar até a versão web sem instalar o Teams!

Uma regra que gosto de configurar é que meu celular toque se alguém ligar para o número de meu escritório, que fica no Teams.

Para que outro telefone toque se alguém ligar para seu número do Teams, siga estes passos:

1. **Entre no Teams e selecione Configurações no menu suspenso do perfil.**

2. **Na tela de Configurações, selecione Chamadas no painel de navegação à esquerda.**

3. **Verifique se a opção Ligar para mim está selecionada e, então, no menu suspenso Também chamar, selecione Novo número ou Contato, como mostra a Figura 12-5.**

   Você também pode encaminhar suas chamadas nessa tela selecionando a opção Encaminhar minhas chamadas.

4. **Insira o número de telefone que deseja que toque ao mesmo tempo quando alguém liga para seu número do Teams.**

   Você também pode inserir um contato do Teams aqui, em vez de usar um número de telefone.

5. **Depois de fazer as configurações, feche a janela selecionando o X à direita superior da tela.**

   Não é preciso salvar as alterações, elas são salvas automaticamente durante o ajuste.

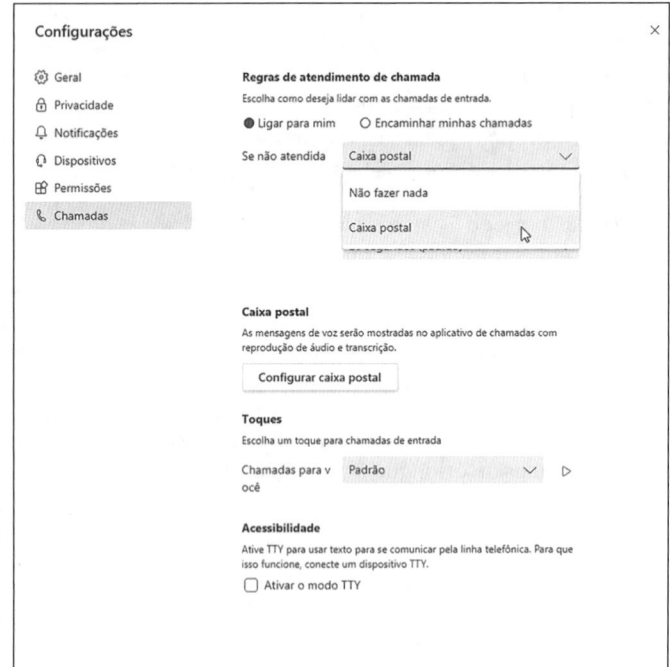

FIGURA 12-5: Inserindo outro número de telefone ou um contato para chamar quando ligarem para o número do Teams.

PARTE 4 **Levando a Comunicação a Outro Nível com a Voz**

Restringindo Chamadas com o Status Não Incomodar

Os status definidos como Disponível, Ocupado, Não incomodar, Volto logo ou Aparecer como ausente no Teams afetam também como recebemos chamadas (veja mais detalhes sobre como configurar o status no Capítulo 3). Há vezes em que gosto de definir meu status para Não incomodar, para não receber chamadas. No entanto, se houver uma emergência, quero que meus familiares consigam entrar em contato comigo.

Para definir o status para Não incomodar, clique na imagem do perfil à direita superior da janela do Teams. No menu suspenso que aparece, passe o mouse sobre seu status atual e selecione a opção Não incomodar.

Para adicionar uma permissão para que alguém o chame quando estiver definido para Não incomodar, siga estes passos:

1. Clique no ícone do perfil à direita superior do aplicativo do Teams.
2. Selecione a opção Configurações no menu suspenso.

    A caixa de diálogo Configurações será exibida.

3. Selecione Privacidade.
4. Na seção Não incomodar, clique no botão Gerenciar acesso prioritário.
5. Adicione a pessoa que você quer que seja capaz de enviar chats, mensagens e ligações enquanto seu status estiver definido para Não incomodar.

    Quando a pessoa for adicionada à lista, a caixa de diálogo poderá ser fechada. Suas configurações são salvas automaticamente.

Delegando Acesso a Outras Pessoas

Se tivermos um assistente administrativo ou desejarmos delegar acesso à nossa conta do Teams a outra pessoa, poderemos fazer isso sem compartilhar a senha. Isso é útil quando o administrador precisa de controle total sobre o calendário e o sistema de comunicação, por exemplo. Quando delegamos acesso à nossa conta do Teams a outra pessoa, ela poderá realizar e receber chamadas do nosso número do Teams e trabalhar com reuniões como nosso representante.

CUIDADO — Quando adicionamos um representante à conta, essa pessoa tem controle total de seus recursos do Teams e age em seu nome.

Para adicionar um representante à sua conta do Teams, siga estes passos:

1. Entre no Teams e selecione Configurações no menu suspenso do perfil.

2. Na tela Configurações, selecione Geral no painel de navegação à esquerda.

3. Selecione Gerenciar representantes, como mostra a Figura 12-6.

   A tela Gerenciar representantes aparecerá e você verá a guia Delegação, que mostra a quem você delegou acesso, assim como a guia Seus representantes, que mostra as pessoas já designadas.

4. Selecione Seus representantes e digite o nome do usuário do Teams que você deseja adicionar como representante, como mostra a Figura 12-7.

5. Defina as permissões para o representante.

   Você pode escolher permitir que ele faça e receba chamadas em seu nome, além de mudar suas configurações de chamadas e representantes, como mostra a Figura 12-8.

6. Selecione Adicionar para adicionar o representante.

7. Feche a janela selecionando o X à direita superior da tela.

   Não é preciso salvar as configurações, elas são salvas automaticamente durante os ajustes.

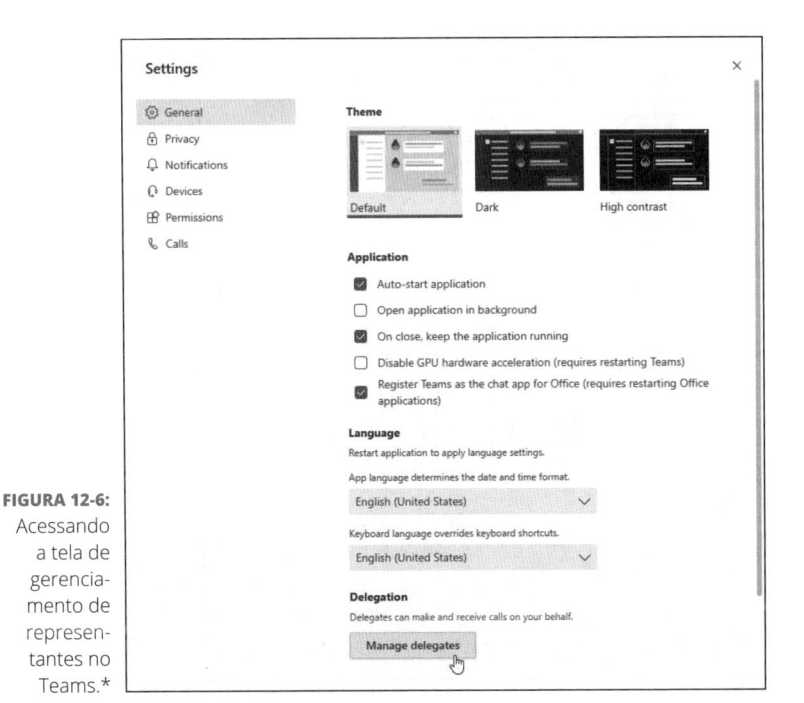

FIGURA 12-6: Acessando a tela de gerenciamento de representantes no Teams.*

FIGURA 12-7: Adicionando outro usuário do Teams como representante.*

---

* N. E.: Você precisa ter um telefone vinculado à Microsoft para utilizar este serviço.

FIGURA 12-8:
Definindo permissões para um novo representante.*

> **DICA**
> Podemos mudar as permissões de um representante ou removê-las voltando à mesma tela do procedimento anterior e selecionando as reticências ao lado do nome da pessoa na lista.

Mergulhando na Caixa Postal Moderna

Se você for como eu, pode achar raro alguém ligar e você não estar ocupado com outra coisa e poder atender a ligação. A caixa postal oferece um mecanismo para que as pessoas deixem uma mensagem quando ligarem e para que você a recupere quando tiver tempo. O Teams fornece uma caixa postal, mas é preciso configurá-la antes de as pessoas poderem deixar mensagens.

Para configurar a caixa postal do Teams, siga estes passos:

1. **Entre no Teams e selecione Configurações no menu suspenso do perfil.**

2. **Na tela de Configurações, selecione Chamadas no painel de navegação à esquerda.**

---

* N. E.: Você precisa ter um telefone vinculado à Microsoft para utilizar este serviço.

3. **Clique no botão Configurar caixa postal, exibido na Figura 12-5.**

   A tela de configuração da caixa postal aparecerá, como mostra a Figura 12-9. Você poderá gravar uma saudação, definir regras para quando a caixa postal deve ser usada, selecionar o idioma de uma saudação padrão e definir uma saudação de ausência temporária. Ela pode até ser acionada com base nos eventos do Outlook, como quando existe uma mensagem de ausência temporária configurada no e-mail ou há um evento no calendário em que você está listado como "aparecer como ausente" em seu status.

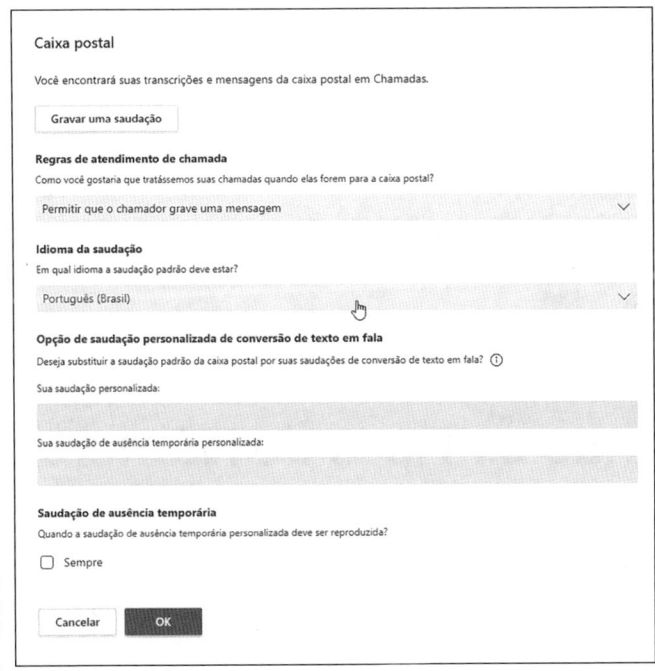

FIGURA 12-9:
A tela da caixa postal no Teams.

DICA

Quando alguém ligar para seu telefone e você não atender, poderá enviar a chamada para a caixa postal, para outra pessoa automaticamente ou dar essa opção a quem liga. Eu acho que dar a opção de deixar uma mensagem na caixa postal ou ser transferido para outra pessoa que esteja cobrindo minha ausência é algo particularmente valioso. Veja as opções na Figura 12-10.

4. **Clique em OK para salvar as configurações.**

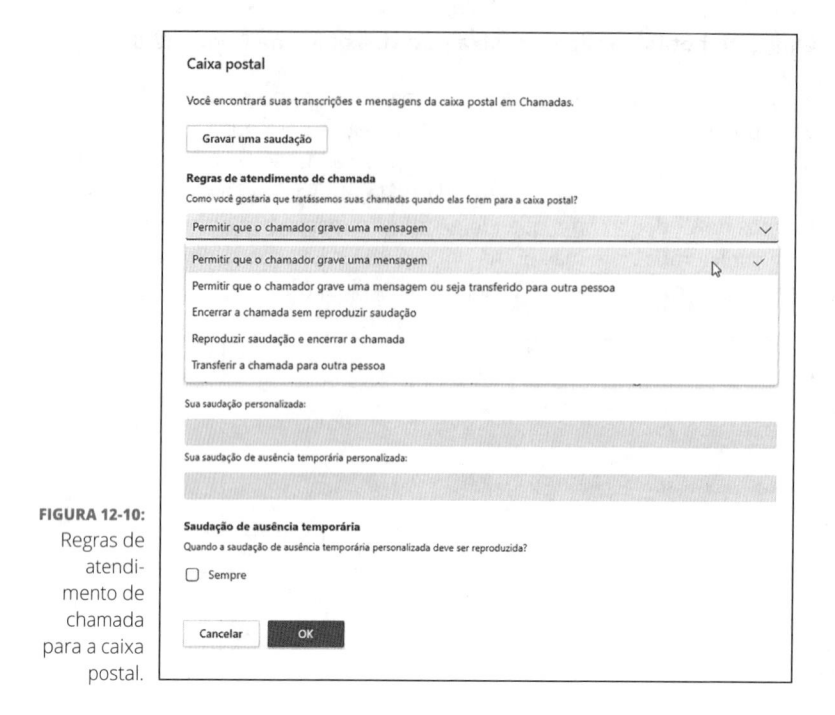

FIGURA 12-10: Regras de atendimento de chamada para a caixa postal.

Entendendo os Tipos de Números Telefônicos

No Capítulo 11, descobrimos como obter e atribuir um número de telefone no Teams. Ele pode ser atribuído para diferentes usuários. O Teams oferece quatro tipos de números telefônicos para usos diferentes: números de assinante, audioconferências, fila de chamadas e autoatendimento:

» **Assinante:** É o número telefônico básico atribuído a uma pessoa. Podemos considerá-lo como o número regular utilizado para fazer e receber chamadas no Teams (o Capítulo 11 mostra como atribuir um número de assinante a um usuário do Teams).

» **Audioconferência:** É um número de telefone usado para grandes reuniões. Várias pessoas podem ligar para o mesmo número e falar ao mesmo tempo. Quando assinei o plano Microsoft 365 E5, um número de audioconferência foi automaticamente atribuído para o uso no Teams.

» **Fila de chamadas:** Uma *fila* funciona como uma fila qualquer, mas é formada por pessoas que ligaram para um número de telefone específico. Por exemplo, se você tiver um telefone para suporte, poderá querer usar uma fila de chamadas. Seus agentes de suporte atendem as chamadas à medida que elas chegam e, se houver acúmulo, as novas ligações serão colocadas em uma fila de espera. Enquanto esperam, as pessoas ouvirão uma música até que alguém fique disponível para atender a chamada.

» **Autoatendimento:** Quando precisamos encaminhar chamadas para pessoas e departamentos diferentes, podemos usar um autoatendimento. Ele oferece a funcionalidade de central telefônica. Por exemplo, quando ligamos para o número, podemos ouvir uma gravação que orienta a "pressionar 1 para vendas, 2 para suporte ou 3 para faturamento". O recurso de autoatendimento é o que possibilita que isso aconteça no Teams.

DICA

Podem-se obter números de audioconferência, fila de chamadas e autoatendimento cobrados ou gratuitos (veja essas opções na Figura 11-7 no Capítulo 11).

Atendendo chamadas de forma ordenada com as filas de espera

Uma fila de espera é uma fila de chamadas que são respondidas na ordem em que são recebidas. É um conceito simples, mas sempre foi considerado como recurso do sistema telefônico reservado para grandes organizações. O Microsoft Teams fornece filas de chamadas para organizações de todos os tamanhos. Quando uma chamada é recebida em um número da fila de espera, é enviada ao usuário do Teams que pode atendê-la. Se todos já estiverem ocupados em outras chamadas, a pessoa será colocada em espera até que alguém fique disponível.

CUIDADO

Para configurar uma fila de chamadas, você precisa ter uma conta de recurso. Pense nela como uma conta do Office 365 destinada a recursos, em vez das contas usuais para pessoas. Suas contas de recurso são gerenciadas no Centro de Administração do Teams selecionando as Configurações Toda a organização no painel de navegação à esquerda (veja mais detalhes sobre o Centro de Administração do Teams e a configuração das contas de recursos nos Capítulos 13 e 14).

Para configurar a fila de chamadas, siga estes passos:

1. **Abra seu navegador favorito e faça login no Centro de Administração do Teams em** `https://admin.teams.microsoft.com`**.**

Veja mais detalhes sobre logar no Centro de Administração do Teams no Capítulo 13.

2. **No painel de navegação à esquerda, selecione Voz e, depois, Filas de chamadas.**

A tela Filas de chamadas será exibida, e você verá uma lista de qualquer fila de espera existente.

3. **Selecione +Adicionar para criar uma nova fila de chamadas, como mostra a Figura 12-11.**

4. **Configure a nova fila e, depois, clique em Salvar.**

   A Figura 12-12 mostra uma parte da tela de configuração da fila de chamadas. Quando terminar a configuração, sua nova fila aparecerá na lista mostrada anteriormente na Figura 12-11.

> **DICA**
>
> As filas de chamadas podem se tornar complicadas rapidamente, mas os detalhes disso vão além do escopo deste livro. Para aprender mais, acesse o site de documentação da Microsoft para administradores, localizado em https://docs.microsoft.com. Vá até o conteúdo do Teams e procure *filas de chamadas*.

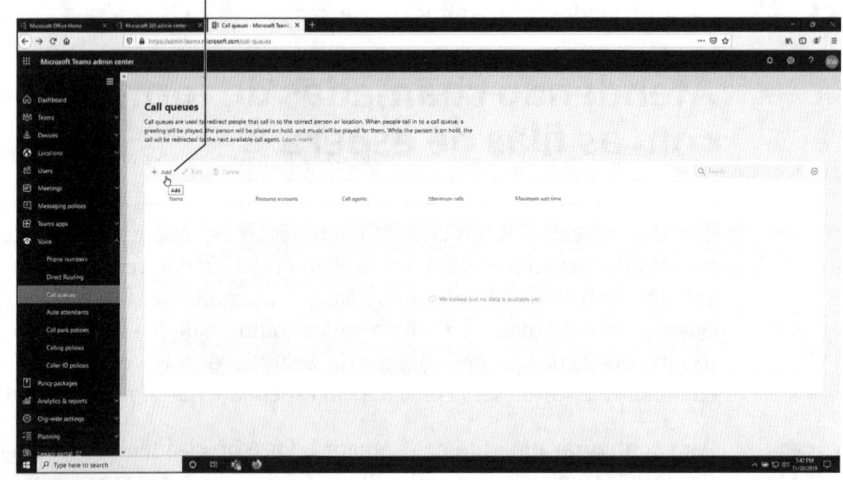

FIGURA 12-11: A tela Filas de chamadas no Centro de Administração do Teams.*

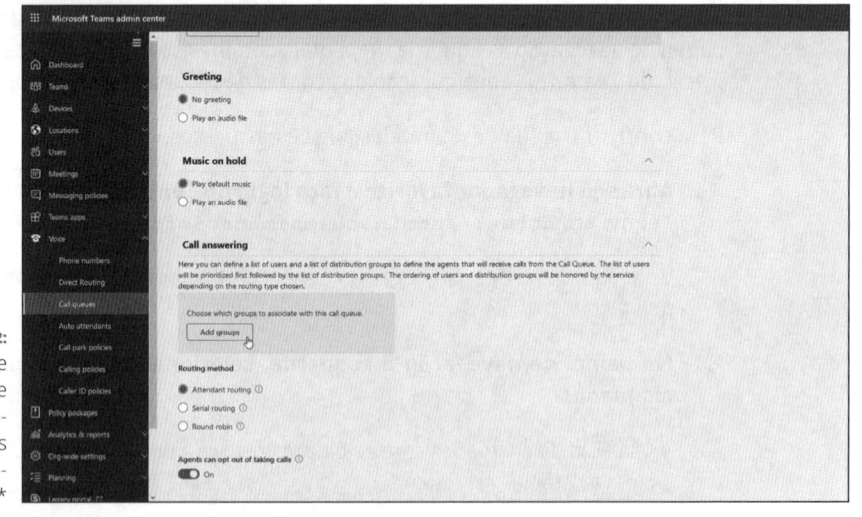

FIGURA 12-12: Uma parte da tela de configuração das Filas de chamadas.**

---

* N. E.: Você precisa ter um telefone vinculado à Microsoft para utilizar este serviço.

* N. E.: Você precisa ter um telefone vinculado à Microsoft para utilizar este serviço.

Roteando chamadas com o autoatendimento

Autoatendimento é um recurso do sistema telefônico que encaminha mensagens recebidas para a pessoa ou o departamento adequado dentro de uma organização. Quando uma chamada chega no autoatendimento, a pessoa escuta uma gravação que lista diversas opções, como "pressione 1 para inglês ou 2 para espanhol". Depois, o autoatendimento encaminha a chamada para a pessoa ou o grupo correto, dependendo de como as opções da central foram selecionadas.

Para configurar um autoatendimento no Teams, siga estes passos:

1. **Abra seu navegador favorito e entre no Centro de Administração do Teams em** `https://admin.teams.microsoft.com`.

   Veja mais detalhes de como logar no Centro de Administração do Teams no Capítulo 13.

2. **No painel de navegação à esquerda, selecione Voz e, depois, Autoatendimento.**

   A tela Autoatendimento é exibida e você verá uma lista dos atendentes existentes.

3. **Selecione +Adicionar para criar um novo autoatendimento, como mostra a Figura 12-13.**

4. **Configure o novo autoatendimento pelo assistente.**

   A Figura 12-14 mostra uma tela do assistente de configuração de autoatendimento.

5. **Selecione Próximo para seguir pelas telas e selecione Enviar para finalizar.**

   Seu novo autoatendimento aparecerá na lista mostrada na Figura 12-13.

Clique para adicionar um autoatendimento

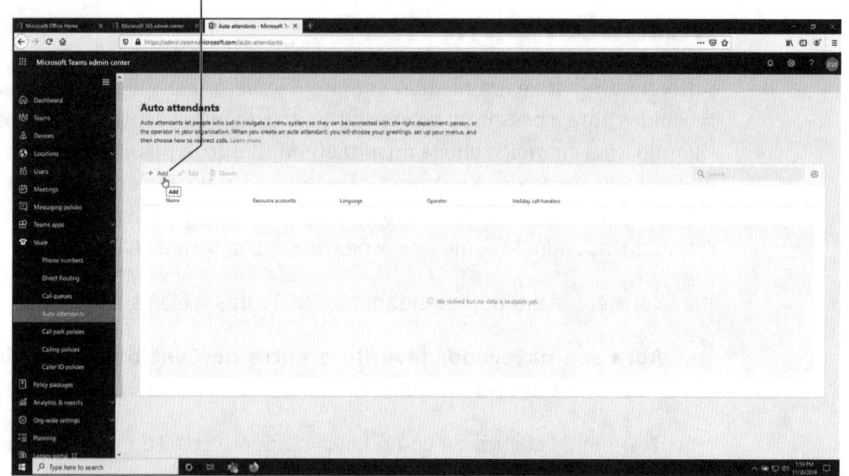

FIGURA 12-13: A tela Autoatendimento no Centro de Administração do Teams.*

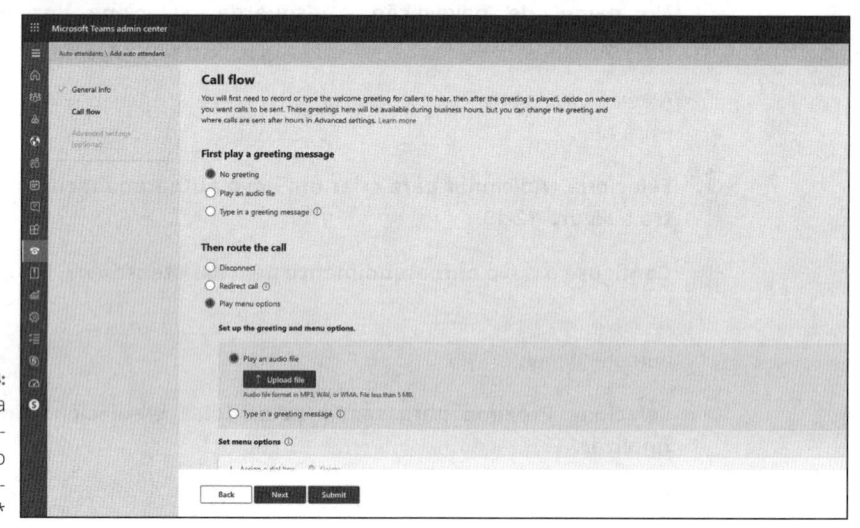

FIGURA 12-14: Parte da tela de configuração do Autoatendimento. *

> **DICA**
>
> Os autoatendimentos podem rapidamente se tornar complicados, mas seus detalhes vão além do escopo deste livro. Para aprender mais, acesse o site de documentação da Microsoft em https://docs.microsoft.com. Vá até o conteúdo do Teams e procure *autoatendimento*.

---

* N. E.: Você precisa ter um telefone vinculado à Microsoft para utilizar este serviço.

172   PARTE 4 **Levando a Comunicação a Outro Nível com a Voz**

5
Tornando-se Administrador do Microsoft Teams

NESTA PARTE...

Descubra onde toda a ação dos bastidores acontece no Centro de Administração do Teams.

Entenda que você não precisa ser um dedicado especialista de TI para lidar com a administração do Teams.

Descubra como logar no Centro de Administração do Teams e familiarize-se com o layout e as configurações que podem ser controladas.

Adicione novos usuários ao Teams e os configure.

Aprenda como realizar tarefas comuns, como configurar equipes, mensagens e outros, em toda a organização.

Descubra como configurar políticas para aplicativos e navegação do Teams, bem como gerenciar dispositivos como telefones de mesa e de conferência.

> **NESTE CAPÍTULO**
>
> » Encontrando e familiarizando-se com o Centro de Administração do Teams
>
> » Adicionando usuários ao Office 365 e ao Teams
>
> » Descobrindo as tarefas rotineiras que você precisa realizar como administrador do Teams

Capítulo **13**

Conhecendo o Centro de Administração do Teams

O Centro de Administração do Teams é onde acontece toda a ação dos bastidores. É onde tomamos decisões sobre quais aplicativos ficam disponíveis para o restante dos usuários, configuramos acesso externo e de convidado, adicionamos novas equipes e configuramos as existentes, configuramos reuniões e chamadas de voz, definimos políticas para usuários individuais, entre várias outras ações. Grandes organizações geralmente têm departamentos de TI dedicados que lidam com a configuração. No entanto, se sua organização não tiver um, poderá se ver trabalhando no Centro de Administração do Teams independentemente de seu cargo. A Microsoft parece ter reconhecido que a maioria dos administradores do Teams não são funcionários de TI e tornou seus centros de administração simples e fáceis de usar. Isso também vale para o Centro de Administração do Teams.

Neste capítulo, você descobrirá onde encontrar o Centro de Administração do Teams e como logar nele. Em seguida, dará uma olhada rápida nele para se familiarizar com seu layout e as configurações que pode controlar. Depois aprenderá a adicionar novos usuários ao Teams. No capítulo seguinte, mergulhará nos detalhes do uso do Centro de Administração para configurar o Teams de acordo com seu gosto.

Encontrando e Entrando no Centro de Administração do Teams

No Capítulo 1, descobrimos como assinar o Office 365. Cada um dos serviços do Microsoft 365 e do Office 365 tem um site administrativo, ou *centro de administração*, dedicado ao gerenciamento desses serviços.

LEMBRE-SE

Microsoft 365 e Office 365 são termos de marca que se referem a um pacote de serviços de assinatura. O Office 365 é focado em produtos Office, enquanto o Microsoft 365 inclui outras assinaturas, como o Windows. Os serviços usados dependem da assinatura.

Para encontrar o Centro de Administração do Teams pelo site administrativo do Office 365, siga estes passos:

1. **Abra www.office.com no seu navegador.**

2. **Faça o login na sua conta do Office 365.**

   A mesma conta criada no Capítulo 1 quando você assinou o Office 365.

3. **Selecione o aplicativo Admin no app launcher, como mostra a Figura 13-1.**

   O site principal de administração do Office 365 abrirá. Ele também é conhecido como Centro de Administração do Office 365 e é onde gerenciamos a assinatura geral do Teams, incluindo a adição de usuários e a atribuição de licenças para todos os serviços disponíveis. As configurações gerais do Office 365 estão inclusas no painel de navegação do lado esquerdo e os links dos centros de administração para serviços específicos, incluindo o Teams, estão na parte inferior.

CUIDADO

Se você não tiver privilégios administrativos para sua organização, não verá a opção Admin listada no app launcher.

4. **Para abrir o Centro de Administração do Teams, clique em Teams no painel de navegação à esquerda, como mostra a Figura 13-2.**

   Quando clicamos no link do Teams, uma nova guia se abre no navegador e carrega o Centro de Administração do Teams, como mostra a Figura 13-3. A página padrão carregada é o Dashboard, que oferece uma visão geral da configuração do Teams para a organização.

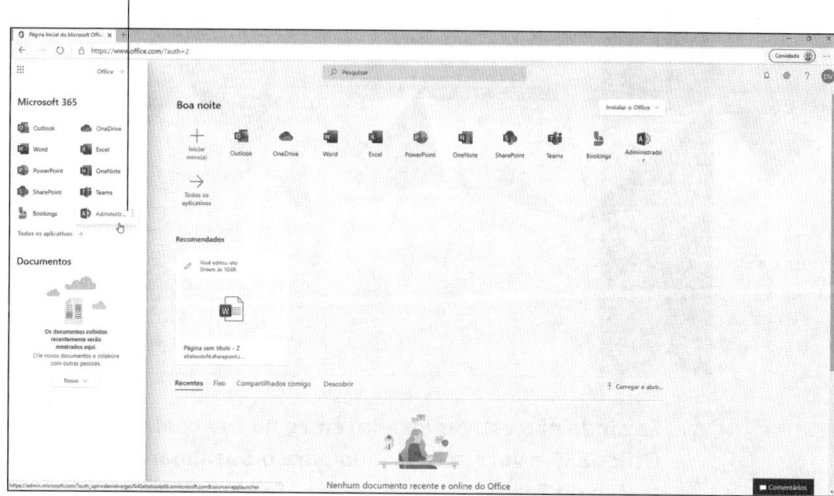

FIGURA 13-1: Abrindo o Centro de Administração do Office 365 no app launcher.

FIGURA 13-2: Abrindo o Centro de Administração do Teams a partir do Centro de Administração do Office 365.

Clique para abrir o Centro de Administração do Teams

DICA

Como atalho, você também pode inserir o endereço do Centro de Administração do Teams diretamente no navegador para acessar o Dashboard:

CAPÍTULO 13 **Conhecendo o Centro de Administração do Teams** 177

1. **Abra seu navegador e insira** `https://admin.teams.microsoft.com` **no campo de endereço.**

   Se já estiver logado no Microsoft 365 ou no Office 365, o Dashboard do Centro de Administração do Teams será carregado imediatamente.

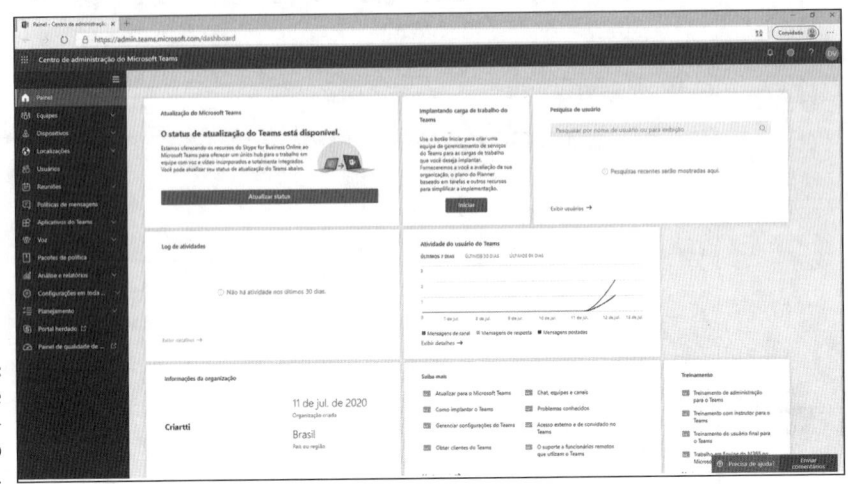

   FIGURA 13-3: O Centro de Administração do Teams.

2. **Se ainda não estiver logado, entre na sua conta do Microsoft 365 ou do Office 365 e você será levado para o Dashboard do Centro de Administração do Teams.**

   A Microsoft fez um progresso no acompanhamento da autenticação. Se você estiver logado em uma propriedade da Microsoft, como em `https://www.office.com`, e for para outra, como em `https://admin.teams.microsoft.com`, fará login automaticamente no site.

Familiarizando-se com o Centro de Administração do Teams

Os centros de administração da Microsoft geralmente seguem o mesmo layout: as opções de configurações aparecem no painel de navegação do lado esquerdo da página e os detalhes da opção selecionada atualmente aparecem no centro. Como mencionado na seção anterior, a tela Dashboard do Teams é aberta por padrão quando acessamos o Centro de Administração do Teams pela primeira vez e podemos sempre voltar a ela de qualquer parte do Centro de Administração selecionando-o no painel de navegação à esquerda. A seguir há um resumo geral de alto nível de cada uma das opções disponíveis no Centro de Administração do Teams.

Abaixo da opção Dashboard, o Centro de Administração do Teams inclui:

» **Equipes:** Usamos essas configurações para gerenciar equipes e suas políticas. Podemos adicionar novas equipes e configurar as existentes (o Capítulo 3 aborda o processo de criação de novas equipes). Também podemos estabelecer políticas que definem quais recursos e configurações uma equipe pode usar. A página de gerenciamento de equipes na sua organização é exibida na Figura 13-4.

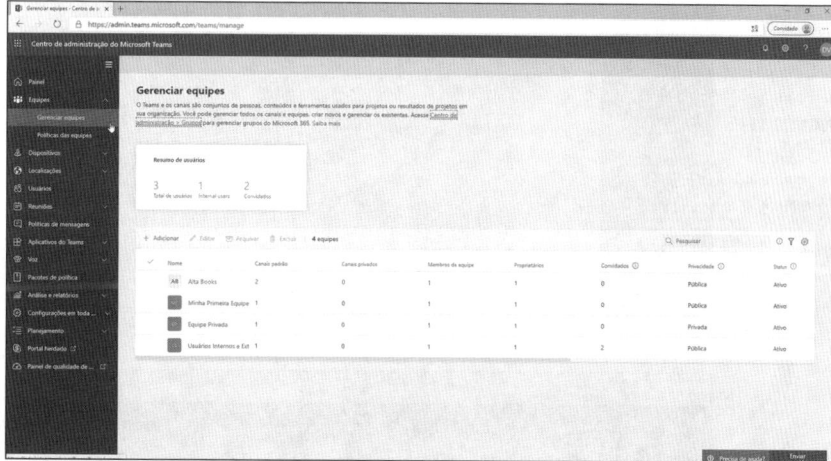

FIGURA 13-4: A página de gerenciamento de todas as equipes em seu serviço do Teams.

» **Dispositivos:** Essas configurações são usadas para configurar e gerenciar os dispositivos da rede. Podemos fazer a configuração de arquivos que são usados para dispositivos aprovados pela organização.

» **Localização:** Usamos essas configurações para estabelecer localizações geográficas dos membros do Teams. Podemos definir rótulos para prestar contas para escritórios específicos e localizações de emergência usadas por serviços de emergência. Podem ser usadas para usuários e também para escritórios e edifícios.

» **Usuários:** Nessa seção, vemos informações sobre os usuários do Teams, configuramos e definimos políticas para usuários individuais. A lista de usuários é exibida na Figura 13-5 e a configuração de uma política para usuário individual está na Figura 13-6. Mais adiante neste capítulo, será abordada a adição de novos usuários ao Microsoft 365/Office 365 e ao Teams.

» **Reuniões:** São usadas para definir reuniões no Teams. Aqui podemos definir audioconferências, políticas de reuniões, configurações de reuniões, políticas de eventos ao vivo e suas configurações. A Figura 13-7 mostra a página de configurações de reuniões.

» **Políticas de mensagens:** Aqui podemos configurar quais recursos estão disponíveis no chat e nos canais. Uma política padrão Toda a organização está definida, e podemos adicionar outras.

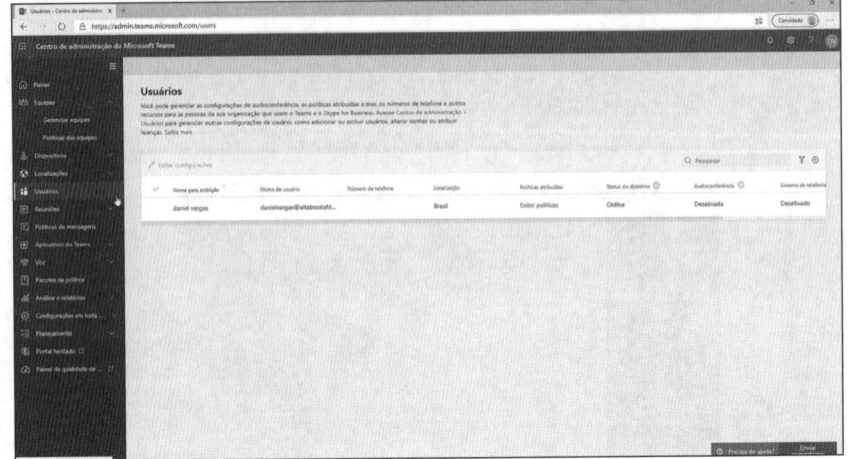

FIGURA 13-5: A página de gerenciamento para todos os usuários no seu serviço do Teams.

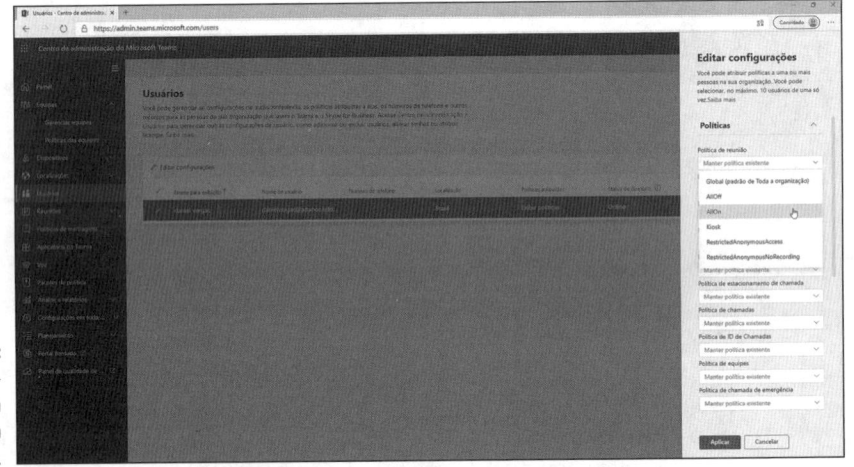

FIGURA 13-6: Configurando uma política para um usuário.

» **Aplicativos do Teams:** Essas configurações são usadas para estabelecer políticas e permissões para como os usuários do Teams podem usar os aplicativos. Por exemplo, o Teams inclui uma política padrão para as pessoas que têm o primeiro contato com os clientes, como caixas (geralmente conhecidos como trabalhadores de linha de frente). A política do Trabalhador de Linha de Frente garante que o aplicativo Shifts, usado para registro do tempo dos turnos de trabalho, fique fixado e disponível para todos que se encaixem nessa política. A política do aplicativo Trabalhador de Linha de Frente é exibida na Figura 13-8.

> **Voz:** As configurações de chamada de voz são feitas aqui. O Capítulo 12 aborda o processo de adição de números telefônicos e a configuração de autoatendimento e filas de chamadas.

FIGURA 13-7: A página de configurações para reuniões.

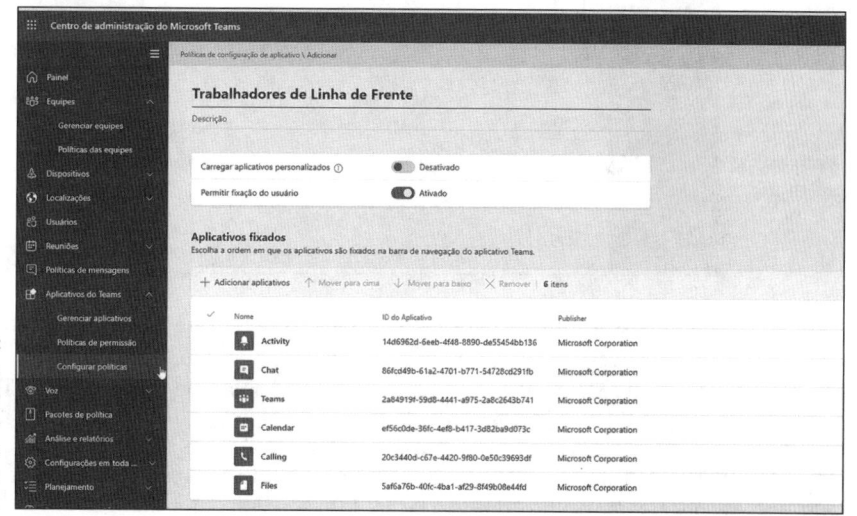

FIGURA 13-8: Uma política de aplicativo para trabalhadores de linha de frente.

> **Pacotes de políticas:** Com essas configurações, podemos reunir um grupo de políticas predefinidas e aplicá-las em grupos de usuários. Por exemplo, para uso educacional, há pacotes de políticas predefinidas para professores e outro para alunos.

> **Análises e relatórios:** Aqui podemos ver e baixar relatórios sobre o uso do Teams. Há relatórios sobre uso e atividades do usuário. Encontramos relatórios de uso de aplicativos, dispositivos, eventos ao vivo, mensagens

de voz e texto e usuários bloqueados no Teams. Acho esses relatórios incrivelmente valiosos para o planejamento da capacidade da rede e a compreensão de como a organização adota o Teams. Um relatório de atividade do usuário é exibido na Figura 13-9.

» **Configurações Toda a organização:** Essas configurações afetam a organização inteira. Podemos configurar acesso externo e de convidado, bem como outros gerais do Teams. Também podemos configurar feriados e contas de recursos usadas para recursos de voz, como o autoatendimento (veja mais informações sobre autoatendimento no Capítulo 12).

» **Planejamento:** É aqui que encontramos ferramentas para ajudar a planejar a implementação do Teams. Encontramos uma ferramenta assistente e outra de planejamento de rede. Espero que a Microsoft continue acrescentando ferramentas a essa seção para ajudar organizações maiores com a implementação e a adoção.

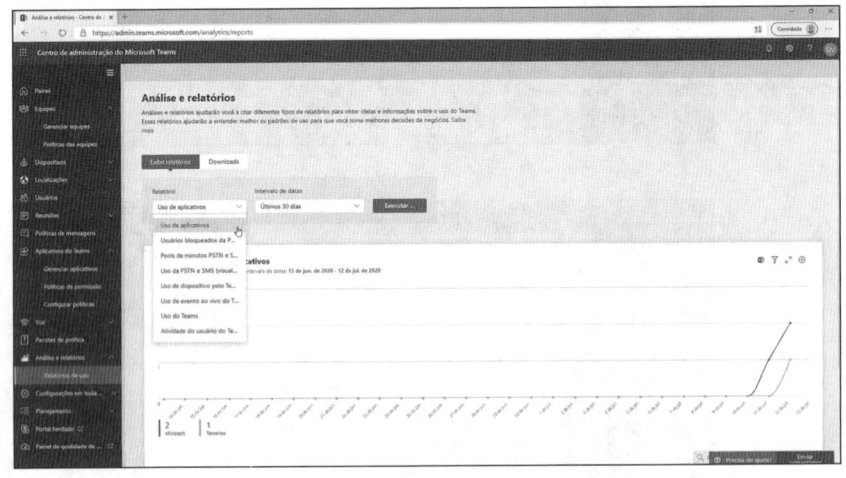

FIGURA 13-9: Um relatório de atividades do usuário.

Além desses itens básicos de navegação, encontramos outros três itens no painel de navegação à esquerda. Eles incluem o antigo centro de administração do Lync e do Skype (o Portal Legacy), o Dashboard de Qualidade de Chamada e a Configuração do Trabalhador de Linha de Frente.

DICA

Veja informações específicas sobre o trabalho com cada uma dessas configurações no Centro de Administração do Teams no Capítulo 14.

Adicionando Novos Usuários ao Office 365 e ao Teams

Para adicionar novos usuários ao Teams, devemos primeiro adicioná-los ao Office 365 e atribuí-los à licença que inclui o serviço Microsoft Teams.

DICA: Podemos adicionar usuários convidados às equipes de forma gratuita, mas eles têm funcionalidade limitada. Para aprender mais sobre as limitações dos usuários convidados, veja o Capítulo 7.

Para adicionar novos usuários ao Office 365 e atribuí-los à licença do Teams, siga estes passos:

1. Faça login no Centro de Administração do Office 365 em `www.office.com`.

2. Selecione o aplicativo Admin no app launcher para abrir o Centro de Administração do Office 365.

3. No painel de navegação à esquerda, selecione Licenças na opção Faturamento e confirme que você possui licenças disponíveis que incluem o Teams, como mostra a Figura 13-10.

    Como assinei o teste do Microsoft 365 E5, tenho 24 licenças disponíveis.

DICA: Para determinar quais licenças de produtos Microsoft incluem o serviço Teams, use seu mecanismo de busca favorito e procure um artigo no site de documentação da Microsoft em `https://docs.microsoft.com` chamado "Como faço para obter acesso ao Microsoft Teams?" Nele há uma lista das licenças que incluem o Teams.

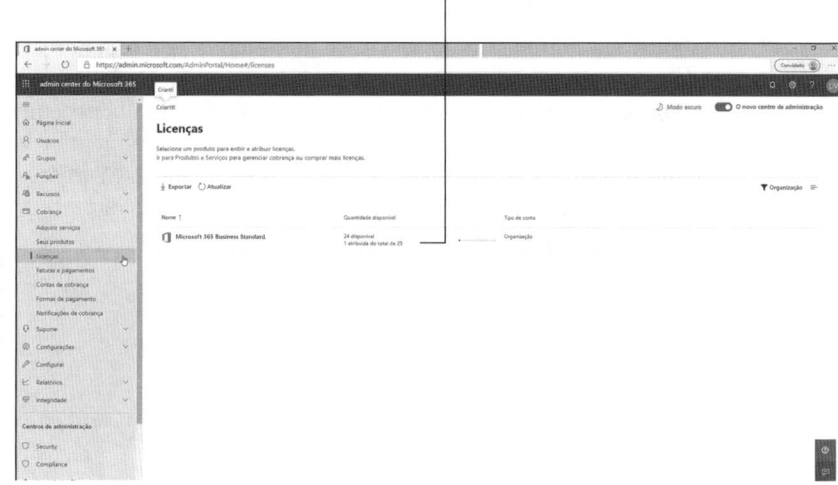

FIGURA 13-10: Conferindo a disponibilidade de licenças no Centro de Administração do Teams.

CAPÍTULO 13 **Conhecendo o Centro de Administração do Teams**

4. **No painel de navegação à esquerda, selecione Usuários ativos na opção Usuários e, depois, selecione Adicionar um usuário.**

5. **Siga o assistente para criar um novo usuário.**

   Quando chegar à tela para atribuir uma licença ao usuário, selecione uma que inclua o Teams. Se também quiser atribuir um número de telefone ao usuário, deve atribuir um plano de chamadas à conta, como mostra a Figura 13-11. Veja mais informações sobre números telefônicos no Capítulo 12.

   Assim que o usuário for criado, ele poderá entrar em qualquer serviço do Office 365 para o qual a licença é válida.

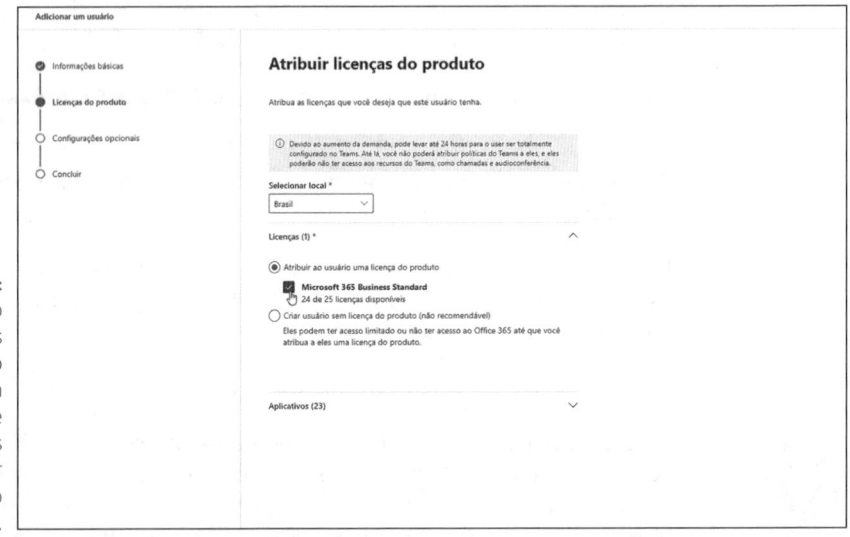

FIGURA 13-11: Adicionando licenças para o Teams e um plano de chamadas ao criar um novo usuário.

CUIDADO Notei que pode levar algum tempo desde o momento em que adicionamos um usuário até ele aparecer na lista de opções ao adicionar uma pessoa a um canal ou chat no Teams, às vezes até 24 horas.

O Centro de Administração do Office 365 é onde gerenciamos os usuários de todos os nossos serviços Microsoft. Se lidarmos com qualquer tarefa administrativa na organização, provavelmente passaremos um bom tempo no Centro de Administração. Para as organizações menores, geralmente é a pessoa que comprou o Office 365 que se torna o administrador. A Microsoft projetou os centros de administração para serem acessíveis e, na maior parte, você não terá problemas para descobrir o que precisa ser feito.

Gerenciando Usuários do Teams

Tendo adicionado um usuário ao Office 365, encontramos as configurações específicas do Teams para esse usuário no Centro de Administração do Teams, como mostrado na Figura 13-5. Podemos abrir as configurações de usuário clicando em seu nome na lista e, depois, selecionando a opção Editar configurações ou apenas clicando no nome do usuário na lista. Uma vez selecionado, podemos fazer suas configurações no Teams. Elas incluem informações de conta, voz, histórico de chamadas e políticas. As configurações de conta do usuário são exibidas na Figura 13-12.

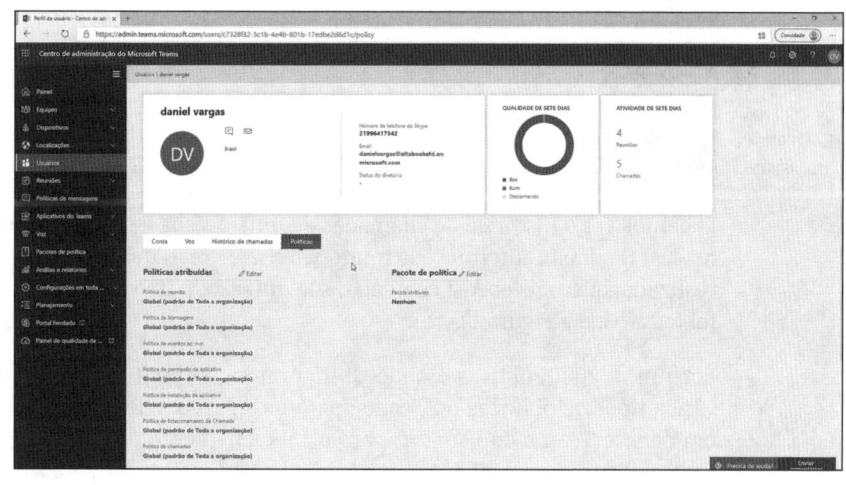

FIGURA 13-12: As configurações de conta de um usuário do Teams.

Além disso, no topo da página de configurações do usuário há um painel que exibe seu número de telefone, endereço e e-mail. Também encontramos informações sobre a qualidade da chamada que o usuário tem no Teams e suas atividades.

DICA

Encontramos configurações específicas do Teams no Centro de Administração do Teams e configurações gerais do usuário no Centro de Administração do Microsoft 365 ou do Office 365.

A guia Conta inclui informações sobre a coexistência de um usuário. *Coexistência* se refere à transferência de usuários do Skype for Business para o Teams. Se você for novo no Teams, não precisará se preocupar com isso. Se for um usuário antigo do Office 365 e tiver pessoas usando o Skype for Business, então poderá usar essa configuração para transferir sua organização para o Teams de modo ordenado.

A guia Voz é onde fazemos as configurações relacionadas às chamadas do usuário. Podemos configurar para onde as pessoas podem ligar fora da organização e também chamadas de grupo, atrasos de chamadas e delegação de chamadas.

A restrição de um usuário para que possa ligar apenas para números de seu próprio país é exibida na Figura 13-13.

FIGURA 13-13: As configurações de voz para definir o uso de recursos de chamada do usuário.

Podemos ver o histórico de chamadas de uma pessoa na guia Histórico de chamadas. Ele inclui informações muito valiosas, como quando uma chamada foi realizada, quem recebeu a chamada, sua duração, o tipo de chamada e como ela foi feita (veja a Figura 13-14).

Por fim, a guia Políticas é onde configuramos as políticas para o usuário. Há vários tipos de políticas no Teams: para navegação, que aparece à esquerda de um cliente Teams do usuário, para o funcionamento de canais e mensagens, para aplicativos e chamadas, por exemplo. Abordo a configuração de políticas para aplicativos no Capítulo 14.

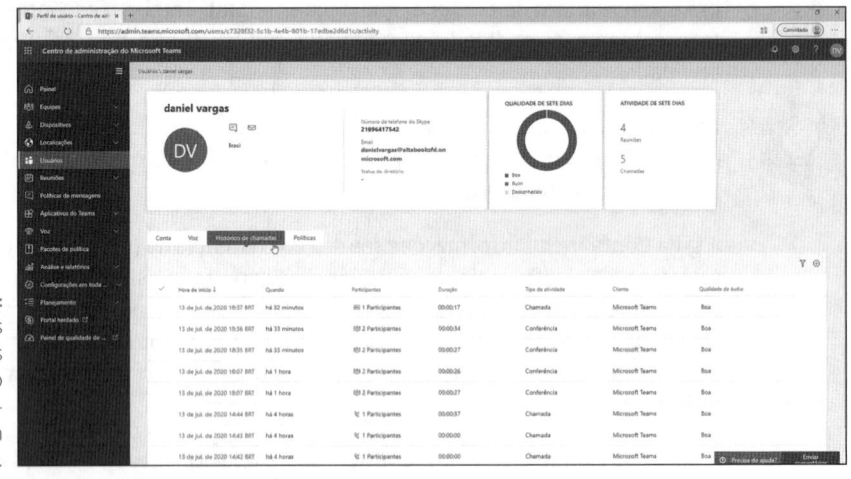

FIGURA 13-14: Vendo as informações do histórico de chamadas de um usuário.

NESTE CAPÍTULO

» Descobrindo as tarefas mais comuns na administração do Teams

» Familiarizando-se com as configurações do Teams para toda a organização

» Criando políticas para aplicativos do Teams

» Gerenciando dispositivos

Capítulo **14**

Investigando a Administração do Teams

Não importa se você se inscreveu para ser administrador do Microsoft Teams para sua organização ou se "caiu de paraquedas" no cargo, ainda precisará mergulhar fundo e se familiarizar com o Centro de Administração do Teams. Mesmo que não seja administrador, é uma boa ideia se familiarizar com as configurações e as opções que fazem o Teams se comportar de determinada maneira. Você está vendo o que espera na navegação do Teams? Existe uma configuração que controla isso. Não consegue excluir mensagens em um canal? Tem uma configuração para isso também. Há mais configurações do que conseguimos abordar neste livro, mas as mais comuns são tratadas aqui.

Neste capítulo, você mergulhará fundo no Centro de Administração do Teams e aprenderá a realizar tarefas comuns, como configurar equipes, mensagens e outras coisas para toda a organização. Também aprenderá a configurar políticas para aplicativos e a navegação do Teams, além de gerenciar dispositivos como telefones de mesa e de conferências.

Configurando o Teams

É engraçado dizer que estamos configurando uma equipe do Teams no Centro de Administração do Teams, mas é exatamente o que fazemos. Como aprendemos no decorrer do livro, *equipe* é um grupo de pessoas no Microsoft Teams e é central a como usamos e interagimos com outras pessoas da organização. Podemos gerenciar como as equipes funcionam e estabelecer políticas para elas no Centro de Administração do Teams pela opção Equipes no painel de navegação à esquerda.

Para gerenciar as configurações de uma equipe em sua organização, selecione Equipes no painel de navegação à esquerda e, depois, Gerenciar equipes. Uma lista de todas as equipes de sua organização será exibida, como mostra a Figura 14-1. Para ver as configurações de uma equipe, clique no nome da equipe desejada (veja a Figura 14-2).

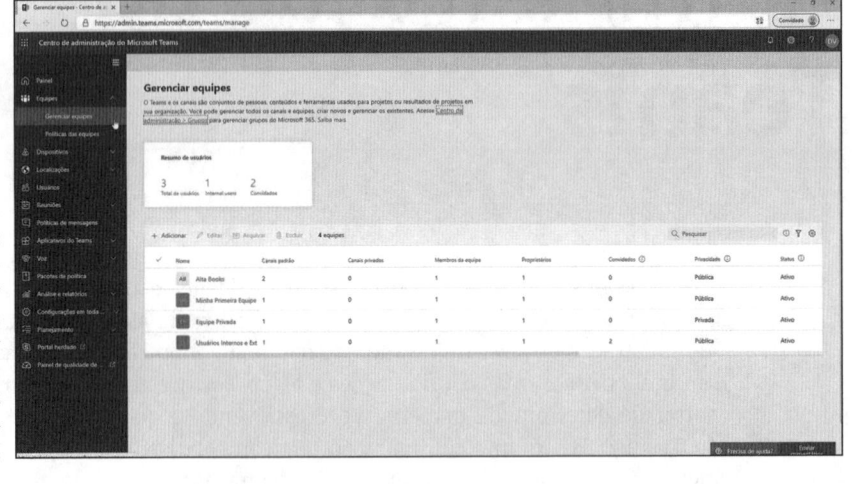

FIGURA 14-1: Selecione Gerenciar equipes para ver uma lista das equipes de sua organização.

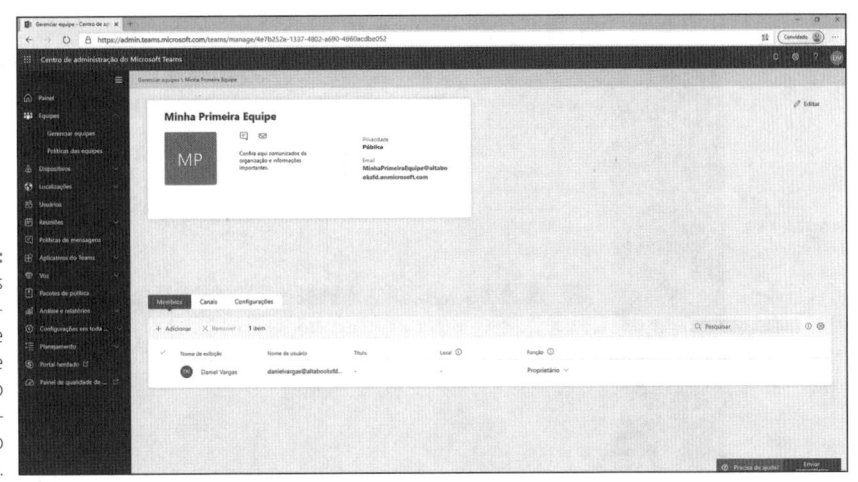

FIGURA 14-2: Vendo as configurações de uma equipe no Centro de Administração do Teams.

DICA

Por padrão, qualquer um na organização pode criar novas equipes, e, por meio da opção Gerenciar equipes, podemos ficar de olho em quantas são criadas e se são públicas ou privadas. Quando ajudo organizações a implementar o Microsoft Teams, trabalho com os administradores para criar o hábito de manter o controle de quantas equipes surgem na organização.

PAPO DE ESPECIALISTA

Atualmente não há uma configuração para desabilitar a criação de novas equipes. Para fazer isso, é preciso entrar no tenant do Microsoft 365 ou do Office 365 e desabilitar a criação de grupos.

Quando observamos os detalhes de uma equipe, podemos selecionar guias para ver os membros e os canais associados a ela. Também há uma guia para as configurações gerais de equipe onde podemos ver as configurações de canais e conversas. Para editá-las, clique no link Editar que aparece à direita superior da tela ou vá direto às configurações gerais selecionando a equipe na lista principal (aquela exibida quando abrimos a lista de equipes) e clique em Editar, como mostra a Figura 14-3. Aqui podemos permitir que as pessoas excluam ou editem suas mensagens e sejam capazes de criar ou excluir canais na equipe.

CAPÍTULO 14 **Investigando a Administração do Teams** 189

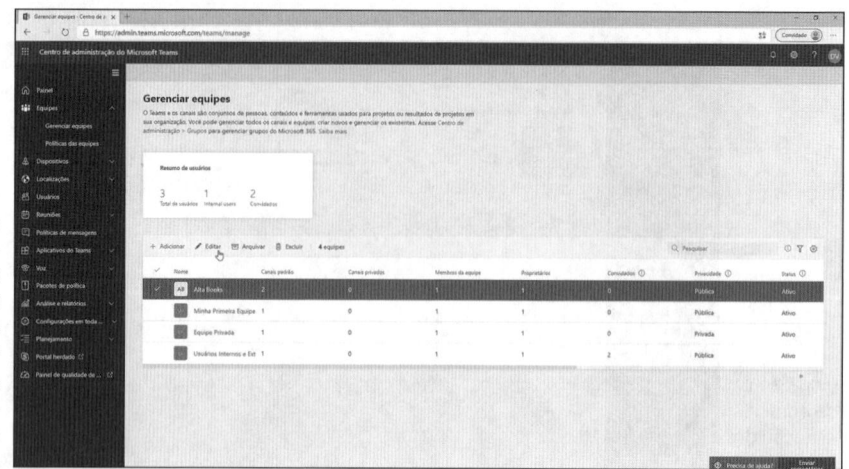

FIGURA 14-3: Selecionando uma equipe e clicando em Editar para ver as configurações gerais da equipe.

> **DICA**
>
> Note o botão Arquivar na Figura 14-3. Ele está à direita do botão Editar. Quando uma equipe não é mais necessária, ela pode ser arquivada ou recuperada quando precisarmos dela novamente. O arquivamento de uma equipe é abordado no Capítulo 16.

Fazendo Alterações nas Configurações de Reuniões

Podemos ajustar várias configurações para que as reuniões do Teams se encaixem nas necessidades da organização. Em Reuniões no painel de navegação à esquerda, encontramos opções para ajustar configurações e políticas para audioconferências, reuniões e eventos ao vivo.

Ponte de audioconferências

Ponte de audioconferência é um número de telefone que pode ser usado para grandes reuniões e permite que as pessoas usem um telefone tradicional. Podemos adicionar números cobrados ou gratuitos, e é necessário que a pessoa que liga grave seu nome e o anuncie para todos na reunião escolhida. Encontramos as configurações de ponte de audioconferências na guia Reuniões no painel de navegação à esquerda. No entanto, se não houver uma licença de voz na assinatura, não veremos essa opção de navegação.

Ao selecionar Configurações de ponte, uma lista de pontes atualmente usadas é exibida. Selecionar Configurações de ponte no topo da lista de números exibe uma caixa de diálogo onde podemos configurar o comportamento da ponte de audioconferências, como mostra a Figura 14-4. Selecionar Adicionar permite acrescentar um novo número de ponte de audioconferências.

Confira mais informações sobre essas pontes e a adição de novos números telefônicos ao Teams nos Capítulos 11 e 12.

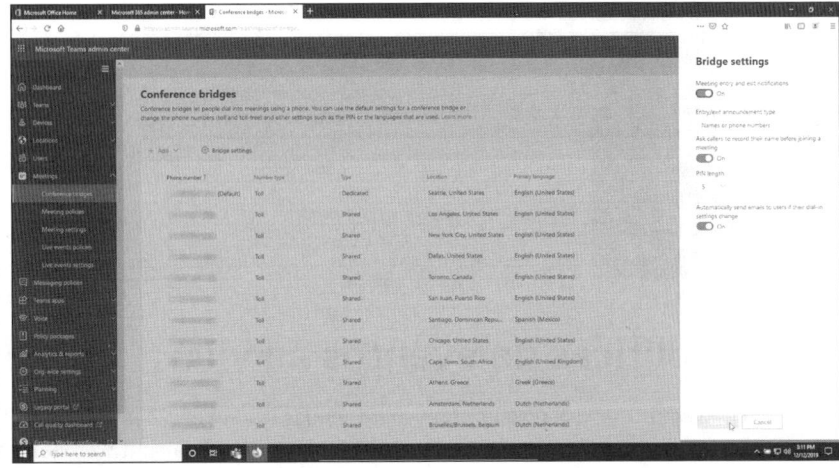

FIGURA 14-4: Configurando o comportamento de uma ponte de audioconferências.*

Políticas de reuniões

As políticas são um tema comum no Teams. *Política* é um agrupamento de configurações criadas e atribuídas a equipes, usuários ou canais. Encontramos áreas onde podemos criar políticas por todo o Centro de Administração do Teams. Por exemplo, na seção Reuniões. Também encontramos políticas para equipes, mensagens, ligações e muitas outras. Sempre que vir uma área do Centro de Administração do Teams para estabelecer uma política, considere-a como um modo de definir um grupo de configurações que se aplicam ao Teams.

A Microsoft já definiu diversas políticas e podemos ajustá-las ou criar outras novas do zero. A criação de políticas para mudar a navegação do Teams é abordada mais adiante neste capítulo.

Configurações de reuniões

Algo importante é a opção Configurações de reuniões. Essa tela possibilita definir o comportamento exato das reuniões para os usuários do Teams. Por exemplo, podemos permitir ou não que pessoas anônimas participem de reuniões, configurar como os convites de reuniões são formatados e enviados, e como as reuniões funcionam com a rede. A tela de Configurações de reuniões é exibida na Figura 14-5.

---

* N. E.: Você precisa ter um telefone vinculado à Microsoft para utilizar este serviço.

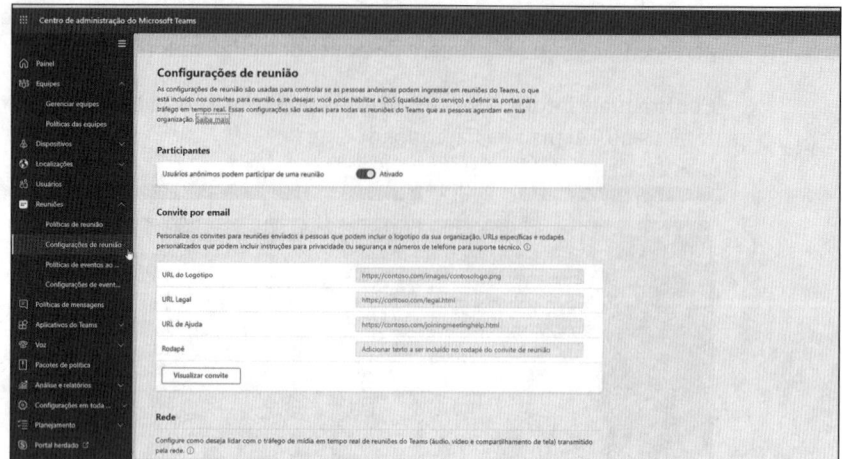

FIGURA 14-5: Configurando como as reuniões funcionam no Teams.

Políticas de eventos ao vivo

Eventos ao vivo possibilitam a transmissão de reuniões e apresentações para muitas pessoas ao mesmo tempo. Pense em realizar um webinar onde as pessoas se inscrevem e você demonstra ou aborda um produto, serviço ou apresentação. Alguns produtos bem conhecidos que competem nessa área são o GoToMeeting (www.gotomeeting.com) e o WebEx (www.webex.com). Já utilizei outros produtos, mas prefiro o Eventos ao vivo do Teams agora, porque ele faz parte da minha assinatura e eu não tive problema algum devido às pessoas conseguirem entrar nas minhas transmissões de vários dispositivos diferentes.

Como administrador do Teams, podemos configurar o funcionamento dos Eventos ao vivo para os membros da organização. A Microsoft já criou uma política padrão para isso, e podemos ajustá-la ou criar novas. Quando criamos uma nova política, podemos permitir o agendamento de eventos ao vivo, uma transcrição do evento para os participantes, quem pode participar e gravar eventos agendados. A Figura 14-6 exibe a configuração de uma nova política que especifica que apenas usuários ou grupos do Teams podem participar. As outras opções são permitir que qualquer pessoa do mundo participe ou apenas aquelas de sua organização.

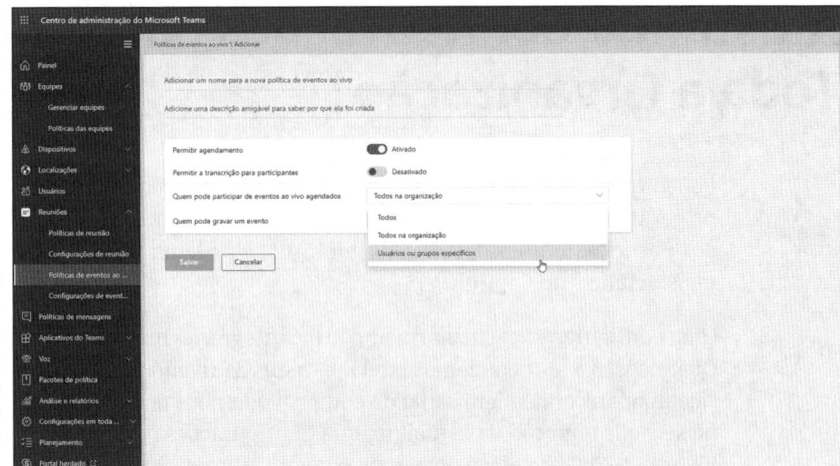

FIGURA 14-6: Configurando uma nova política de eventos ao vivo e quem pode participar.

Configurações de eventos ao vivo

Além de criar políticas de eventos ao vivo, também podemos configurar todos os eventos independentemente da política estabelecida. Podemos configurar um endereço online customizado que os participantes podem usar para obter suporte e também provedores externos de distribuição de vídeo, como mostra a Figura 14-7.

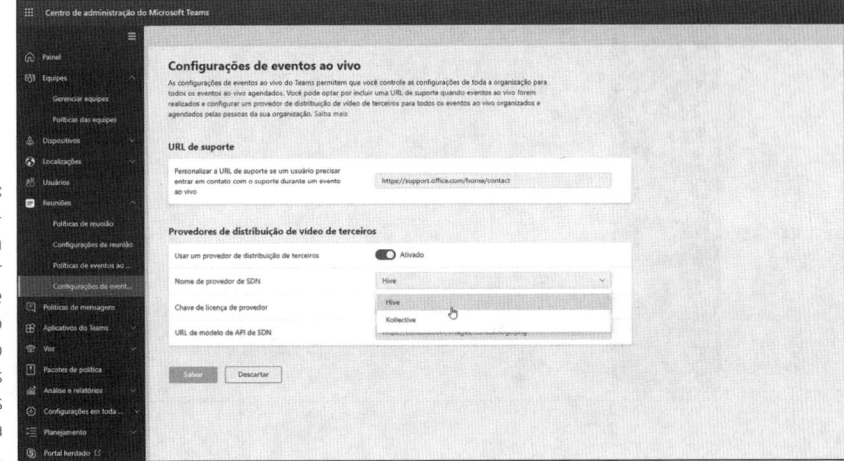

FIGURA 14-7: Configurando um provedor externo de distribuição de vídeo para todos os eventos ao vivo na organização.

Ajustando Configurações para Toda a Organização

Podemos fazer algumas configurações que afetam o comportamento do Teams no geral para toda a organização. Por exemplo, podemos permitir que convidados participem de equipes e configurar o que podem fazer (isso é abordado em mais detalhes no Capítulo 7).

Uma configuração particularmente útil é integrar e-mails aos canais do Teams. Quando isso é feito, podemos enviar e-mails a um endereço específico e a mensagem aparecerá em um canal da equipe. Podemos encontrar essa configuração na seção Integração de e-mail na tela Configurações do Teams, como mostra a Figura 14-8. O endereço de e-mail é gerado automaticamente e podemos obter um para cada canal selecionando Obter endereço de e-mail no menu suspenso das reticências que aparecem ao lado do nome de um canal, como mostra a Figura 14-9.

DICA

Para evitar a exibição de spam ou e-mail indesejado nos canais do Teams, podemos filtrar para permitir que apenas determinados domínios consigam enviar e-mail para o canal. Eu gosto de definir o domínio da organização para que os membros externos não possam fazer isso por padrão.

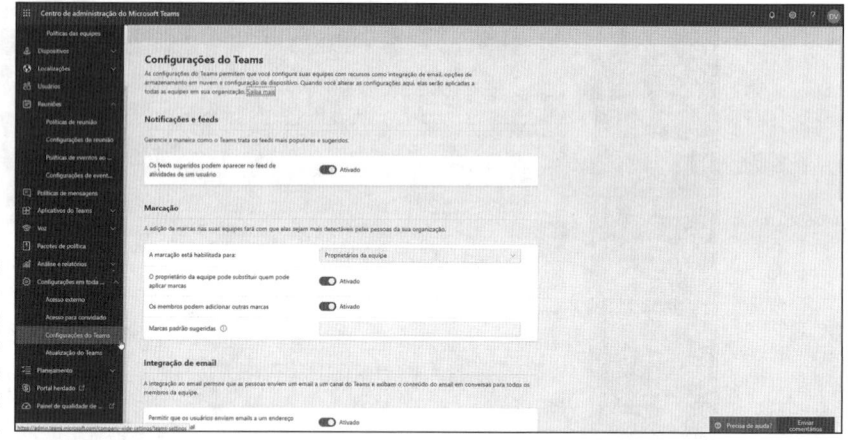

FIGURA 14-8: Configurando a integração de e-mail a canais do Teams.

FIGURA 14-9: Obtendo o e-mail para um canal.

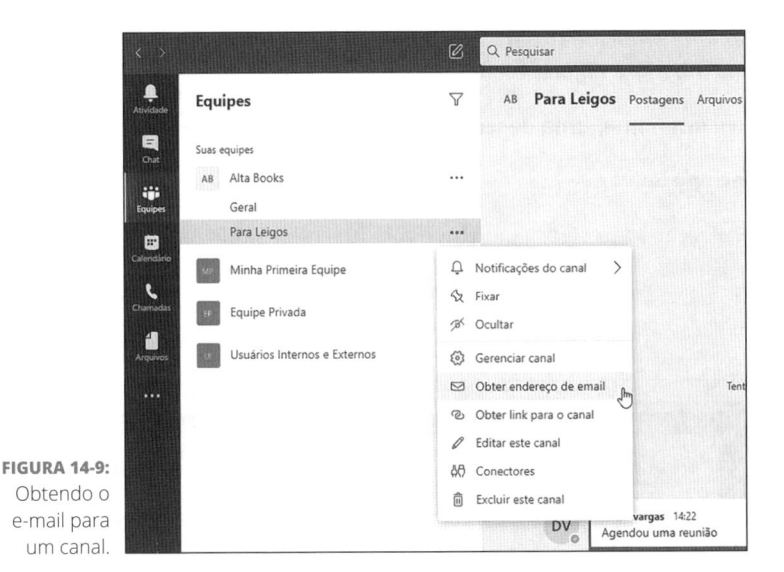

Identificando a Localização de Escritórios e Edifícios

Pela natureza da internet, estando conectados a ela, podemos estar em qualquer lugar do mundo e ainda usar todos os serviços que ela tem a oferecer. Os sistemas telefônicos que funcionam usando a internet, como o Teams, criam um enigma. Como acompanhamos os locais físicos da organização, como escritórios e outros tipos de edifícios, se seus membros usam serviços baseados na internet como o Teams? Os membros poderiam usar o Teams e ligar de qualquer parte do mundo. O Centro de Administração do Teams tem um componente de navegação chamado Localizações que pode ser usado para definir localizações físicas para usuários, bem como endereços para serviços de emergência.

DICA

Para oferecer serviços com informações cruciais em situações de emergência, é importante manter os endereços atualizados e corretos. Podemos adicionar localizações físicas como um escritório individual ou um espaço de trabalho aberto em um andar específico do edifício para que os serviços de emergência saibam exatamente onde entrar durante uma emergência.

Para adicionar uma localização física a um usuário do Teams, siga estes passos:

1. **Abra seu navegador e faça login no Centro de Administração do Teams em** `https://admin.teams.microsoft.com`**.**

2. **No painel de navegação à esquerda, expanda a opção Localizações e selecione Endereços de Emergência.**

3. Selecione +Adicionar para adicionar um novo endereço de emergência, como mostra a Figura 14-10.

4. Insira um nome, uma descrição e o endereço.

5. Selecione Salvar.

   A localização aparecerá sempre que você precisar atribuir uma localização para um usuário. Por exemplo, você pode definir a localização para um telefone, como mostra a Figura 14-11. Abordo o trabalho com números telefônicos no Capítulo 12.

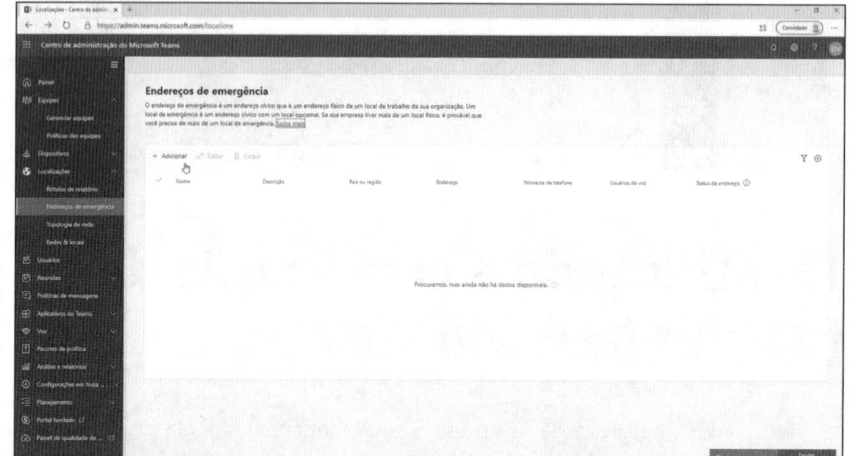

FIGURA 14-10: Adicionando um novo endereço de emergência para um usuário do Teams.

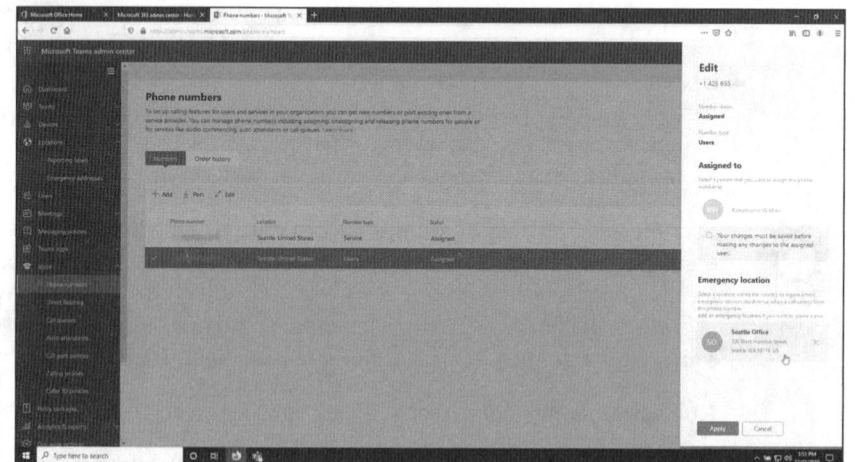

FIGURA 14-11: Definindo uma localização física para um número de telefone.*

---

* N. E.: Você precisa ter um telefone vinculado à Microsoft para utilizar este serviço.

Adicionando Aplicativos Padrões do Teams

No Capítulo 5, aprendemos como os aplicativos podem ser instalados no Teams para ampliá-lo e acrescentar funcionalidade. Como administrador do Teams, podemos controlar quais aplicativos ficam disponíveis para a organização e instalar os que aparecerão automaticamente para os usuários.

Seis aplicativos padrão estão fixados no painel de navegação do lado esquerdo do Teams. São eles: Atividade, Chat, Equipes, Reuniões, Chamadas e Arquivos. Esses aplicativos estão diretamente relacionados aos aplicativos que aparecem nas políticas de configurações Toda a organização de padrão global.

Podemos adicionar novos aplicativos padrões que aparecerão no painel de navegação para todos os usuários adicionando-os à política Toda a organização de padrão global. O Trello (https://trello.com) é um sistema de gerenciamento de tarefas popular usado por muitas organizações. Vamos adicioná-lo como um aplicativo à política de configuração padrão para que apareça para todos os usuários.

Para adicionar um aplicativo à política de configuração padrão para todos os usuários do Teams, siga estes passos:

1. **Abra seu navegador e faça login no Centro de Administração do Teams em** https://admin.teams.microsoft.com.

2. **No painel de navegação à esquerda, expanda a opção Aplicativos do Teams e selecione Políticas de Configuração.**

3. **Selecione a política Global (Padrão Toda a organização).**

   A política de configuração abrirá e exibirá os aplicativos padrões.

4. **Selecione Adicionar Aplicativos na barra do menu.**

   O painel Adicionar aplicativos fixados será exibido à direita da sua tela.

5. **Digite** Trello **no painel de pesquisa e selecione Adicionar, como mostra a Figura 14-12.**

   > **DICA** Você pode configurar quais aplicativos ficam disponíveis no Teams usando as Políticas de permissão. Essas configurações podem ser encontradas na área de aplicativos do Teams da navegação.

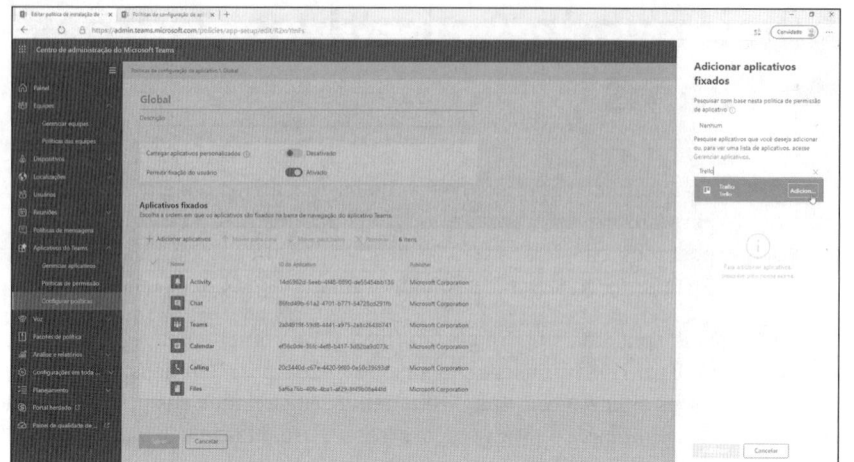

FIGURA 14-12:
Adicionando o aplicativo Trello à política de configuração Global (padrão Toda a organização).

6. Selecione Adicionar no fim da tela para adicionar o aplicativo Trello à política de configuração Global (padrão Toda a organização).

7. Selecione Salvar.

   A política agora inclui o aplicativo Trello no painel de navegação à esquerda, como mostra a Figura 14-13.

CUIDADO

Pode levar algum tempo para que as mudanças na política entrem em vigor, às vezes até 24 horas. Eu geralmente volto no dia seguinte da mudança e vejo tudo funcionando como o esperado. Por exemplo, depois de seguir o procedimento de adicionar o aplicativo Trello, ele não aparece imediatamente na navegação do Teams.

Além de fazer mudanças para toda a organização nos aplicativos disponíveis para os membros do Teams, também podemos mudar a política de configuração de aplicativos para usuários individuais. Essas mudanças são feitas na página de configuração de usuários no Centro de Administração do Teams. Quando ajustamos a política de configurações, os itens de navegação vistos pelo usuário no painel à esquerda são atualizados de acordo com a política atribuída.

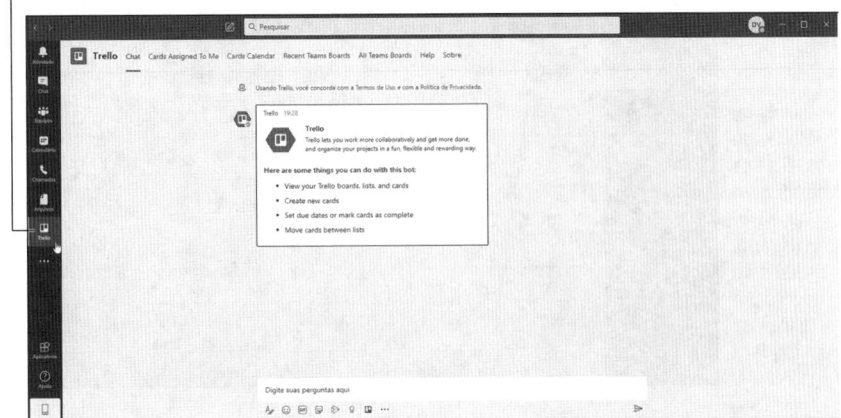

FIGURA 14-13: O aplicativo Trello na navegação do Teams faz parte da política de configuração.

Ícone do Trello

Para atualizar a política de configuração de um usuário individual do Teams, siga estes passos:

1. **No Centro de Administração do Teams, selecione a opção Usuários no painel à esquerda.**

   Uma lista de todos os usuários do Teams será exibida na tela principal.

2. **Selecione um usuário e, depois, selecione a guia Políticas para que exiba as informações do usuário.**

3. **Selecione o botão Editar e escolha qualquer política criada, como mostra a Figura 14-14.**

> **DICA** Você pode desenvolver seus próprios aplicativos customizados ou pedir para que alguém o faça, enviá-los e adicioná-los à navegação padrão para todos os usuários do Teams. Essa opção pode ser encontrada no Centro de Administração do Teams em Aplicativos do Teams, sob Políticas de configuração. Abra a política Global (padrão Toda a organização) e envie seu aplicativo customizado.

CAPÍTULO 14 **Investigando a Administração do Teams**

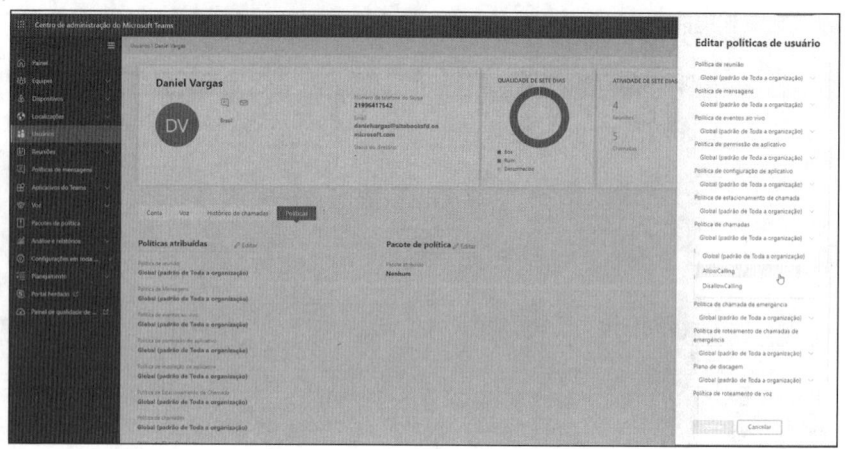

FIGURA 14-14: Mudando uma política de configuração de um usuário, os itens de navegação vistos por ele mudam no Teams.

Definindo Políticas para Chat e Canais

O Teams também inclui configurações específicas para mensagens em canais e chats (os canais e os chats são abordados em detalhes no Capítulo 4). Essas configurações são como muitas outras exploradas neste capítulo. Elas são configuradas em uma política que é, então, atribuída às ações no Teams relacionadas a ela. Para reuniões, as políticas são chamadas de Políticas de mensagens e são encontradas no painel de navegação à esquerda.

As políticas de mensagem possibilitam configurar como os chats e os canais funcionam no Teams. Podemos definir opções como a permissão de exclusão de mensagens, de pré-visualização quando alguém cola um link em uma mensagem e habilitar ou desabilitar o aviso de recebimento, para que os outros saibam ou não quando uma mensagem foi lida.

Como a maioria das políticas no Teams, todo usuário recebe uma atribuição automática da política de mensagens Global (padrão Toda a organização). Para editar e ajustar as configurações, basta selecioná-la, como mostra a Figura 14-15. Também podemos criar uma nova política de mensagens e atribuí-la a usuários ou equipes específicas selecionando Adicionar no topo da lista. A Figura 14-16 exibe quando adiciono uma nova política de mensagens que criei para mim mesma. Há uma coluna na lista de políticas que declara se ela é ou não uma política padrão.

DICA Para grandes organizações, é comum criar várias políticas padrões e ajustar como as pessoas usam o Teams. Organizações menores geralmente mantêm as políticas padrões.

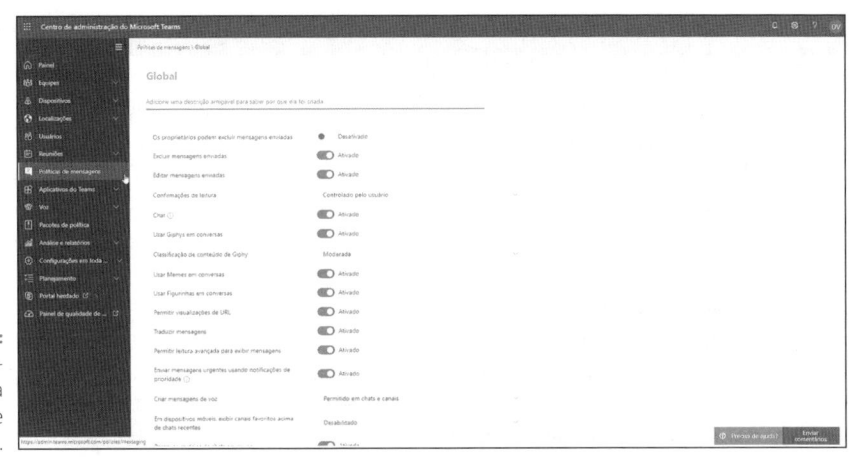

FIGURA 14-15: Configurando uma política de mensagens.

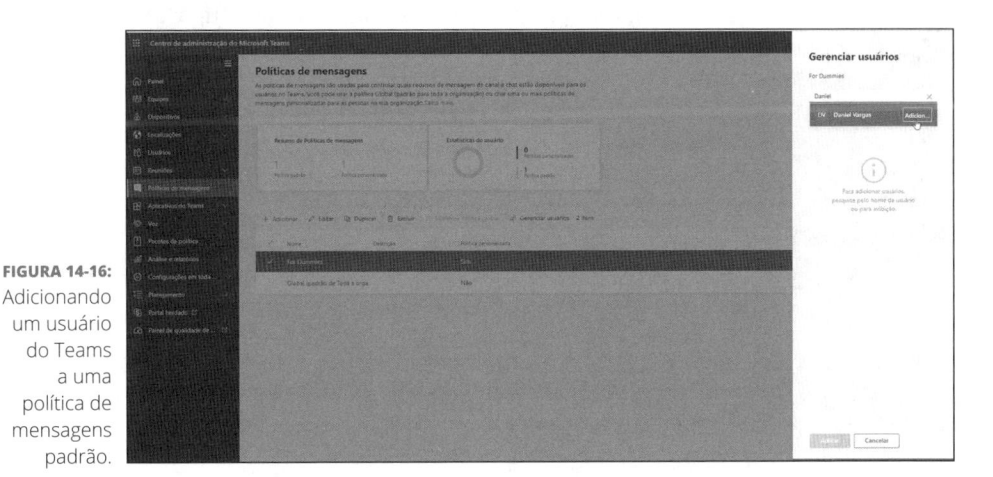

FIGURA 14-16: Adicionando um usuário do Teams a uma política de mensagens padrão.

Gerenciando Dispositivos para Sua Organização

No Capítulo 10, abordo dispositivos do Teams como os telefones de conferências e os de mesa. Podemos gerenciar os dispositivos usados na organização pelo Centro de Administração do Teams.

DICA

Usar um telefone projetado para o Teams é basicamente como usar um computador com aparência de telefone. Ele é ligado e conectado à rede, e precisamos fazer login nele usando a conta do Office 365. Estamos basicamente fazendo login no telefone e evitando o computador. Esses telefones são ideais para pessoas que não trabalham diariamente em um computador. Elas podem usar a tela grande do telefone para participar de reuniões do Teams e ver apresentações sem precisar de outro computador.

Quando alguém conecta um telefone certificado do Teams e faz login pela primeira vez, o telefone começa a aparecer na área de gerenciamento de dispositivos do Centro de Administração do Teams. A lista de dispositivos associada ao serviço do Teams é acessada na opção Dispositivos no painel de navegação à esquerda. Selecione Telefones e uma lista de todos os dispositivos será exibida. Podemos gerenciá-los ali e também realizar várias tarefas. Por exemplo, você pode criar configurações customizadas, enviá-las ao dispositivo e instalar atualizações de segurança e de outros softwares. Independentemente de fazer parte de uma organização grande ou pequena, o centro de gerenciamento de dispositivos é um ótimo lugar para acompanhar todos os dispositivos do Teams usados em sua organização.

> **DICA**
>
> É importante assegurar que qualquer dispositivo usado com o Teams é certificado. Confira o Capítulo 10 para ter mais informações sobre o uso de dispositivos no Teams.

6
Adequando o Teams à Sua Organização Ímpar

NESTA PARTE...

Descubra como o Teams funciona bem para empresários individuais e como aproveitá-lo ao máximo em pequenas e médias empresas.

Aprenda a escalar o Teams conforme seu negócio cresce e veja por que o aspecto mais importante do sucesso com o Teams é uma conexão rápida com a internet.

Investigue a fundo os cenários empresariais específicos e os próximos passos ao usar o Teams em grandes organizações.

Veja alguns dos recursos avançados do Teams, como cloud voice, conformidade e relatórios.

Entenda como áreas diferentes têm necessidades distintas quando se tratam de sistemas de software e comunicação, e como o Teams pode se adaptar às necessidades de seu próprio setor.

Descubra como aproveitar o Teams para o trabalho em turnos e como ele pode ser usado nas áreas educacional, de saúde, consultoria e governamental.

NESTE CAPÍTULO

» Descobrindo o valor do Teams para empresários individuais

» Adotando o Teams para pequenas e médias empresas

» Aproveitando o Teams ao máximo, não importa o tamanho do negócio

» Aprendendo com as experiências alheias

Capítulo 15
Usando o Teams em Pequenas e Médias Empresas

A situação sempre foi complicada para pequenas e médias organizações quando se trata de produtos de nível empresarial. A maioria começa apenas com um pequeno grupo de pessoas ou até mesmo um único indivíduo. As ferramentas usadas como indivíduo são extremamente diferentes das necessárias quando crescemos e expandimos para uma grande empresa. O Microsoft Teams foi projetado para ser escalável. O modo como o utilizamos para um negócio pequeno ou médio será diferente do usado quando expandimos.

Neste capítulo, você aprenderá a usar o Teams em pequenas e médias organizações. Aprenderá alguns truques e dicas para trabalhar usando o Teams como proprietário individual até como uma média empresa de 250 pessoas, e como começar a utilizar o Teams, adotá-lo e escalá-lo no decorrer do crescimento do negócio. Mas, primeiro, precisamos ver sua conexão de internet. Começaremos por aí.

Focando a Internet

De longe, o aspecto mais importante de uma boa experiência com o Teams, independentemente do tamanho do seu negócio, é a conexão de internet. O Teams é um serviço baseado em nuvem, então todas as comunicações fora de sua rede local passam pela internet. O modo como o Teams envia dados pela internet é extremamente otimizado, no entanto, chamadas de voz e de vídeo ainda exigem a transferência de muitos dados. Se a conexão de internet for lenta, as chamadas poderão ficar cortadas e o vídeo poderá congelar ou pular. Resumindo: uma conexão ruim fará com que a experiência com o Teams seja muito complicada.

DICA O Microsoft Teams também envia dados entre os dispositivos de sua rede local de modo peer-to-peer. Esse tráfego pode ser considerável para grandes empresas (abordado no Capítulo 16). Com pequenas e médias organizações, a maior parte do equipamento de rede pronto para uso será suficiente. Se sua organização é grande o bastante para precisar de um engenheiro responsável pela rede interna, vale a pena pedir que essa pessoa dê uma olhada na seção de redes do Capítulo 16.

A Microsoft tem diversos gráficos e tabelas para ajudar as organizações a garantirem que sua conexão de internet possa fornecer uma boa experiência com o Teams. Entro nesse assunto mais detalhadamente no Capítulo 16, porque as organizações maiores têm redes e conexões de internet mais complicadas. Para pequenas e médias empresas, geralmente temos opções mínimas quando se trata de conexão de internet.

No geral, recomendo uma conexão que tenha, no mínimo, 2Mbps (megabits por segundo) de banda por pessoa no local em que o Teams será utilizado. A Microsoft afirma que o Teams pode entregar vídeo de alta definição (HD) com uma banda de, no mínimo, 1,2Mbps, entretanto, notei que é melhor prevenir com 2Mbps. Por exemplo, se temos cinco pessoas trabalhando no escritório e fazendo chamadas no Teams, devemos ter uma conexão de, no mínimo, 10Mbps.

A Figura 15-1 exibe as opções de internet disponíveis para uma empresa chamada Wave Here em Seattle. Note que as opções mostram velocidades simétricas. Isso significa que a largura de banda anunciada está disponível em ambas as direções (ou seja, o envio de dados que vão do seu computador para a internet e o recebimento de dados da internet para o seu computador). Velocidades simétricas são importantes, porque o Teams envia dados em ambas as direções em chamadas de vídeo e voz. Contudo, se as velocidades de upload e download forem rápidas o bastante, não será preciso se preocupar com a simetria. Por exemplo, você pode ter velocidades de download em gigabit, o que acomodaria uma quantidade gigantesca de tráfego, e de upload de apenas 30Mbps. Mesmo tendo essa velocidade baixa de upload, ela já seria suficiente para uma organização com dez pessoas.

FIGURA 15-1: Um exemplo de opções de conectividade de internet.

DICA

Confira as velocidades de banda de upload e download ao analisar ofertas de conexão de internet. Algumas empresas oferecem velocidades assustadoramente rápidas de download e muito baixas de upload. Isso porque aplicações, como serviços de streaming de vídeos, usam, em sua maioria, a banda de download e não precisam de muita velocidade de upload. Os dados do Teams fluem indo e vindo do computador para a internet, então é preciso garantir que a largura de banda acomode ambas as direções.

PAPO DE ESPECIALISTA

Um gigabit equivale a mil megabits. Conexões de internet de um gigabit estão se tornando cada vez mais comuns em grandes cidades. Fique feliz se você tiver esse tipo de largura de banda disponível em sua área. Muitas áreas rurais lutam para ter uma conectividade básica de internet.

Entendendo como o Teams se Encaixa na Sua Organização

Não há uma regra inflexível sobre o tamanho de uma organização e como devemos utilizar o Teams. Tive muitas experiências com empresas de todos os tamanhos e, observando como cada uma utiliza o Teams, descobri um caminho evolucionário geral que a maioria segue em sua jornada. Gosto de dividir as pequenas e médias empresas em três partes com base no número de funcionários, como mostra a Figura 15-2.

Muitas começam com uma ou duas pessoas — empresa individual ou de dois sócios. O modo como utilizam o Teams é específico para esse tamanho.

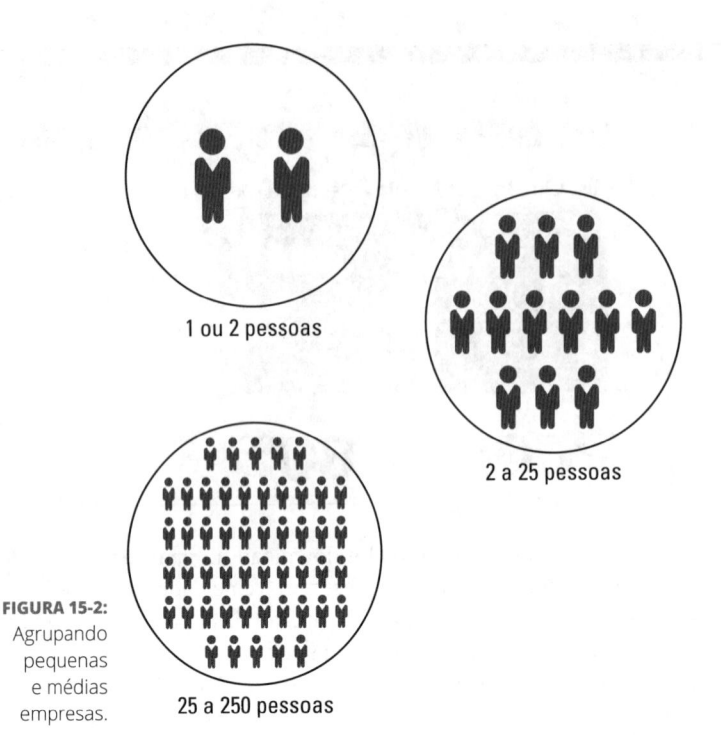

FIGURA 15-2:
Agrupando pequenas e médias empresas.

1 ou 2 pessoas

2 a 25 pessoas

25 a 250 pessoas

A evolução seguinte na utilização do Teams ocorre quando uma organização tem entre 2 e 25 pessoas. É grande o bastante para começar a pensar em ter alguém como administrador do Teams, mas pequena o suficiente para que todos saibam o que acontece com todo mundo.

O próximo estágio na jornada do Teams é quando a organização passa a ter entre 25 e 250 pessoas. Considero-as como médias empresas. Nelas, há pessoas o bastante para que nem todos saibam o que acontece com todo mundo e deveres o suficiente para que cargos e como o Teams é utilizado precisem ser definidos. Além disso, é aqui que a governança começa a tomar forma.

Vamos dar uma olhada em como cada tipo de organização pode usar e se beneficiar com o Teams.

Simplificando (1 ou 2 pessoas)

O Teams é valioso até para uma empresa individual. Podemos chamar convidados para as equipes para colaborar, nos comunicar e usá-lo para fazer reuniões e audioconferências. Como empresário individual ou uma organização de sociedade, podemos manter tudo simplificado. Não precisamos nos preocupar com a definição de permissões para nós ou nosso sócio, pois estaremos administrando toda a assinatura do Microsoft 365 ou do Office 365 e todos os seus serviços.

Apesar de não precisar se preocupar com as permissões, você precisará se familiarizar com tarefas administrativas básicas (a administração básica é abordada ao longo do livro em capítulos relevantes e em profundidade no Centro de Administração do Teams, nos Capítulos 13 e 14). Além disso, você precisará passar algum tempo nos centros de administração de sua assinatura do Microsoft 365 ou do Office 365 para se familiarizar com a administração de outros serviços que podem ser aproveitados no Teams, como o SharePoint. Esses tópicos são significativos a ponto de terem seus próprios livros; sugiro procurar livros específicos para ter mais informações.

Como organização individual ou de sociedade, também é importante focar o aprendizado do acesso de convidado, já que quase todos com quem conversamos pelo Teams (exceto pelo sócio, se houver um) será um convidado (o acesso de convidado é abordado no Capítulo 7). Organizações maiores geralmente se comunicam com outros internos. Se você for empresário individual, se comunicará exclusivamente com pessoas externas à sua organização, a não ser que tenha tendência a falar sozinho, algo que sou conhecida por fazer de vez em quando.

CUIDADO

Preste atenção no processo de levar convidados às suas equipes, canais e chats. Uma área em que já vi organizações de todos os tamanhos terem dificuldade é na colaboração de documentos. O Teams enfatiza muito a colaboração com pessoas internas à organização. Para as externas, é preciso prestar atenção no comportamento do Teams, abordado no Capítulo 7.

Preste atenção também no local onde você compartilha arquivos com seus convidados. Eles não têm acesso aos locais de armazenamento de back-end, como o SharePoint, por padrão. Um bom exemplo de compreensão aqui é quando compartilhamos um arquivo com um usuário convidado pelo chat. Já fui pega em situações em que há três cópias do mesmo arquivo e ninguém sabe qual é a fonte original. Eu tinha uma cópia do documento no meu OneDrive, outra no site SharePoint de back-end da equipe e mais uma no site SharePoint da organização. Em determinado momento, também salvei uma cópia no meu computador! Bastou fazer algumas pequenas mudanças no arquivo durante uma audioconferência para colocá-lo novamente onde precisava ficar. Resumindo: o modo como o Teams exibe arquivos de diversos locais da nuvem nem sempre é óbvio. Em especial quando lidamos com usuários convidados com acesso limitado aos armazenamentos de back-end, como o SharePoint.

Por fim, descobri que audioconferências e números telefônicos são incrivelmente valiosos para organizações de todos os tamanhos, e o mesmo valor se aplica às individuais. Podemos assinar serviços de voz e obter um número telefônico, um número de ligação gratuita e números para audioconferências da mesma forma como uma grande organização.

Aumentando o nível de sua organização (2 a 25 pessoas)

Quando uma organização engloba de 2 a 25 pessoas, é preciso começar a pensar em escalar alguns dos deveres no Teams, além de separar equipes entre usuários internos e convidados. Organizações desse tamanho ainda são pequenas o bastante para que o acompanhamento de equipes e canais seja algo simples. Também é comum que tenham apenas algumas equipes e que todos os funcionários façam parte de todas elas. Entretanto, quando alcançamos esse tamanho, devemos considerar separar as equipes que incluem convidados e as que são apenas para membros internos da organização, como mostra a Figura 15-3 (esse assunto é abordado no Capítulo 3).

FIGURA 15-3: Criando uma equipe separada para usuários convidados.

- Equipe de Desenvolvimento
- Equipe de Suporte
- Discussão de Marketing (Interno/Externo)
- Operações

Convidados só podem fazer parte desta equipe

Também precisamos começar a pensar em quem assumirá os papéis administrativos. O que vi com organizações desse tamanho é que uma ou duas pessoas concordam em assumir as tarefas administrativas do Office 365 e do Teams. Isso inclui coisas como adicionar novos usuários, comprar e gerenciar licenças e fazer configurações administrativas que afetam a todos na organização.

DICA A pessoa que faz a assinatura do Microsoft 365 ou Office 365 é automaticamente o administrador de toda a assinatura, incluindo o Teams. Um cenário comum é que alguém recebe a tarefa de fazer a assinatura para a organização e descobre que se torna o administrador por padrão. Gosto de chamar essa pessoa de "administrador acidental". A boa notícia é que sempre podemos atribuir a administração a outras pessoas.

Notei que a maioria das organizações desse tamanho tende a passar a maior parte do tempo no Teams e fazer colaborações e compartilhamento de arquivos rapidamente sem sair dele. Você descobrirá muitos aplicativos que podem ser instalados como guias para ajudar sua organização a ser mais produtiva. Por exemplo, podemos adicionar guias do SharePoint e até de arquivos Excel. Além disso, assim como uma organização de uma ou duas pessoas, você provavelmente interagirá com usuários convidados. O trabalho com pessoas de fora da organização no Teams é abordado no Capítulo 7.

Crescendo (25 a 250 pessoas)

Na minha experiência, uma empresa com 25 a 250 pessoas está em um estágio em que precisa escalar seus processos e começar a pensar em conformidade e separação de deveres. Por exemplo, a pessoa responsável pelas compras de licenças do Microsoft 365 ou do Office 365 pode ser alguém do departamento de compras e a responsável pelo Centro de Administração do Teams pode ser alguém do departamento de TI. Além disso, um usuário avançado de uma equipe pode ser responsável pela administração dela, incluindo aplicativos, e o usuário de outra pode ser o administrador dessa equipe.

Com uma organização desse tamanho, o número de equipes e canais pode rapidamente ficar assustador, e chega a hora de começar a pensar nos procedimentos de conformidade para acompanhar todas as equipes e os canais. É provável que nem todos estejam em todas as equipes, e a paisagem de equipes e canais começará a ficar mais complexa e imensa.

> **DICA** Muitas vezes fico impressionada com quantas equipes e canais até uma organização média consegue alcançar. Por padrão, qualquer um pode criar uma nova equipe e um canal. Minha recomendação é se concentrar em ter um número limitado de equipes e permitir que os canais aumentem e diminuam conforme necessário.

Essa é a hora de criar uma estratégia sobre equipes públicas e privadas, e afiliação de membros. Por exemplo, podemos formalizar equipes privadas para áreas específicas da organização, como a jurídica, recursos humanos e contabilidade. Podemos querer que a liderança de nível executivo tenha um local privado para se comunicar e talvez possamos querer formalizar algumas equipes "gerais", a fim de usá-las para anúncios e manter todos os membros da organização em sintonia. E podemos arquivar as equipes que não queremos mais manter. O gerenciamento de equipes em larga escala, incluindo seu arquivamento, é algo abordado no Capítulo 16.

DICA Quando uma equipe não está mais ativa, podemos arquivá-la para manter os canais e as mensagens nela sem entulhar o aplicativo. A Figura 15-4 mostra a tela Gerenciamento de equipes, que também mostra as equipes arquivadas. Abordo essa tela mais detalhadamente no Capítulo 16.

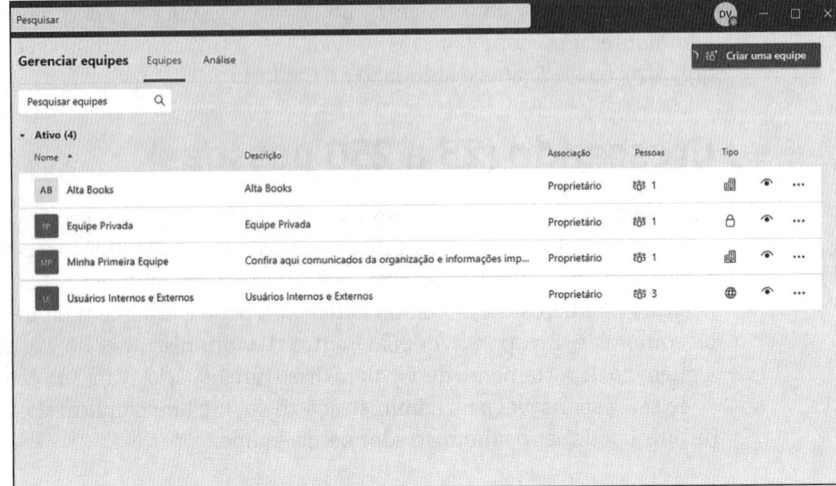

FIGURA 15-4: A tela Gerenciar equipes mostra todas as equipes em uma visualização de grade.

Essa também é a hora de usuários individuais começarem a pensar em ajustar o Teams para que o barulho que recebam seja relevante para eles. Acho útil configurar as notificações e ocultar equipes e canais. Esse assunto é abordado mais detalhadamente no Capítulo 8.

Quando a organização chega a 250 pessoas, há uma movimentação rápida para adotar recursos destinados para empresas maiores, que chegam a dezenas de milhares de membros. Eles incluem coisas como nuvens privadas, cenários híbridos e conexões dedicadas à Microsoft. O Capítulo 16 aborda alguns desses recursos.

> **NESTE CAPÍTULO**
>
> » Entendendo como o Teams funciona com grandes empresas
>
> » Observando alguns recursos avançados do Teams
>
> » Investigando mais fundo os cenários empresariais específicos
>
> » Descobrindo o próximo passo ao usar o Teams em grandes organizações

Capítulo **16**

Liberando Recursos Projetados para Grandes Empresas

Grandes empresas têm necessidades específicas quando se trata de software e sistemas de comunicação. Elas precisam lidar com questões como conformidade, relatórios e larga escala. A Microsoft descobriu como resolver essas questões com o produto Skype for Business e integrou esses componentes ao Teams. Então, mesmo sendo um produto novo, o Teams foi projetado para aproveitar recursos do Skype for Business a fim de acomodar grandes empresas globais.

Neste capítulo, você aprenderá a usar o Microsoft Teams em grandes empresas, incluindo sua implantação na organização e como manter suas equipes e canais sob controle. Descobrirá alguns dos recursos avançados do Teams, como cloud voice, conformidade e relatórios. E também descobrirá alguns truques e dicas para o uso do Teams em uma grande organização.

Gerenciando Muitas Equipes

Para uma visão geral de todas as equipes e gerenciar um grande número delas rapidamente em um único local, utilizamos a tela Gerenciar equipes. Para acessá-la, selecione Equipes no painel de navegação à esquerda e selecione o ícone da engrenagem no fim da lista, como mostra a Figura 16-1. Note que, se você for um usuário convidado, verá o link Gerenciar equipes, como mostra a Figura 16-2.

LEMBRE-SE

Se for um usuário convidado na conta do Teams, o padrão é que você não poderá criar uma nova equipe, então não verá o link "Criar uma equipe ou ingressar nela" ao lado do ícone da engrenagem na Figura 16-1.

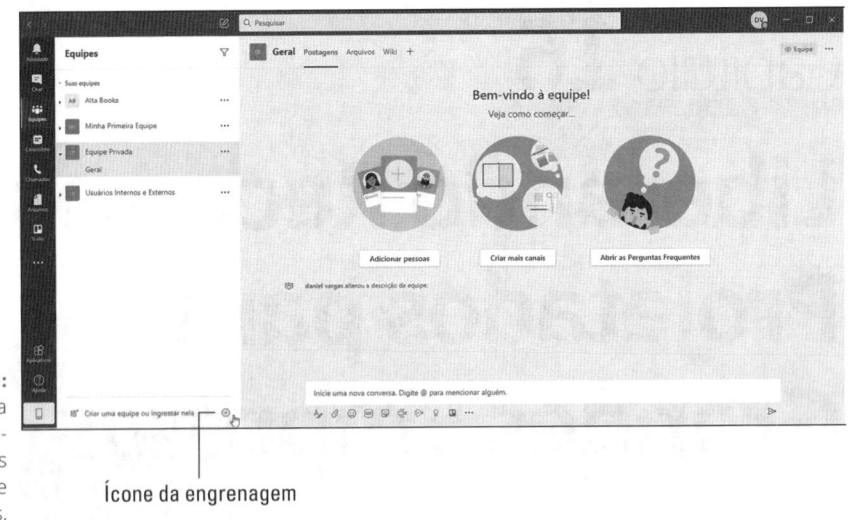

FIGURA 16-1: Abrindo a tela Gerenciar equipes na lista de equipes.

Ícone da engrenagem

FIGURA 16-2: Abrindo a tela Gerenciar equipes como convidado.

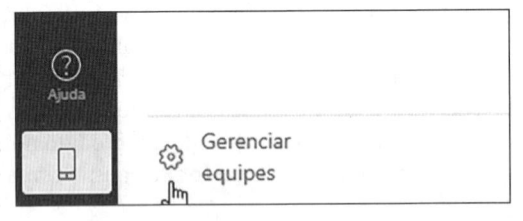

A tela Gerenciar equipes exibe um panorama geral de todas as suas equipes em modo de grade, como mostra a Figura 16-3. Você verá todas as equipes ativas e arquivadas. A primeira coluna mostra o nome da equipe seguido de uma descrição. A terceira coluna mostra se você é Membro, Proprietário ou Convidado de cada equipe. A coluna seguinte exibe uma contagem do número de pessoas na equipe e a última exibe um ícone que mostra que tipo de equipe é (Pública, Privada ou Toda a organização). O último item em cada linha são as reticências, que, quando clicadas, exibem um menu suspenso de opções que afetarão a equipe inteira, como mostra a Figura 16-4. Essas são opções rápidas que podem ser usadas para gerenciar a equipe sem precisar ir até ela e abrir as configurações.

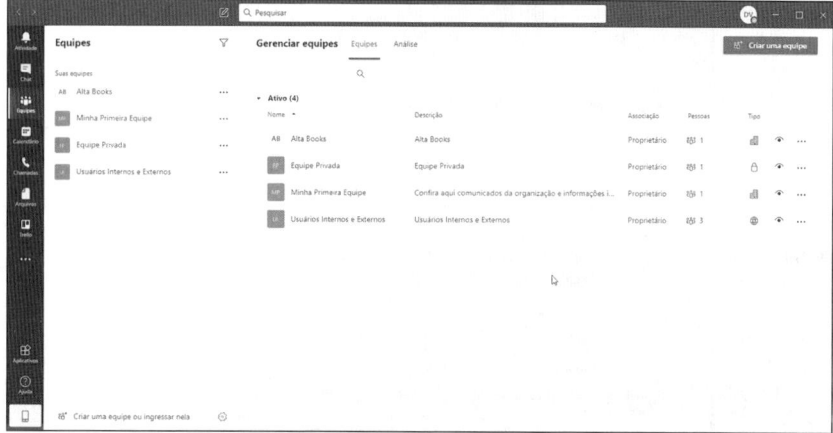

FIGURA 16-3: A tela Gerenciar equipes mostra todas as equipes no modo de visualização de grade.

Com um único clique podemos realizar o seguinte:

- » **Gerenciar equipe:** Essa opção abre as configurações da equipe onde podemos gerenciar membros, convidados e canais; definir a imagem da equipe; configurar permissões de membros e convidados; ver análises; e adicionar e configurar aplicativos. Essas configurações são abordadas no Capítulo 3.
- » **Adicionar canal:** Essa opção possibilita a adição de um novo canal à equipe.
- » **Adicionar membro:** Com essa opção, podemos adicionar um novo membro ou convidado à equipe.
- » **Sair da equipe:** Podemos nos retirar da equipe com essa opção.
- » **Editar equipe:** Essa opção possibilita a edição do nome, da descrição ou das informações de privacidade da equipe, que podem ser Pública, Privada ou Toda a organização, como descrito no Capítulo 3.
- » **Obter link para a equipe:** Podemos obter um link direto para a equipe com essa opção. Em grandes organizações com centenas ou milhares de equipes, acho útil enviar um link para uma equipe específica como um atalho para que um grupo de pessoas se comunique na mesma equipe.
- » **Arquivar equipe:** Podemos arquivar a equipe com essa opção. Isso salva as informações.
- » **Excluir equipe:** Essa opção possibilita excluir a equipe, o que elimina todas as informações contidas nela.

FIGURA 16-4: As reticências fornecem um menu suspenso de opções que afetam a equipe.

Arquivando uma equipe

Arquivar uma equipe a retira da atividade, mas mantém todas as suas informações. Para arquivar uma equipe, siga estes passos:

1. **Clique no ícone da engrenagem que aparece no fim da lista de equipes no painel de navegação à esquerda para abrir a tela Gerenciar equipes.**

   A tela Gerenciar equipes é exibida como mostra a Figura 16-1. Note que, se você for um usuário convidado, verá o link Gerenciar equipes, em vez do ícone da engrenagem sozinho (veja a Figura 16-2).

2. **Selecione as reticências ao lado da equipe que deseja arquivar e selecione Arquivar equipe, como mostra a Figura 16-5.**

   A caixa de diálogo Arquivar equipe aparecerá.

3. **Marque a caixa para tornar o site SharePoint de somente leitura para os membros da equipe, como mostra a Figura 16-6.**

   DICA Cada equipe tem um site SharePoint associado. Recomendo torná-lo de somente leitura marcando a opção na caixa de diálogo Arquivar equipe. Eu já vi um back-end de um site SharePoint de uma equipe arquivada causar muita confusão quando não está definido para somente leitura, porque as pessoas que o favoritaram podiam continuar usando e não tinham ideia de que a equipe associada não estava mais ativa.

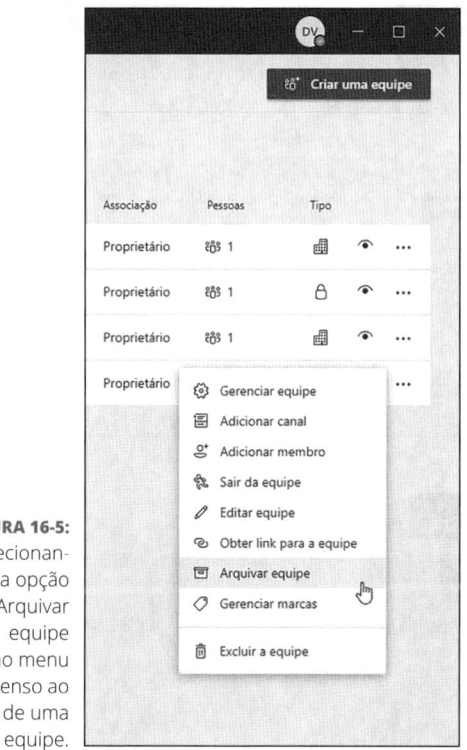

FIGURA 16-5:
Selecionando a opção Arquivar equipe no menu suspenso ao lado de uma equipe.

FIGURA 16-6:
Marcando a opção para tornar de somente leitura o site SharePoint associado.

4. **Selecione Arquivar para mudar a equipe de um status Ativo para Arquivado.**

   A equipe aparece agora na lista Arquivado da tela de gerenciamento de equipes, como mostra a Figura 16-7.

   DICA
   Podemos restaurar qualquer equipe arquivada. Para isso, selecione as reticências ao lado da equipe na lista Arquivado e, depois, Restaurar equipe, como mostra a Figura 16-8.

CAPÍTULO 16 **Liberando Recursos Projetados para Grandes Empresas** 217

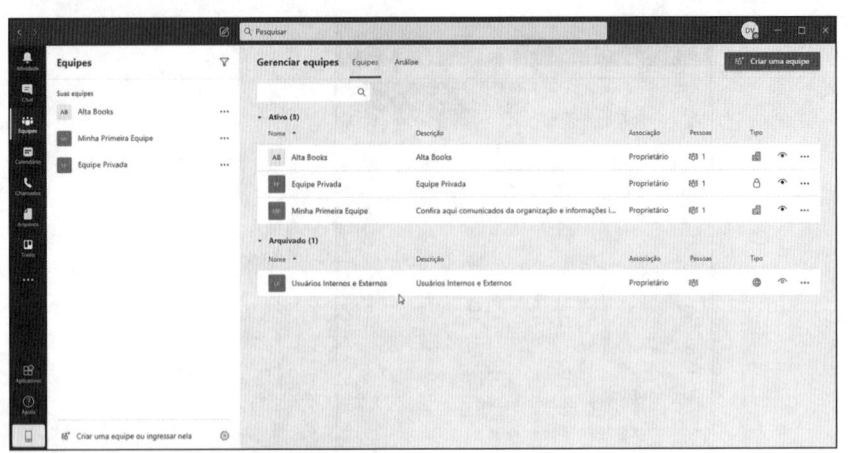

FIGURA 16-7: As equipes arquivadas são movidas para a seção Arquivado da lista de gerencia-mento de equipes.

FIGURA 16-8: Restauran-do uma equipe que foi arquiva-da.

Excluindo uma equipe

Em geral, recomendo arquivar as equipes, porque nunca sabemos quando precisaremos ressuscitá-las no futuro. Entretanto, quando temos certeza de que queremos remover uma equipe e todas as informações contidas nela, podemos excluí-la.

Para excluir uma equipe, siga estes passos:

1. **Clique no ícone da engrenagem que aparece no fim da lista de equipes no painel de navegação à esquerda para abrir a tela Gerenciar equipes.**

    A tela Gerenciar equipes está na Figura 16-1. Note que, se você for um usuário convidado, verá o link Gerenciar equipes apenas (veja a Figura 16-2).

2. **Selecione as reticências ao lado da equipe que deseja excluir e selecione Excluir equipe.**

    A caixa de diálogo Excluir equipe será exibida.

3. **Confirme que você compreende que todas as informações da equipe serão perdidas, depois clique em Excluir equipe, como mostra a Figura 16-9.**

    A equipe será removida da lista, e todas as suas informações serão destruídas.

FIGURA 16-9: Confirmando que a exclusão da equipe elimina todas as informações contidas nela e são perdidas para sempre.

Introduzindo os Engenheiros de Rede

A rede e as conexões de internet em uma organização empresarial são cruciais para o sucesso do Teams. Assim, devemos garantir que temos engenheiros de rede no jogo. O Teams envia e recebe um fluxo constante de tráfego de rede entre sua rede interna e os data centers da Microsoft, onde é hospedado. Além disso, envia tráfego pela sua rede local de modo peer-to-peer, ou seja, se ligarmos para alguém da sala ao lado usando o Teams, os computadores poderão se comunicar diretamente, em vez de passar pela internet. Como o Teams usa amplamente tanto a rede local quanto a conexão de internet, a largura de banda e as exigências devem ser contabilizadas entre todos os dispositivos que usam o Teams. Recursos como chamadas de voz e vídeo, compartilhamento de tela e audioconferências podem utilizar uma quantidade significativa do tráfego da rede, e é importante que essas necessidades sejam compreendidas e atendidas desde o começo.

A Microsoft fornece orientação de rede para engenheiros, que é extremamente técnica, e oferece detalhes técnicos importantes para engenheiros de rede relacionados à velocidade e à quantidade de dados que pode fluir pelas redes.

A Microsoft fornece orientação de rede de duas maneiras:

» **Cliente para Microsoft Edge:** Esse segmento vai do dispositivo do cliente Teams até a borda da rede Microsoft, que a chama confusamente de "Microsoft Edge" — o mesmo nome de seu navegador de preferência. Isso significa que o tráfego vai do dispositivo em que o Teams está rodando (como seu computador), passa pela rede interna da organização, passa pela internet e chega até a rede Microsoft.

» **Customer Edge para Microsoft Edge:** Esse segmento vai da borda da sua rede até a borda da rede Microsoft, ou seja, o tráfego que passa pela internet.

DICA

A Microsoft tem uma grande capacidade incorporada à sua rede, tanto que tem certeza de que, uma vez que o tráfego esteja em sua rede, as coisas ficarão bem. Quando ouvimos o termo "Microsoft edge", a Microsoft não está se referindo a seu produto de navegação, mas, sim, à borda da rede Microsoft.

PAPO DE ESPECIALISTA

A orientação de rede para o Teams fornecida pela Microsoft em seu site é extremamente técnica. Como já mencionado nesta seção, é dividida em duas categorias: Cliente para Microsoft Edge e Customer Edge para Microsoft Edge. Com cada categoria, a Microsoft inclui valores para itens, como latência unidirecional e latência de ida e volta. *Latência* se refere à quantidade de atraso que existe entre uma parte dos dados saindo de um computador e chegando ao outro. A Microsoft também fornece detalhes acerca da perda de dados que ocorre quando dois computadores se comunicam. A internet é projetada para que alguns dados possam ser perdidos ao serem transmitidos por uma rede e ainda manter a conexão geral em bom estado. O termo técnico para isso é *perda de pacote*. O que acontece é que uma parte do mecanismo da rede em algum lugar no meio da rede pode não entregar os dados como esperado. Quando isso acontece, eles são perdidos e o computador recipiente precisa pedir que sejam enviados novamente. Esses aspectos técnicos vão além do escopo deste livro, mas são extremamente importantes para os engenheiros de rede.

A maioria dos engenheiros de rede é muito exigente com suas redes, e com razão. Eles precisam garantir que o tráfego legítimo entre, saia e circule em suas redes, e que o tráfego ruim seja bloqueado. Para isso, quase toda grande rede que vi adotou firewalls de nível empresarial. *Firewall* é um dispositivo de hardware ou software que filtra o tráfego de rede com base em variáveis aparentemente infinitas. Por exemplo, para um computador rodando um servidor web, apenas o tráfego web tem acesso a ele, e todo o restante do tráfego da rede é bloqueado.

O tráfego de rede dos serviços Microsoft usa um número surpreendente de tipos diferentes de portas e protocolos. Tudo isso é crucial para garantir que o Teams seja fácil de usar e funcione como o esperado. Um sábio um dia disse que fazer algo parecer simples é a coisa mais difícil do mundo.

Além do acesso de porta e protocolo, você também encontrará a orientação DNS (Sistema de Nomes de Domínio). Preste muita atenção na resolução DNS. O Microsoft Teams espera ser capaz de encontrar endereços IP (Internet Protocol) para nomes de serviço específicos. A Microsoft mantém uma lista das portas e das entradas de protocolo DNS em seu site e a atualiza com frequência. A lista completa pode ser encontrada em https://docs.microsoft.com/pt-br/office365/enterprise/urls-and-ip-address-ranges.

> **DICA**
> A Microsoft tem um ótimo vídeo disponível no YouTube que apresenta em detalhes o planejamento de rede. Encontre-o no site https://aka.ms/teams-networking.

Dividindo e Conquistando com o Ajuste de Funções Administrativas

Há um número surpreendente de funções (43 atualmente) que podemos usar para dividir deveres administrativos no Microsoft 365 ou no Office 365. A Microsoft os resume em uma tabela em sua documentação. Incluído na lista está o Administrador do Teams, cuja função é descrita como: ter acesso total ao centro administrativo do Teams e do Skype, gerenciar grupos do Office 365 e pedidos de serviços e monitorar a integridade dos serviços. Outras funções se relacionam a outros serviços e recursos, e incluem Administradores de Faturamento, Conformidade, Segurança, Licenças e Usuário, por exemplo.

> **DICA**
> *Monitorar a integridade do serviço* se refere à integridade dos serviços que formam a assinatura do Microsoft 365 ou do Office 365. O Teams é um deles, e há muitos outros, incluindo o SharePoint para gerenciamento de conteúdo e o Exchange para e-mails.

Recomendo que organizações empresariais se familiarizem com os diferentes tipos de administradores do Microsoft 365 e do Office 365, e aproveitem seu uso para dividir e focar as tarefas. A tabela completa das funções administrativas e suas descrições pode ser encontrada em https://docs.microsoft.com/pt-br/office365/admin/add-users/about-admin-roles?view=o365-worldwide.

> **DICA**
> Grandes organizações podem se beneficiar criando funções específicas e níveis de administração e supervisão.

> **DICA**
> O Microsoft Teams é um serviço que faz parte da assinatura do Microsoft 365 ou do Office 365. Como resultado, a administração do Teams está extremamente ligada à de todos os serviços oferecidos nessas assinaturas. Preste atenção também nas funções administrativas do SharePoint. Quando este livro foi para a impressão, a Microsoft havia acabado de reorganizar e colocar o SharePoint, o OneDrive e o Teams sob a liderança de Jeff Teper. Ele é muito famoso como líder do produto SharePoint, e vejo isso como uma evolução dos laços entre o SharePoint e o Teams. Uma observação engraçada: na conferência Microsoft Ignite de 2019, um dos líderes da comunidade encenou um casamento entre o Teams e o SharePoint, talvez preparando o cenário para a reorganização que estamos vendo agora.

Criando uma Política para Reter ou Excluir Conteúdo

O Centro de Administração do Teams fornece inúmeras opções para customizar e configurar o Teams para grandes organizações. Um agrupamento de configurações é conhecido como *política*, e há muitos tipos diferentes que podem ser definidos no Teams. As políticas no Centro de Administração do Teams são abordadas nos Capítulos 13 e 14.

Uma política que acho útil para grandes organizações trata da retenção de conteúdo. Podemos definir uma política para reter conteúdo a fim de que ele não seja excluído. Também podemos definir uma política para excluir conteúdo depois de um período de validade. As políticas de retenção são estabelecidas no Centro de Conformidade e Segurança, que é acessado pelo Centro de Administração do Microsoft 365 ou do Office 365.

Para criar uma política de retenção, siga estes passos:

1. **Abra seu navegador e faça login no Centro de Conformidade e Segurança em** `https://protection.office.com`.

   > **DICA**
   > Você precisa ser administrador de sua assinatura Microsoft 365 ou Office 365 para fazer login no Centro de Administração de Conformidade e Segurança.

2. **No painel de navegação, expanda Governança de informações e, depois, selecione Retenção.**

3. **Clique em Criar para começar a criar uma nova política de retenção, como mostra a Figura 16-10.**

FIGURA 16-10:
Criando uma política de retenção no Centro de Administração de Conformidade e Segurança.

4. **Forneça um nome e uma descrição para a política, e clique em Próximo.**

5. **Selecione por quanto tempo deseja reter o conteúdo e clique em Próximo.**

   Você também pode decidir excluir o conteúdo depois de uma data de validade nessa tela.

6. **Escolha os serviços nos quais a política de retenção será aplicada.**

   Role a tela até o final e habilite Mensagens de Canal do Teams e Chats do Teams para garantir que a política seja aplicada ao Teams, como mostra a Figura 16-11.

7. **Escolha a quais equipes e usuários a política de retenção deve ser aplicada ou excluída, e clique em Próximo.**

   Por padrão, todas as equipes e usuários são cobertos pela política.

8. **Revise suas configurações e clique em Criar política, como mostra a Figura 16-12.**

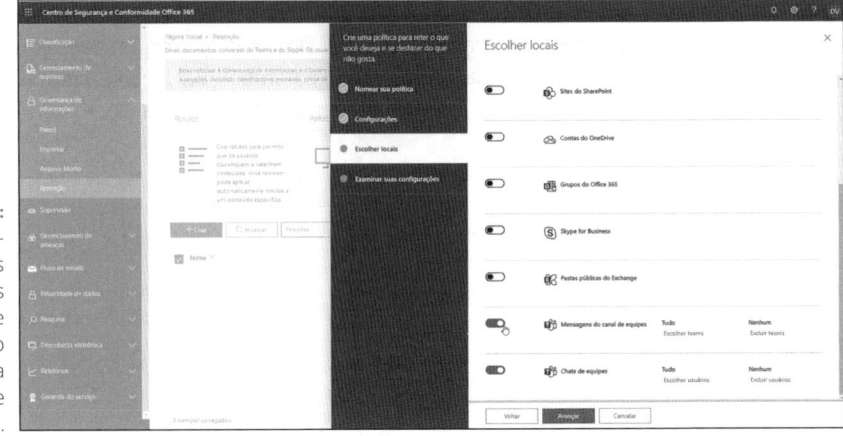

FIGURA 16-11:
Habilitando as mensagens de canal e chats do Teams na política de retenção.

CAPÍTULO 16 **Liberando Recursos Projetados para Grandes Empresas** 223

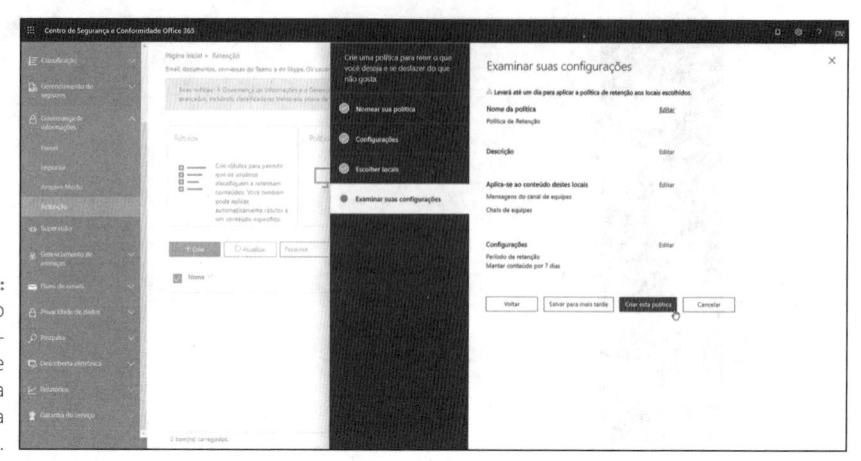

FIGURA 16-12: Revisando as configurações e criando uma nova política de retenção.

> **DICA**
> Uma política de retenção pode ser usada para abordar exigências de conformidade tanto no nível corporativo quanto no regulatório.

> **DICA**
> Você também pode definir uma política de retenção que exclua os dados automaticamente depois de determinado tempo de validade.

Explorando os Recursos Empresariais de Voz

A Microsoft oferece o cloud voice, que fornece recursos empresariais para grandes organizações. Ele inclui opções para conectar sua rede telefônica interna à Rede Pública de Telefonia Comutada (RPTC) e usar suas capacidades existentes do sistema PBX (Private Branch eXchange). Esses tópicos vão além do escopo deste livro, mas você deve ter ciência de que eles existem. A Microsoft mudou a marca de algumas dessas ofertas, no entanto, produtos e capacidades permanecem praticamente iguais. Descobri que organizações mais antigas já têm hardware especializado, como sistemas PBX locais, e que os engenheiros de telecomunicação ficaram felizes em saber que a Microsoft suporta esse equipamento.

DICA

Grandes organizações ficaram felizes em saber que a Microsoft tem muitas ofertas que fornecem integração com o equipamento da rede telefônica e as conexões de rede existentes. Cenários avançados são muito comuns em empresas já estabelecidas, e a Microsoft se esforçou muito para garantir que o Teams funcione em quase todas as situações.

PAPO DE ESPECIALISTA

Quando sua organização tem alguns produtos instalados localmente e eles se conectam ao Teams, que é hospedado pela Microsoft, o termo geralmente usado para descrever esses produtos é *híbridos*. Isso significa que o Teams usa uma abordagem híbrida que inclui alguns dos recursos de sua organização e alguns da Microsoft. Também devo observar que já ouvi a Microsoft usar o termo *híbrido* para se referir a algumas pessoas de sua organização que utilizam o antigo Skype for Business e outras usando o novo Teams. Você pode ler sobre essa abordagem "híbrida" na documentação da Microsoft, mas recomendo que pense em um ambiente híbrido como a combinação de alguns produtos hospedados e gerenciados por sua própria TI interna e outros hospedados e gerenciados pela Microsoft em seu data center.

Relatórios e Análises

No Capítulo 13, apresento o Centro de Administração do Teams e menciono onde encontrar relatórios. Os relatórios e as análises são cruciais para organizações maiores a fim de obter um panorama de como as pessoas estão usando o Teams e as áreas que precisam ser melhoradas.

Podemos utilizar o Relatório de Uso do Teams para ver como os usuários ativos estão se saindo e em que canais e chats estão ativos. Podemos ver quantos convidados estão em uma equipe e suas configurações de privacidade ou podemos usar o Relatório de Atividade de Usuários do Teams para ver de quantas chamadas particulares um usuário participou ou quanto ele é ativo em um canal ou chat. Também encontramos relatórios sobre os dispositivos usados e o quanto são usados. Finalmente, temos relatórios sobre eventos ao vivo e vários sobre o uso da RPTC.

Recomendo que você se familiarize com todos esses relatórios e os revise com frequência como parte de um processo. Eles são úteis para pessoas de toda a organização, incluindo as equipes de TI, redes, desenvolvimento e adoção.

DICA

Os relatórios estão disponíveis no Centro de Administração do Teams. No painel de navegação à esquerda, selecione Análises e Relatórios, depois selecione o relatório que deseja ver.

Anteriormente, falamos sobre como podemos ver e gerenciar todas as equipes em uma grade. Podemos usar uma visualização similar para observar informações de análises sobre as equipes. Para ver as análises de todas suas equipes, siga estes passos:

1. **Clique no ícone de engrenagem que aparece no final da lista de equipes no painel de navegação à esquerda para abrir a tela Gerenciar equipes.**

   A tela Gerenciar equipes será exibida, como mostra a Figura 16-1. Note que, se você for um usuário convidado, verá um link Gerenciar equipes apenas (veja a Figura 16-2).

2. **Selecione Análise no topo da tela para mudar para a visualização de Análise, como mostra a Figura 16-13.**

   A visualização de Análise mostra o nome da equipe, o número de usuários ativos, pessoas, convidados e mensagens, além do tipo de equipe.

> **DICA**
> Podemos clicar no nome de uma equipe e ir para a visualização de Análise nas configurações dessa equipe.

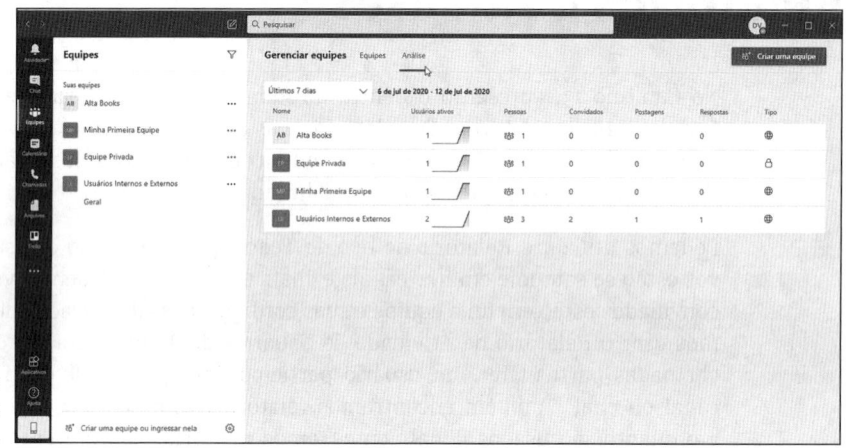

FIGURA 16-13: Veja as análises de todas as equipes.

Fazendo a Atualização do Skype for Business para o Teams

O esforço requerido para mudar do Skype for Business para o Teams depende muito da versão do Skype for Business que sua empresa usa: versão local ou online. Se estiver usando a local (o que significa que seu próprio departamento de TI é responsável pelos servidores e software que a executam), você passará de uma solução gerenciada internamente para uma solução na nuvem gerenciada pela Microsoft. Eu já vi isso complicar quando a equipe de TI sempre foi responsável pelos sistemas de comunicação e, de repente, precisa passar essa tarefa para a Microsoft.

Se estiver mudando da versão online para o Teams, já está usando uma solução gerenciada pela Microsoft, e o processo é muito simples. A Microsoft respondeu ao problema que várias organizações relataram oferecendo uma estrutura e orientação para ajudá-las a migrar os usuários para o Teams de forma ordenada. Use seu mecanismo de busca favorito e procure *estrutura de atualização do Microsoft Teams*. Ela inclui orientações sobre como fazer a transição de uma grande organização do Skype for Business para o Teams.

> **DICA**
>
> Se sua organização estiver usando o Skype for Business, é preciso mudar para o Teams o quanto antes. A Microsoft anunciou que o Skype for Business Online será aposentado em 2021.

Obtendo Ajuda de Especialistas

O conselho mais importante que tenho para dar em relação a grandes organizações é pedir conselhos a um especialista em Microsoft Teams. A Microsoft mantém um nível de alta qualidade para sua designação de MVP (Most Valuable Professional), e essas pessoas sabem o que estão fazendo. Os MVPs da Microsoft geralmente são consultores e trabalham com muitas empresas. Eles têm experiência em praticamente todos os problemas que você possa imaginar, e seu conhecimento e insight são um investimento que vale a pena ser feito.

Você encontra uma lista dos MVPs da Microsoft em `https://mvp.microsoft.com`. Clique em Encontrar um MVP no topo da página e filtre por Office Apps and Services. Você também pode limitar sua pesquisa à sua região geográfica.

> **NESTE CAPÍTULO**
>
> » Observando modos de usar o Teams em áreas específicas
>
> » Vendo o Teams na educação
>
> » Aproveitando o Teams para trabalhos em turnos
>
> » Usando o Teams em agências de saúde e governamentais

Capítulo **17**

Aprendendo como o Teams Acolhe Necessidades Específicas

Áreas diferentes têm necessidades diferentes quando se trata de software e sistemas de comunicação. O modo como um hospital ou um consultório médico usa o Microsoft Teams pode ser totalmente diferente de como uma fábrica ou uma agência governamental o utiliza.

Neste capítulo, você aprenderá a aproveitar o Teams ao máximo em diferentes áreas. Aprenderá como ele pode ser usado na educação, no sistema de saúde e no governo. E compreenderá como pode adaptar o Teams às necessidades de sua própria área.

Aproveitando o Teams ao Máximo na Educação

A Microsoft oferece assinaturas especiais do Office 365 para a educação (assinaturas A1, A3 e A5 do Office 365), projetadas especialmente para a utilização em escolas. Dentro dessas assinaturas há templates especiais para o Teams especificamente projetados para professores e alunos. No Capítulo 1, você aprende a fazer uma nova assinatura. Se for educador, poderá fazer uma assinatura especificamente destinada para a educação.

DICA Encontre mais informações sobre esses planos em `https://www.microsoft.com/pt-br/microsoft-365/academic/compare-office-365-education-plans`.

Com uma assinatura educacional A1, A3 ou A5 do Office 365, você pode criar uma equipe para a turma (a criação de uma nova equipe é abordada no Capítulo 3). É um tipo que pode ser selecionado ao criar uma nova equipe, e só está disponível dentro da assinatura educacional. Essa equipe é projetada para que o professor interaja com os alunos em sala. O professor cria a equipe e adiciona alunos e professores auxiliares, e pode guiar os alunos para que colaborem e trabalhem em canais, compartilhem arquivos e entreguem tarefas.

LEMBRE-SE Você só poderá criar uma equipe de turma se tiver uma assinatura educacional do Office 365. Essas assinaturas são A1, A3 e A5. O Teams está incluso em todas as assinaturas, e a A1 é gratuita.

A Microsoft fornece um vídeo interativo que ensina os professores a usar o Teams em suas aulas. O vídeo inclui exemplos de um professor de Biologia gerenciando e colaborando com uma turma enquanto os alunos fazem seus trabalhos. Confira em `https://discover.microsoft.com/digital-education-demo`.

DICA O Microsoft Teams é apenas um aspecto das assinaturas educacionais do Office 365. Você também obterá as aplicações de cliente Office padrões que muitos conhecem e amam, como o Word, o Excel, o PowerPoint, o OneNote e o Outlook. Na minha opinião, o Teams é uma das partes mais importantes da assinatura, pois fornece uma ferramenta para que professores e alunos se comuniquem e colaborem. No entanto, outros aspectos úteis da assinatura incluem cadernos da turma e dos funcionários, storytelling digital, grupos comunitários de aprendizado profissional e a utilização do Microsoft Forms para pontuar testes.

Usando o Teams com o FlipGrid

FlipGrid é uma plataforma social de aprendizagem projetada para salas de aula da pré-escola até o doutorado, e pode ser encontrada em `https://flipgrid.com`. Ele oferece uma plataforma para educadores criarem locais de reunião online, chamados Grids [grades], e adicionar tópicos a eles. Os alunos se reúnem, discutem os tópicos e aprendem com o educador. A Microsoft ficou tão impressionada com o FlipGrid, que comprou a empresa e começou a integrá-lo ao restante de seus serviços.

O aplicativo FlipGrid é muito bem integrado ao Teams, possibilitando seu uso sem sair do ambiente Teams (no Capítulo 5, falamos sobre adicionar aplicativos ao Teams). O aplicativo FlipGrid pode ser encontrado na categoria Educação, como mostra a Figura 17-1.

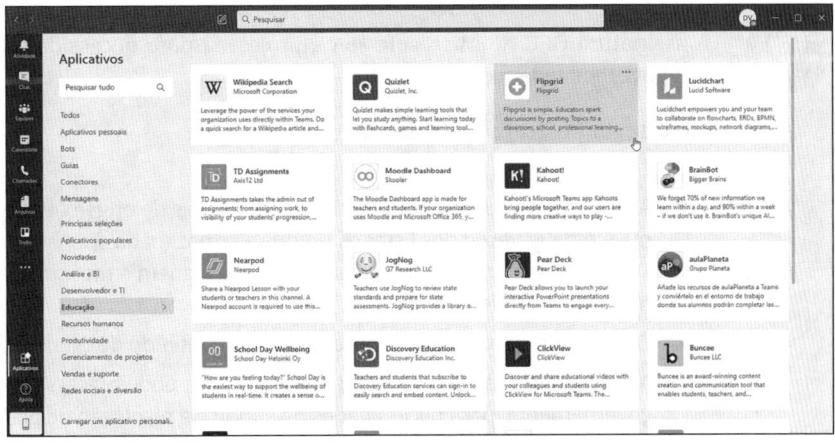

FIGURA 17-1: Adicionando o aplicativo FlipGrid a uma equipe do Teams.

Note que esse aplicativo utiliza o conjunto de permissões na tela Permissões do Teams (acesse essa tela selecionando Configurações no menu suspenso do perfil). O FlipGrid pedirá permissão quando o aplicativo precisar acessar um recurso em seu computador, como microfone ou câmera, para que você possa gravar a partir do Teams. Sempre será possível voltar às configurações e remover o acesso ou limitá-lo a qualquer momento para seu dispositivo (veja no Capítulo 5 mais sobre a definição de permissões de aplicativos para dispositivos externos).

Modernizando o Governo com o Teams

O governo dos Estados Unidos usa os produtos Microsoft há anos e tem adotado o Teams para se manter atualizado. Os funcionários do governo usam o Teams para se comunicar e colaborar. Governos em geral têm considerações específicas para qualquer software, e a Microsoft tem sido muito acolhedora com a oferta Government Cloud Computing (GCC) do Microsoft 365. Para agências confidenciais, a Microsoft oferece o GCC High.

DICA A assinatura GCC do Microsoft 365 é projetada para necessidades específicas dos governos federal, estadual, local e tribal.

Os recursos do Teams específicos do GCC incluem:

» Armazenamento do conteúdo do cliente no país de origem. Por exemplo, a nuvem do governo dos Estados Unidos é armazenada apenas dentro do país. Também há ofertas para outros países que seguem o mesmo design, como na China e na Alemanha.

» O conteúdo governamental é separado do conteúdo do cliente comercial.

» Apenas funcionários selecionados da Microsoft podem acessar o conteúdo governamental para necessidades de suporte e resolução de problemas.

» Todos os recursos estão em conformidade com as certificações e os credenciamentos únicos exigidos pelo governo relevante.

DICA Se estiver usando o Teams como parte de uma oferta governamental, a boa notícia é que tudo o que é tratado neste livro também se relaciona a você. A principal diferença no Teams governamental é o modo como se faz a assinatura inicial do Microsoft 365 ou do Office 365. Quando o Teams fica disponível, é possível usar todos os recursos apresentados neste livro.

A Microsoft virou notícia em 2019 quando anunciou que o Departamento de Defesa dos Estados Unidos escolheu a nuvem da Microsoft. O contrato do Pentágono, conhecido como JEDI (Joint Enterprise Defense Infrastructure), foi avaliado em US$10.000.000.000,00. Isso mesmo, 10 bilhões de dólares!

Aproveitando o Teams para Empresas de Consultoria e Serviços

O uso do Teams em pequenas e médias empresas é abordado no Capítulo 15, e as informações desse capítulo se aplicam também a empresas de consultoria e serviços. Notei que essas empresas usam muito o acesso de convidado e capacidades de audioconferências do Teams. Se você se vir em diversas audioconferências, confira a realização de reuniões no Teams no Capítulo 9 e a configuração de serviços de audioconferências no Capítulo 11. Também recomendo conferir o Capítulo 7 para ter mais informações sobre trabalhar com usuários convidados.

Mantendo a Saúde com o Teams na Assistência Médica

Hospitais e provedores de assistência médica têm necessidades específicas da área em relação à privacidade do paciente e ao gerenciamento de dados segundo o Portability and Accountability Act (HIPAA). A Microsoft trabalhou com reguladores governamentais para garantir que o Teams esteja em conformidade com esses cenários. Usando o Teams, os provedores de assistência médica podem enviar mensagens para os pacientes com segurança, coordenar e colaborar com procedimentos, fornecer assistência médica remota (telessaúde) e gerenciar prontuários de pacientes usando o formato padrão do prontuário eletrônico (EHR).

A Microsoft está desenvolvendo um aplicativo Teams projetado especificamente para a área da saúde. Ele se chama Patients, é projetado para usar o formato de prontuário eletrônico padrão e permite que os provedores gerenciem os prontuários dos pacientes a partir de um canal do Teams. O aplicativo pode ser instalado em telefones celulares para profissionais da saúde que atendem fora ou usado nas versões desktop e web do Teams.

> **DICA** A Microsoft fez um vídeo que mostra como o Teams pode ser usado na área da saúde. Vale a pena conferir se essa for sua área de atuação. Encontre-o em `https://products.office.com/pt-br/microsoft-teams/healthcare-solutions`.

Modernizando o Varejo com o Teams

A Microsoft oferece dois templates do Teams destinados a lojas de varejo modernas: um de loja e um de colaboração do gerente. Ao criar uma equipe com um desses templates, ela incluirá automaticamente os canais, os aplicativos e as configurações necessárias projetadas pela Microsoft.

O template de loja cria automaticamente dois canais para a equipe, chamados Troca de Turno [Shifts Handoff] e Aprendizagem [Learning], e ambos são automaticamente definidos como favoritos para todos da equipe. Ele também faz as configurações da equipe para lojas de varejo. Por exemplo, a equipe é definida para pública, então é vista por todos os membros da organização. Além disso, as permissões são protegidas para que os membros não possam criar ou gerenciar canais, adicionar ou remover aplicativos ou conectores, nem adicionar ou atualizar guias (veja mais sobre o funcionamento dos canais no Capítulo 4).

PAPO DE ESPECIALISTA

O uso dos templates do Teams é algo que precisa ser feito por um desenvolvedor. Eles são destinados a organizações que precisam criar muitas equipes com as mesmas configurações. As capacidades de template usam a API Microsoft Graph subjacente. A interface usa uma tecnologia web conhecida como REST (Representational State Transfer). Uma amostra de Request e Response é exibida na Figura 17-2.

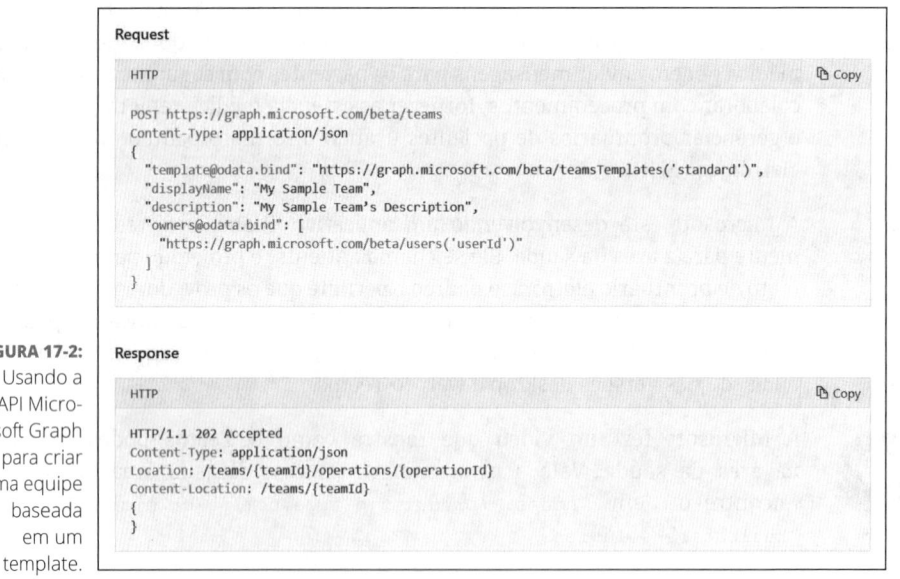

```
Request

HTTP                                                              Copy

POST https://graph.microsoft.com/beta/teams
Content-Type: application/json
{
    "template@odata.bind": "https://graph.microsoft.com/beta/teamsTemplates('standard')",
    "displayName": "My Sample Team",
    "description": "My Sample Team's Description",
    "owners@odata.bind": [
        "https://graph.microsoft.com/beta/users('userId')"
    ]
}
```

```
Response

HTTP                                                              Copy

HTTP/1.1 202 Accepted
Content-Type: application/json
Location: /teams/{teamId}/operations/{operationId}
Content-Location: /teams/{teamId}
{
}
```

FIGURA 17-2: Usando a API Microsoft Graph para criar uma equipe baseada em um template.

Aproveitando o Teams para Trabalhadores de Linha de Frente

Os *trabalhadores de linha de frente* fazem parte de quase todas as áreas e interagem diretamente com os clientes da organização. São, por exemplo, agentes hoteleiros, comissários de bordo, funcionários hospitalares, vendedores, garçons, atendentes de loja e equipes de campo. Os trabalhadores de linha de frente em geral não ficam sentados diante de um computador, eles normalmente se movem e interagem de forma direta com clientes. O Teams inclui diversos recursos específicos para as necessidades especiais desses trabalhadores.

O aplicativo Shifts no Teams é projetado para trabalhadores de linha de frente que fazem turnos. Eles têm necessidades únicas, como se inscrever em turnos, bater ponto na entrada e saída, rever cronogramas, requisitar folga e trocar de turno com outras pessoas.

O aplicativo Shifts pode ser encontrado no painel de navegação à esquerda do Teams, como mostra a Figura 17-3. Se não estiver visível, clique em Mais aplicativos para encontrá-lo na loja. Os aplicativos são abordados mais detalhadamente no Capítulo 5.

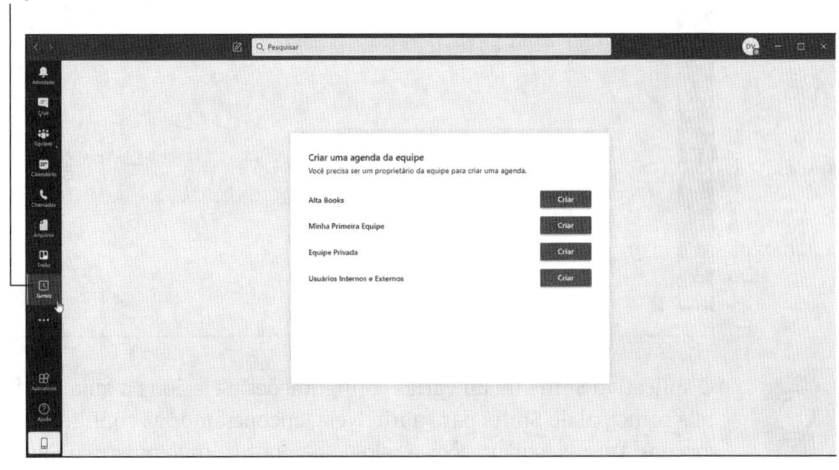

FIGURA 17-3: O aplicativo Shifts no Teams.

Quando abrimos o Shifts pela primeira vez, temos a opção de criar um cronograma para cada equipe. O Teams primeiro precisa saber qual é o fuso horário mais próximo da sua cidade, como mostra a Figura 17-4. Uma vez confirmado, o aplicativo Shifts será configurado e oferecerá um tour. A lista de cronogramas e turnos será exibida, como mostra a Figura 17-5. Podemos adicionar novos grupos e turnos, assim como faríamos no calendário.

As solicitações podem ser gerenciadas clicando na guia Solicitações no topo da tela. Podemos fazer solicitação de folga, troca de turno ou oferta de turno já ocupado para outra pessoa, como mostra a Figura 17-6.

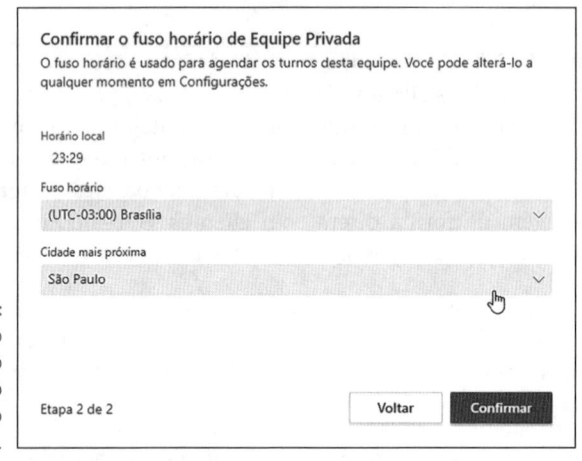

FIGURA 17-4: Definindo um fuso horário no aplicativo Shifts.

FIGURA 17-5: Veja cronogramas e turnos no aplicativo Shifts do Teams.

DICA

O aplicativo Shifts inclui várias configurações. Selecione a guia Configurações na tela principal do Shifts para abrir. Nela, encontramos as configurações de cronogramas, turnos, solicitações e relógio de ponto, como mostra a Figura 17-7.

O Shifts foi criado depois que um serviço individual chamado StaffHub foi incluído no Teams. A Microsoft está para transformar o Teams no aplicativo central da maioria de seus outros serviços, e o Shifts apresenta a direção que outros cenários também tomarão.

FIGURA 17-6: Fazendo uma solicitação de turno no aplicativo Shifts no Teams.

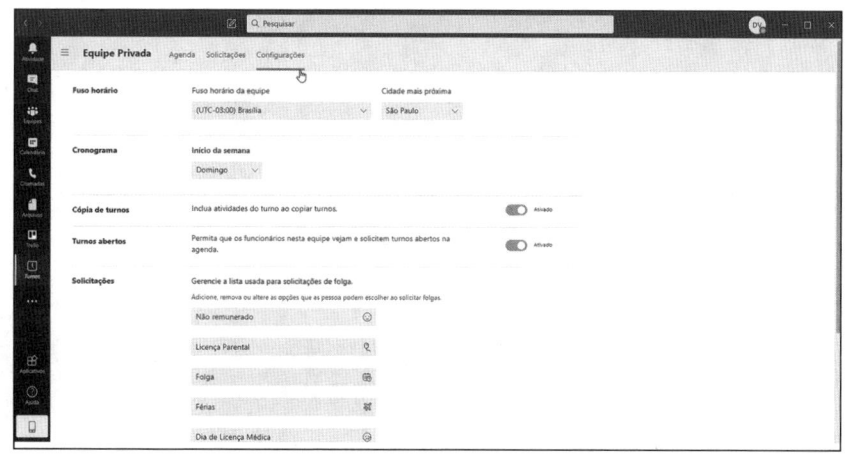

FIGURA 17-7: Configurando o aplicativo Shifts.

CAPÍTULO 17 **Aprendendo como o Teams Acolhe Necessidades Específicas** 237

7
A Parte dos Dez

NESTA PARTE...

Descubra como ser o mais eficiente possível organizando, agendando e conduzindo uma reunião.

Aprenda a manter o ruído de reuniões sob controle, use uma lousa branca e compartilhe sua tela durante uma reunião.

Aprenda a capturar e reter notas de uma reunião do Teams.

Descubra aplicativos disponíveis para o Teams para ajudar no planejamento, no desenvolvimento, na produtividade e no atendimento ao cliente.

Descubra onde obter mais informações sobre o Teams.

> **NESTE CAPÍTULO**
>
> » Descobrindo como manter as reuniões do Teams mais organizadas
>
> » Conversando, tomando notas e usando uma lousa branca
>
> » Compartilhando sua tela e controlando telas alheias
>
> » Descobrindo como capturar e reter notas de uma reunião

Capítulo **18**

Dez Dicas para Melhorar as Reuniões no Teams

Todos temos uma boa quantidade de reuniões. Parece não haver um dia que passemos sem participar de pelo menos uma reunião, ou muitas. Eu já participei até de reuniões que foram feitas para planejar reuniões futuras.

Existem vários tipos de reuniões com a única constante sendo preencher nossa agenda. Com tantas reuniões no colo, é importante ser o mais eficiente possível ao organizar, agendar e conduzi-las. Felizmente, o Microsoft Teams inclui vários recursos particularmente úteis para a eficiência das reuniões. Neste capítulo, compartilho minhas dez dicas principais para conduzir reuniões melhores no Teams.

Conversas Durante uma Reunião

O que mais faço no Microsoft Teams é conversar com outras pessoas. E acho especialmente útil poder conversar com colegas durante uma reunião do Teams. Um chat de grupo é criado automaticamente no início de toda reunião do Teams que inclui todos seus participantes. A janela do chat aparece à direita da tela. Enquanto a reunião se desenrola e as pessoas fazem suas apresentações e falam por áudio, outras podem conversar na janela do chat. Esse mecanismo simples comprova ser incrivelmente poderoso. Por exemplo, suponha que você tenha perdido o que um dos apresentadores falou. Em vez de interromper toda a reunião e pedir que ele repita, pode apenas digitar no chat e pedir que alguém esclareça ou preencha essa lacuna. Já me vi fazendo isso muitas vezes em grandes reuniões.

Depois do fim de uma reunião, o chat continua ativo, e qualquer pessoa pode postar mensagens. Para reuniões recorrentes, o chat continuará entre elas, então há sempre um registro das reuniões anteriores e todos os convidados podem entrar no chat para as reuniões posteriores. Já vi grandes empresas usarem isso para acompanhar itens de reuniões vindouras. As pessoas postam nos chats de reuniões recorrentes durante a semana e durante a reunião, a equipe revisa o chat e discute os itens.

DICA Gosto de desligar as notificações de mensagens durante uma reunião se muitas pessoas estão conversando enquanto alguém fala no áudio. A notificação pode soar com cada mensagem, e acho que isso acaba me distraindo. A opção para desativar o som de mensagens está na seção de notificações das suas configurações. Clique na imagem do perfil que aparece à direita superior da tela do Teams e selecione Configurações. No menu suspenso, selecione Notificações e procure a seção chamada Outros. Lá haverá a configuração para Sons de notificação que pode ser desativada.

Capturando uma Reunião com uma Gravação

Não sei dizer quantas vezes uma gravação de reunião poupou minha equipe de muita dor de cabeça. A gravação captura tudo o que aconteceu na reunião. Ela pode ser compartilhada com outras pessoas que não participaram e revisadas por aqueles que participaram. Se todos concordarem com a gravação da reunião, recomendo que o faça.

DICA

O Teams não permite gravar chamadas com duas pessoas ou menos devido às considerações de privacidade. Quando ela tem mais de duas pessoas, transforma-se em uma reunião e pode ser gravada.

O Teams notifica os participantes da reunião quando a gravação começa. No entanto, gosto de garantir que todos estejam completamente esclarecidos e confortáveis com a gravação com antecedência, para que não haja problemas mais tarde.

É fácil gravar uma reunião no Teams. Para começar:

1. **Entre em uma reunião ou inicie uma nova.**

2. **Abra os controles de reunião selecionando as reticências na barra de ferramentas.**

3. **Selecione Começar gravação no menu suspenso que surge, como mostra a Figura 18-1.**

   Quando a gravação começar, todos os participantes serão informados.

4. **Para finalizar, clique novamente nas reticências e selecione Parar gravação.**

   Você também pode finalizar a gravação encerrando a reunião.

   A gravação ficará disponível no canal da reunião, como mostra a Figura 18-2. Todos do canal podem clicar nela para assisti-la.

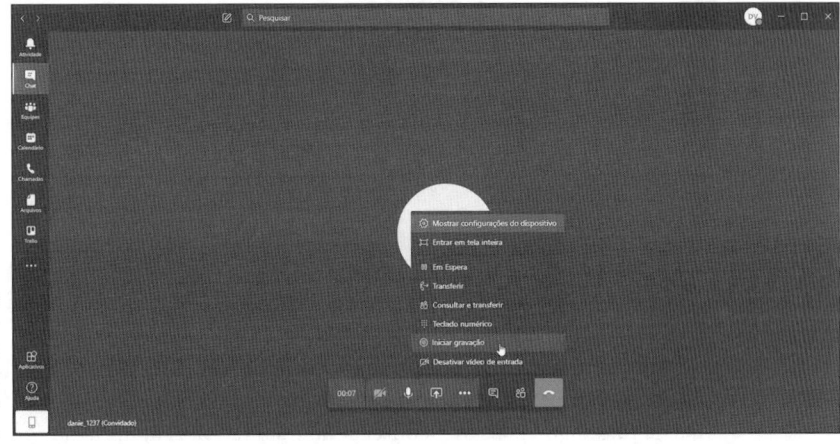

FIGURA 18-1: Começando a gravação de uma reunião do Teams.

A gravação de uma reunião é algo extremamente poderoso. Podemos compartilhá-la com outras pessoas que não puderam participar ou usá-la mais tarde como lembrete do que foi discutido e/ou decidido. A gravação em si está em um serviço chamado Microsoft Stream. Podemos obter um link direto para a reunião selecionando as reticências da gravação no canal e, depois, Obter link, como mostra a Figura 18-3. Além disso, podemos abrir a gravação diretamente no Stream ou até transformá-la em uma guia própria no canal.

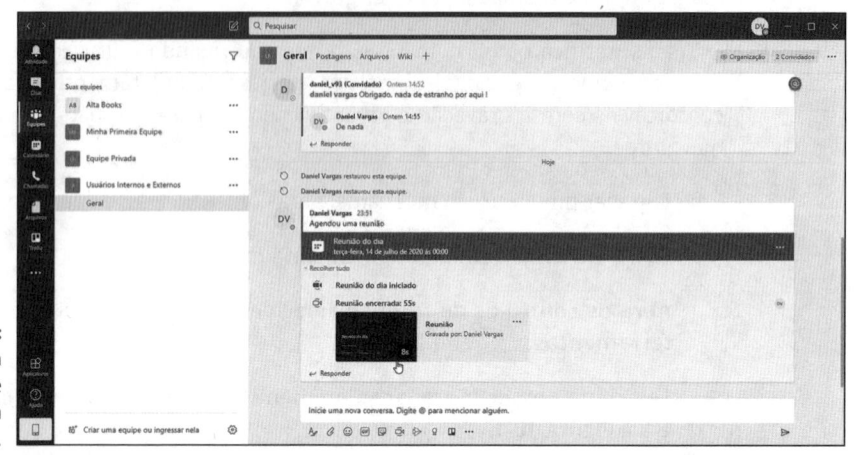

FIGURA 18-2: Vendo a gravação de reunião em um canal.

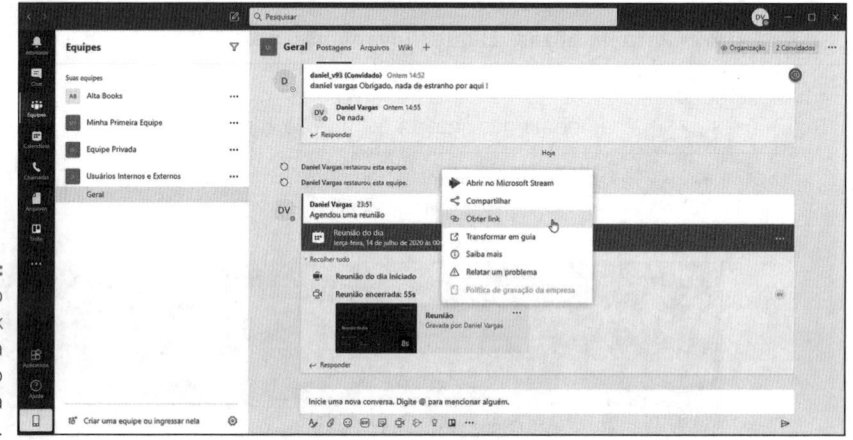

FIGURA 18-3: Obtendo um link direto para a gravação de uma reunião.

Controlando o Ruído

Quando estou em uma reunião, gosto de deixar meu microfone desligado, a não ser que eu esteja falando. Assim os outros participantes não escutam barulhos de fundo que possam acontecer ao meu redor. A maioria das pessoas segue essa mesma etiqueta de reuniões, mas às vezes alguém pode se esquecer. Um participante pode pedir que todos desliguem seus microfones, mas isso pode interromper a reunião.

Quando estamos em uma reunião do Teams, podemos silenciar o microfone de outros participantes. Já usei isso diversas vezes quando o microfone alheio capta barulhos de fundo, como cachorros latindo, mas não quero interromper a reunião para pedir que a pessoa desligue seu microfone.

Para silenciar os participantes de uma reunião, vá à lista que aparece do lado direito da janela de reuniões, selecione o nome da pessoa e escolha Silenciar participante. Para silenciar todos, selecione Silenciar todos. Ambas as opções aparecem na Figura 18-4. Os participantes silenciados serão notificados e poderão desfazer essa ação a qualquer momento.

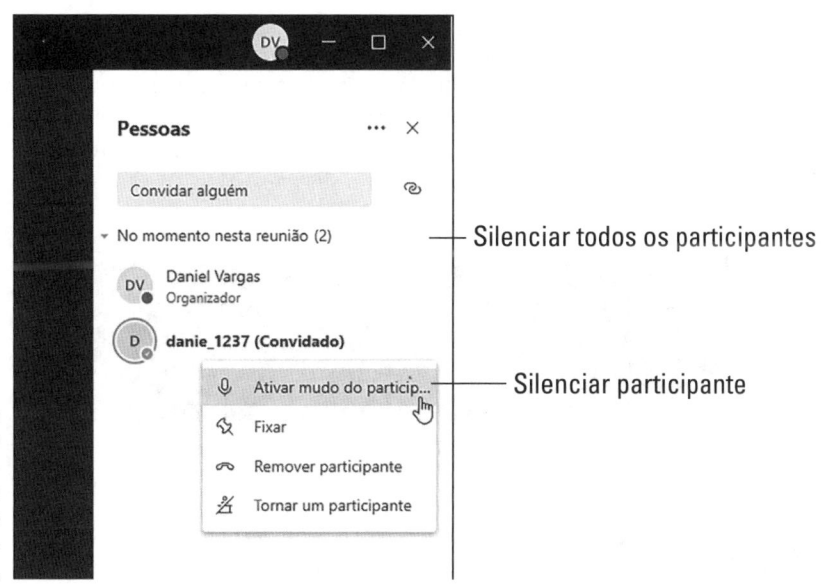

FIGURA 18-4: Silenciando o microfone de um participante na reunião do Teams.

DICA Depois de silenciar alguém, vale a pena enviar uma mensagem de chat privado para essa pessoa para informá-la do porquê. Quase sempre que fiz isso, a pessoa me agradeceu e me informou que tinha saído para pegar um café ou usar o banheiro e se esqueceu de desligar o microfone.

Desfocando o Plano de Fundo

Eu adoro a flexibilidade de poder realizar uma reunião com membros da equipe em qualquer lugar em que exista uma conexão de internet. E utilizar o vídeo acrescenta um valor tremendo à reunião, mas também inclui um desafio. E se você estiver em um lugar que não queira que as pessoas saibam? Por exemplo, geralmente participo de reuniões quando estou em casa, em vez de ir até o escritório. Quando sento à mesa da minha cozinha, é possível ver nossa despensa temporária entreaberta ao fundo. Seria ótimo como fundo para uma reunião de chefs de cozinha, mas pode ser uma distração para qualquer outro tipo de reunião.

O Teams tem um recurso legal que permite desfocar o plano de fundo, mas mantém o foco no seu rosto em uma chamada de vídeo. Todos os participantes da reunião conseguem vê-lo claramente, mesmo quando move a cabeça enquanto fala, mas qualquer coisa atrás e no fundo fica desfocada. Não precisa mais se preocupar com qualquer roupa suja, literalmente, que possa aparecer sem seu conhecimento!

Antes de entrar em uma reunião, você recebe opções para habilitar sua câmera e microfone. Entre elas existe uma para desfocar, como mostra a Figura 18-5, que pode ser usada para tirar o foco do plano de fundo. Quando essa opção é ativada, o fundo sai de foco, mas o rosto permanece. Se já estiver em uma reunião, essa opção pode ser encontrada no menu suspenso Mais ações, como mostra a Figura 18-6.

FIGURA 18-5: Desfocando o plano de fundo antes de entrar em uma reunião.

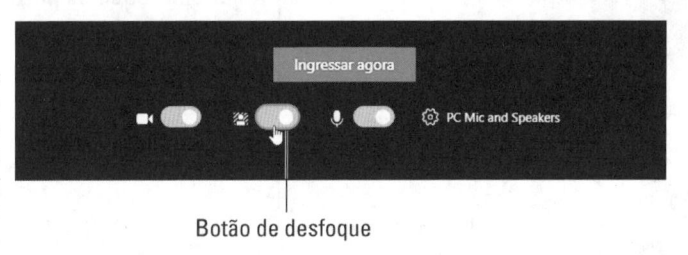

DICA

Se não tiver uma câmera que suporte a opção de desfoque conectada ao Teams, a opção não aparecerá. Isso é algo comum no Teams e em produtos da Microsoft em geral. Os elementos da interface do usuário aparecerão e desaparecerão se um componente obrigatório (como uma câmera que suporte a opção de desfoque) não estiver conectado.

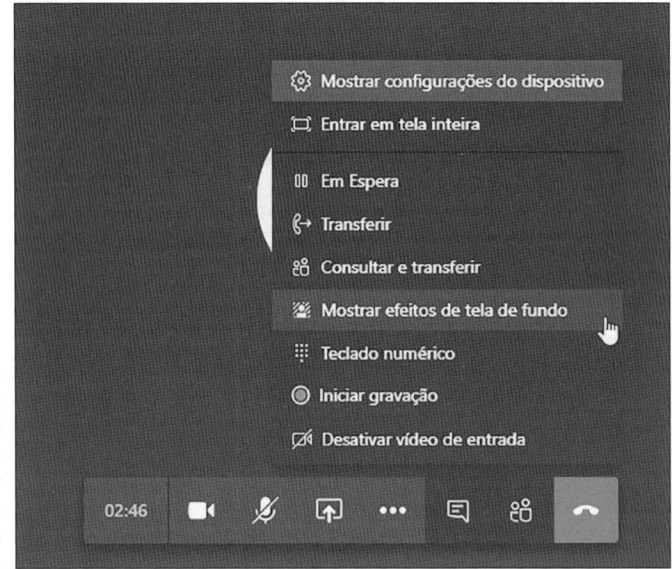

FIGURA 18-6: Desfocando o fundo depois de entrar em uma reunião do Teams.

Tomando Notas

Gravar uma reunião é ideal para capturá-la por completo, mas como medida prática, algo realmente necessário no final de uma reunião são suas notas. Podemos usar as notas, também chamadas de *atas*, para obter um registro das principais decisões e itens de ação.

O Teams tem um recurso projetado para capturar as notas da reunião. Elas são compartilhadas para que todos possam contribuir e vê-las à medida que são adicionadas. Não sei dizer quantas vezes participei de uma reunião e alguém tomou notas de forma incorreta. Uma simples comunicação errada pode desencadear um efeito dominó. Quando todos revisam e adicionam notas em tempo real durante a reunião, a possibilidade de uma comunicação errônea se torna extremamente reduzida.

Você pode adicionar notas sobre uma reunião antes de seu início ou durante. Se estiver configurada e ligada a um canal do Teams (assunto abordado no Capítulo 9), a reunião poderá ser discutida diretamente nele. Se não, ainda se podem acrescentar notas.

Para adicionar notas antes da reunião, siga estes passos:

1. **Abra seu calendário e selecione a reunião à qual deseja acrescentar notas.**

2. **Escolha conversar com os participantes, como mostra a Figura 18-7.**

   O Teams criará um chat para a reunião, e todos os participantes serão automaticamente adicionados a ele. Quando a reunião ocorrer, o chat fará parte da reunião.

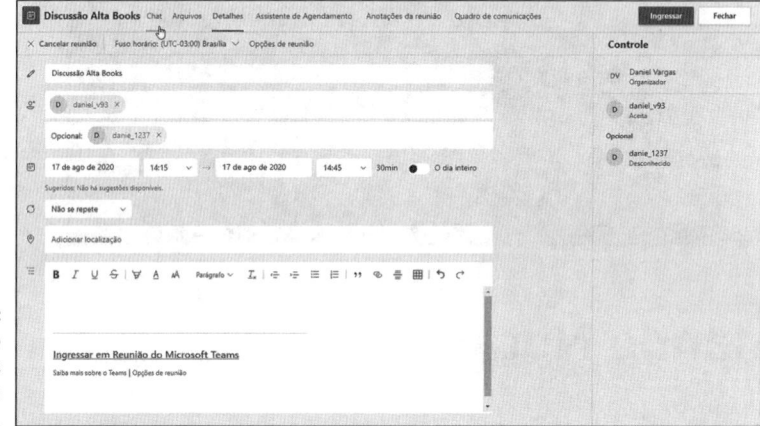

FIGURA 18-7: Adicionando notas antes de uma reunião.

Quando a reunião iniciar, você poderá adicionar notas oficiais a ela, além do chat. Para abrir as notas da reunião ou começar a tomar notas, siga estes passos:

1. **No menu de opções da reunião, selecione Mostrar notas da reunião (veja a Figura 18-1).**

   Se você já criou notas para a reunião, elas serão abertas à direita da tela, como mostra a Figura 18-8. Se não foram adicionadas ainda, você terá a opção de criar notas para a reunião depois de tê-la iniciado, como mostra a Figura 18-9. Para criar novas notas, prossiga para o Passo 2.

2. **Clique no botão Tomar Notas.**

   O Teams criará notas da reunião e você poderá ver a nova seção no lado direito da tela. Agora poderá adicionar notas ou revisar as inseridas antes da reunião.

FIGURA 18-8: Criando notas de reunião para uma reunião do Teams.

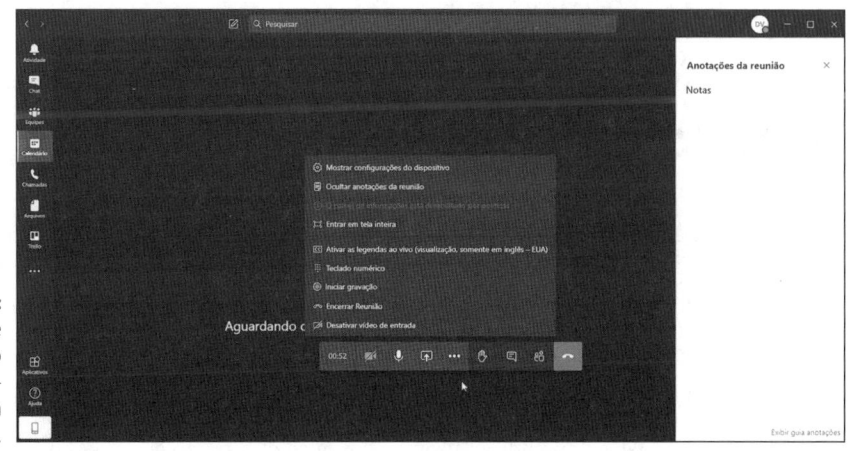

FIGURA 18-9: Revisando e adicionando notas durante uma reunião.

Ao adicionar notas, os membros do canal, ou o chat da reunião, serão notificados para que possam acompanhar e adicionar suas próprias notas ou revisar as existentes.

DICA

Você poderá até adicionar as notas da reunião como uma guia (veja a Figura 18-10). Essa opção é encontrada ao clicar nas reticências no topo da tela de notas e selecionar Adicionar notas como guia.

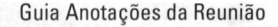

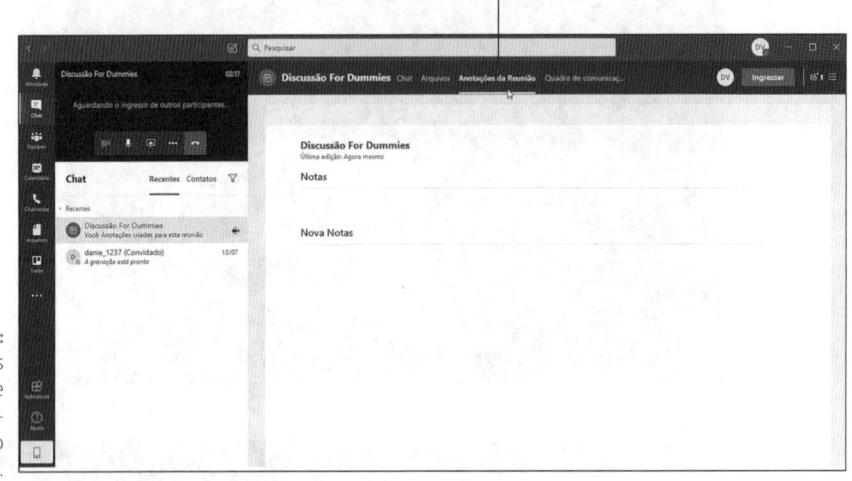

FIGURA 18-10: Vendo as notas de uma reunião como uma guia.

Usando uma Lousa Branca

Algumas das reuniões mais produtivas que tive durante minha carreira foram esboçando ideias com um grupo de pessoas em uma lousa branca. É um aspecto da comunicação difícil de superar. A Microsoft reconheceu isso e adicionou um recurso ao Teams chamado Whiteboard.

O Microsoft Whiteboard é uma tela compartilhada que possibilita o desenho de diagramas. A forma como é usado depende do dispositivo. Se estiver em um computador desktop padrão, usamos o mouse ou um tablet de desenho que conecta uma caneta digital ao computador. Se estiver em um dispositivo touchscreen, podemos usar o dedo para desenhar. Eu prefiro desenhar com a caneta stylus em meu notebook Surface, pois me parece mais natural e fácil.

Para usar o recurso Whiteboard no Teams, siga estes passos:

1. **Entre em uma reunião existente ou inicie uma nova reunião no Teams.**

2. **Nos controles de reunião, expanda a caixa de diálogo Compartilhar selecionando o ícone que parece um monitor de computador com uma flecha atravessada.**

A parte inferior da tela será expandida e você verá opções para compartilhar sua tela, uma janela em sua tela ou um arquivo PowerPoint. À direita da tela, verá a opção Whiteboard, como mostra a Figura 18-11.

3. **Selecione Whiteboard e a tela será atualizada, exibindo uma lousa branca digital, como na Figura 18-12.**

   Você pode selecionar a cor e a largura da caneta, e começar a desenhar na tela. Todos da reunião verão o desenho e poderão interferir adicionando seus próprios desenhos ou editando os existentes.

   A lousa branca continua existindo mesmo depois que a reunião termina, para que seja sempre possível voltar e adicionar novos esboços ou modificar os existentes. Uma vez ativada, ela será exibida como guia no canal ou no chat. Você pode exportar a condição de uma lousa branca a qualquer momento clicando no ícone de configurações à direita superior da tela e selecionando Exportar imagem. Eu gosto de fazer isso para bloquear a lousa e capturar seu estado a qualquer momento. É como tirar uma foto de uma lousa física para garantir que o desenho esteja sempre à mão, caso alguém o apague.

DICA

Toda equipe do Teams tem uma lousa branca digital que pode ser usada em reuniões.

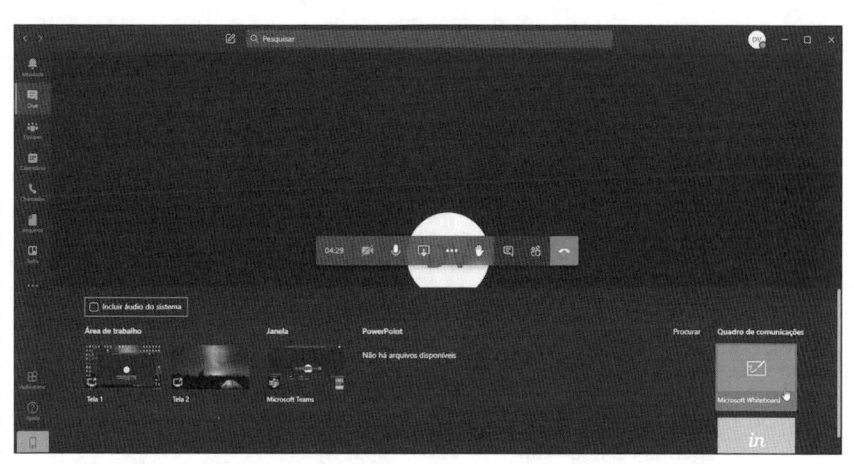

FIGURA 18-11: Abrindo a lousa branca a partir da caixa de compartilhamento em uma reunião do Teams.

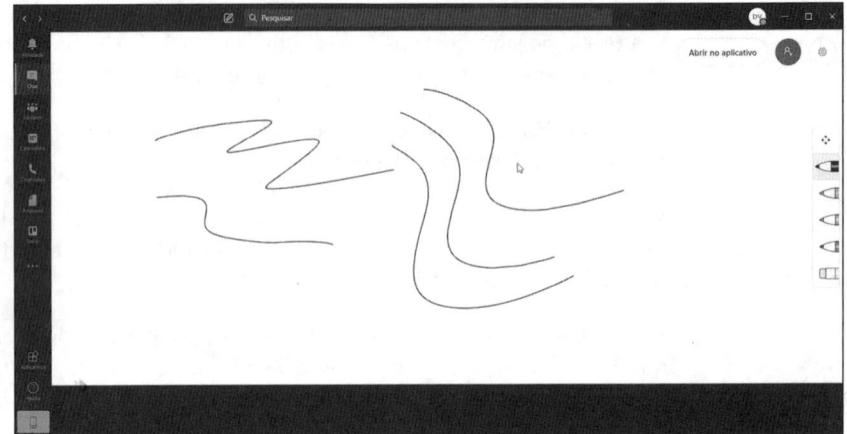

FIGURA 18-12: Desenhando em uma lousa branca digital compartilhada no Teams.

Compartilhando Sua Tela

Um dos meus aspectos favoritos das reuniões digitais é o compartilhamento de tela. Eu o utilizo sempre, até quando as pessoas com quem preciso compartilhar a tela estão na mesma sala que eu. Sem ele, eu precisaria que todos se amontoassem em volta do meu computador para poder mostrar minha tela. Assim, posso compartilhar o que vejo em minha tela nas deles.

DICA

É muito mais fácil olhar sua própria tela de computador do que por cima do ombro de outra pessoa. Usando o Teams, podemos compartilhar nossas telas com os outros, e vice-versa.

Durante uma reunião do Teams, podemos compartilhar a tela inteira, uma janela específica, uma apresentação do PowerPoint ou uma lousa branca (como na seção anterior). Pessoalmente, gosto de compartilhar apenas a janela ou o slide de PowerPoint sobre o qual estou falando na reunião. Por exemplo, se estou exibindo um site, compartilho apenas a janela do navegador, em vez de o desktop todo. Se estou fazendo uma apresentação do PowerPoint, compartilho apenas essa janela.

Há muitas razões para não querer mostrar o desktop todo. Por exemplo, ele pode estar bagunçado, com vários arquivos ainda em organização. Ou pode haver material confidencial que não deve ser visto ou registrado por todos os participantes da reunião. Independentemente da razão, é possível compartilhar apenas o que queremos que a equipe veja e deixar o restante oculto.

Para compartilhar seu desktop, uma janela ou uma apresentação do PowerPoint, siga estes passos:

1. Entre em uma reunião existente ou inicie uma nova no Teams.

2. Nos controles da reunião, expanda a caixa de diálogo Compartilhar selecionando o ícone que parece um monitor de computador com uma flecha atravessada.

    A parte inferior da tela será expandida e você verá opções para compartilhar sua tela, uma janela em sua tela ou um arquivo PowerPoint. Veja uma referência na Figura 18-11.

3. Selecione a opção desejada.

    Uma caixa vermelha delineará o que está sendo compartilhado com os outros, para que você saiba exatamente o que eles conseguem ver.

4. Para interromper a apresentação, clique no botão Parar apresentação no topo da janela de exibição, como mostra a Figura 18-13.

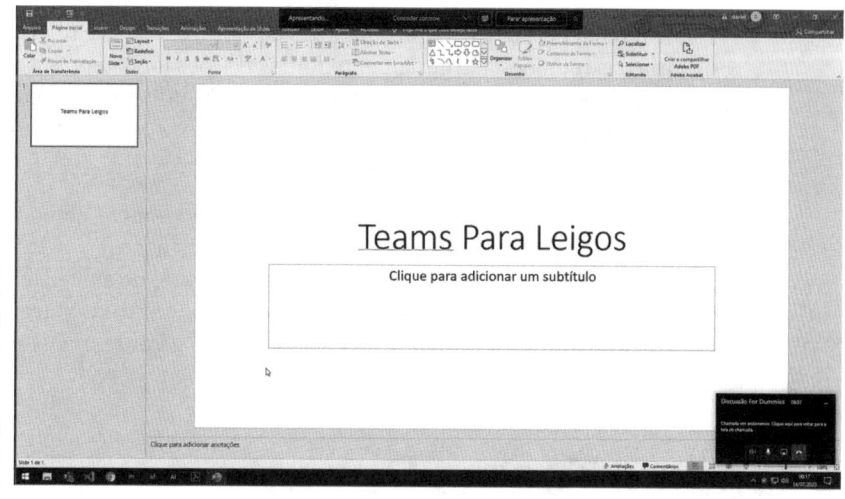

FIGURA 18-13: Compartilhando uma apresentação PowerPoint durante uma reunião do Teams.

Controlando a Tela de Outra Pessoa

Na seção anterior, você descobriu como compartilhar sua tela com os outros. Também é possível que outra pessoa assuma o controle de sua tela ou peça que assuma o controle da dela. Quando controlamos a tela de outra pessoa pelo Teams, podemos mover o mouse dela e digitar em sua tela usando nosso próprio mouse e teclado. Uso isso com frequência quando quero mostrar para alguém como fazer algo em seu computador.

DICA Ninguém pode controlar sua tela sem sua permissão. Se alguém pedir para controlar sua tela, você verá uma mensagem perguntando se permite ou não que a outra pessoa assuma sua tela. Se aprovar o pedido, ela poderá controlar o mouse em sua tela; mas, caso negue, ela não conseguirá.

Para fornecer controle em uma tela compartilhada, selecione o botão Fornecer controle, que aparece no topo da área compartilhada (veja a Figura 18-13). Ao selecionar esse botão, um menu suspenso aparecerá listando todos os participantes da reunião. Escolha para quem deseja fornecer o controle de sua tela. Reassuma o controle usando o mesmo método.

Adequando o Teams às Suas Necessidades de Reunião

Tenho a tendência de gostar dos padrões de como o Teams é organizado para a maioria das reuniões. Ele geralmente toma decisões inteligentes e alterna entre a exibição de pessoas e da apresentação na tela principal. O Teams também detecta quem está falando e aumenta o vídeo dessa pessoa para que você se concentre na pessoa que está falando.

Entretanto, você pode querer assumir o controle e mudar como vê as coisas. Pode trocar entre pessoas e apresentações clicando nos vídeos dos participantes ou nas apresentações. Também pode pegar o vídeo de alguém e fixá-lo para que seja sempre exibido. Às vezes gosto de desconectar um vídeo do Teams e arrastá-lo para outro monitor. Essa flexibilidade garante o ajuste da reunião para que se encaixe em suas necessidades.

Usando o Teams Durante a Realização de uma Reunião

A maioria das telas do Teams é dedicada à reunião durante sua realização. Isso é ótimo quando queremos nos concentrar nela. Mas ainda podemos usar outras partes do Teams no decorrer da reunião. Por exemplo, se houver uma grande reunião que preciso ouvir, mas não me concentrar totalmente, eu a minimizo e uso outras partes do Teams. Para minimizar uma reunião, basta clicar em outra parte do Teams, como outro canal ou chat. Ao clicar fora da reunião, o Teams a minimiza automaticamente para uma pequena janela no topo do painel de navegação à esquerda, como mostra a Figura 18-4. Para voltar à reunião, maximize clicando dentro da janela de reunião.

A janela de reunião minimizada

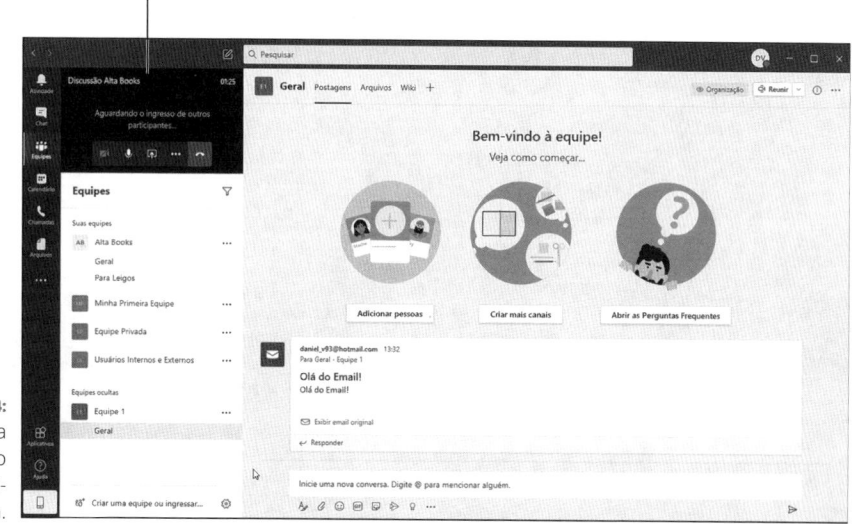

FIGURA 18-14:
Uma reunião do Teams minimizada.

NESTE CAPÍTULO

» Entendendo quais aplicativos estão disponíveis para o Teams

» Descobrindo aplicativos para design, desenvolvimento, produtividade e atendimento ao cliente

» Descobrindo aplicativos para marketing e educação

Capítulo **19**

Dez Aplicativos do Teams que Valem a Pena Descobrir

Eu uso muitos aplicativos diferentes do Microsoft Teams diariamente e para tudo: desde design, desenvolvimento, produtividade e atendimento ao cliente até redes sociais, pesquisas e marketing. Existem aplicativos precisamente projetados até mesmo para necessidades de áreas específicas, como a educação.

Neste capítulo, destaco dez aplicativos úteis que você pode querer conferir também. Há muitos, muitos aplicativos em categorias específicas que poderiam ser listados aqui, mas faço uma seleção de diferentes áreas para oferecer uma boa compreensão do que o Teams pode fazer quando o ampliamos com aplicativos.

LEMBRE-SE

Assim que encontrar os aplicativos desejados, confira o Capítulo 5 para ter mais informações sobre como instalá-los e utilizá-los no Teams.

Microsoft Office

Faz sentido que o Microsoft Teams trabalhe bem com outros produtos do Microsoft Office. Encontramos forte integração com aplicativos como Word, Excel, PowerPoint e OneNote (https://products.office.com/pt-br/microsoft-teams). Esses aplicativos geralmente vêm pré-configurados e podemos adicioná-los às equipes e aos canais, além de customizá-los com nosso uso do Teams em geral. A Figura 19-1 mostra o aplicativo Excel apresentando uma planilha dentro do Teams.

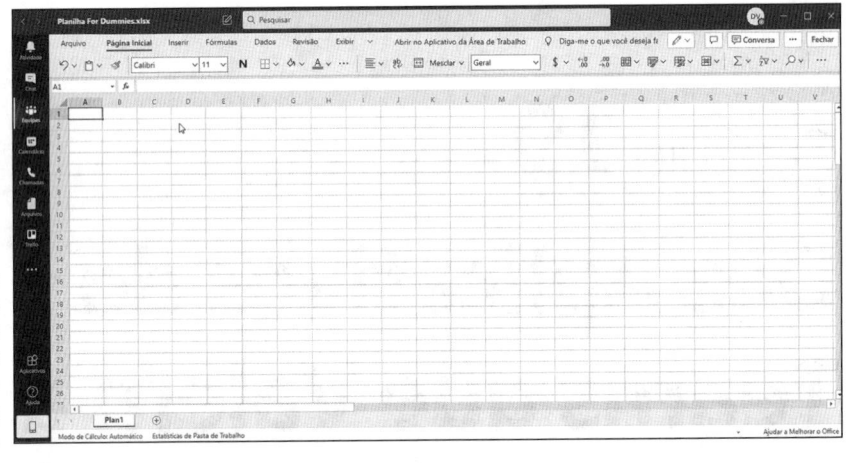

FIGURA 19-1: O aplicativo Excel para o Teams apresentando uma planilha.

Outros aplicativos úteis do Microsoft Office para Teams são o Flow e o SharePoint. O Microsoft Flow é usado para criar fluxos de trabalho entre os diferentes produtos Office. O Microsoft SharePoint é uma plataforma de gerenciamento de conteúdo. Ambos estão disponíveis com o Office 365, dependendo da licença.

Eu acho incrivelmente útil criar fluxos que interajam com o Teams. Por exemplo, gosto de usar o Microsoft Flow para adicionar notificações aos meus canais do Teams quando algo acontece no SharePoint e precisa da atenção de minha equipe (como uma aprovação).

Gerenciamento de Tarefas

Se você trabalha com uma equipe, provavelmente utiliza algum produto de gerenciamento de tarefas. Todos os principais têm aplicativos disponíveis para o Teams, como Asana, Azure DevOps, Jira, Microsoft Project, Trello e muitos outros.

A maioria desses aplicativos introduz notificações em forma de bot. Utilizando o aplicativo bot, podemos interagir com tarefas no sistema relevante de gerenciamento de tarefas. Acho que esses aplicativos realmente melhoram a produtividade, pois não preciso sair do Teams para marcar as tarefas como finalizadas ou criar uma nova. A Figura 19-2 mostra o aplicativo Trello (https://trello.com) sendo usado em um canal do Teams.

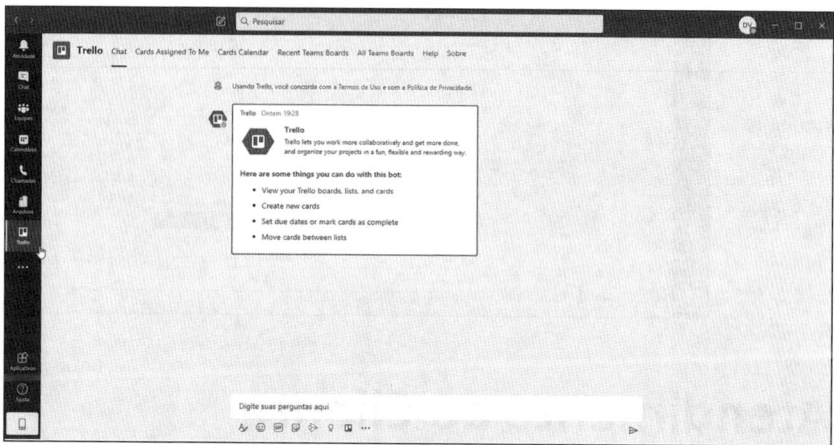

FIGURA 19-2:
O aplicativo Trello para o Teams.

DICA Um novo produto da Microsoft chamado Planner (https://products.office.com/pt-br/business/task-management-software) parece estar fazendo estardalhaço na área de gerenciamento de tarefas. Para mim, é uma versão mais simples do Microsoft Project. A grande diferença é que ele nasceu como um serviço do Office 365, enquanto o Project começou como um cliente individual. Se você estiver procurando por um sistema de gerenciamento de tarefas simples, mas poderoso, para o qual já tenha uma licença como parte do Office 365, confira o Microsoft Planner.

Design

Os designers são uma parte importante de qualquer organização e têm um grande papel em qualquer projeto. O Microsoft Teams os acolhe com diversos aplicativos que se integram aos serviços mais populares. Você encontrará aplicativos para serviços populares de design colaborativo como o Marvel App (https://marvelapp.com) e o Freehand da InVision (www.invisionapp.com/feature/freehand — ambos com conteúdo em inglês).

Um de meus favoritos é o aplicativo Creative Cloud (CC) da Adobe para o Teams (www.adobe.com/creativecloud.html). Ele permite acessar seus recursos Creative Cloud a partir do Microsoft Teams. Suporta todos os principais tipos de arquivo, como PSD, AI, INDD e até o novo tipo XD do Adobe XD CC. A Figura 19-3 mostra o uso do aplicativo Creative Cloud da Adobe em um chat do Teams.

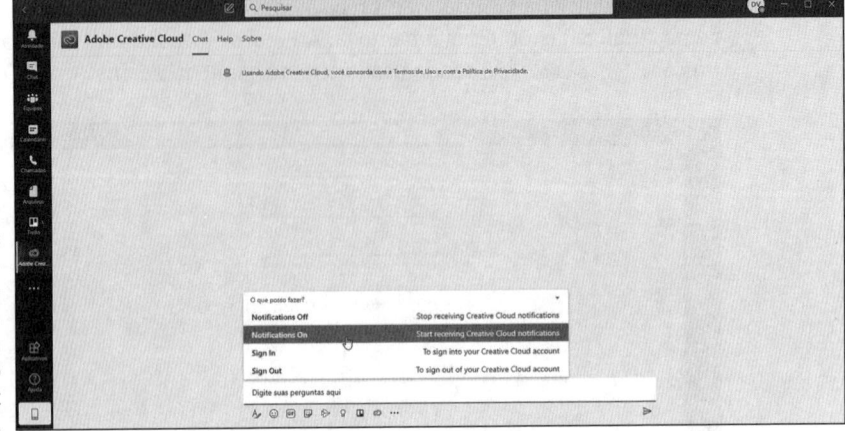

FIGURA 19-3: O aplicativo Creative Cloud da Adobe em um chat do Microsoft Teams.

Atendimento ao Cliente

Manter os clientes felizes é algo crucial para qualquer organização, e o Microsoft Teams tem aplicativos que se integram a qualquer produto de atendimento ao cliente. Alguns de meus favoritos incluem Intercom, Zendesk e zoom.ai.

Usando esses aplicativos, você pode adicionar tíquetes a partir de um canal do Teams, ver tíquetes existentes e atualizar tíquetes baseados na interação com o cliente. A Figura 19-4 mostra a página do Zendesk (`https://support.zendesk.com/hc/pt-br/articles/115003096327-Configuração-da-integração-do-Microsoft-Teams-com-o-Zendesk-Support`), que apresenta a configuração do aplicativo Microsoft Teams. A página é intitulada "Configuração da integração do Microsoft Teams com o Zendesk Support". Ela pode ser encontrada com seu mecanismo de busca favorito.

O processo de instalar um aplicativo geralmente é fácil e simples. Ele é instalado e autenticado para trabalhar com o serviço relevante. Se o aplicativo precisar de permissões no Teams, ele as solicitará quando for instalado, como mostra a Figura 19-5. Na Figura 19-6, autentiquei o aplicativo Zendesk no Teams com o serviço Zendesk, e agora ele está perguntando o que quero que o aplicativo exiba no meu canal. Escolhi a exibição de tíquetes recentemente atualizados do Zendesk, mas podemos selecionar várias outras opções.

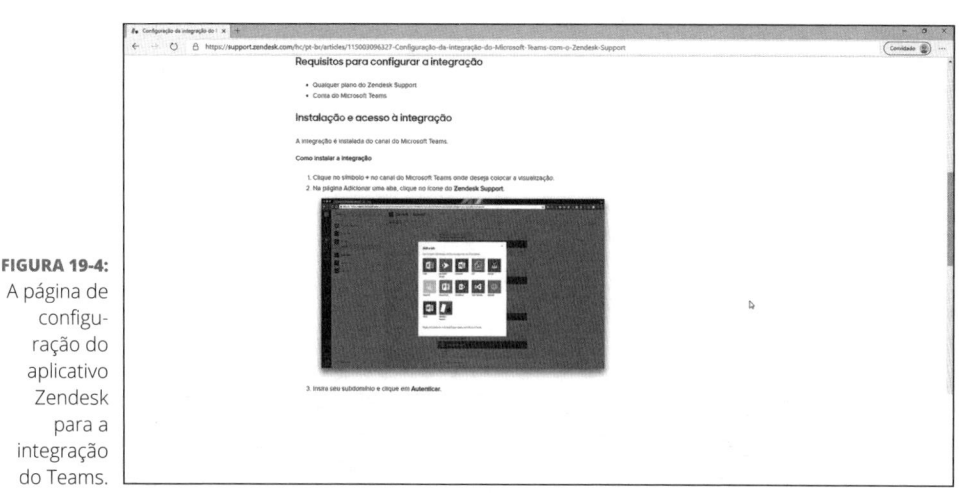

FIGURA 19-4:
A página de configuração do aplicativo Zendesk para a integração do Teams.

FIGURA 19-5: Possibilitando que o aplicativo Zendesk acesse o Teams.

DICA

A maioria das empresas de software externas que tem um aplicativo para o Teams também tem uma página explicando como configurar o aplicativo e usá-lo no Teams. Muitas delas também têm fóruns onde as pessoas discutem as melhores formas de usar o serviço no Teams.

CAPÍTULO 19 **Dez Aplicativos do Teams que Valem a Pena Descobrir** 261

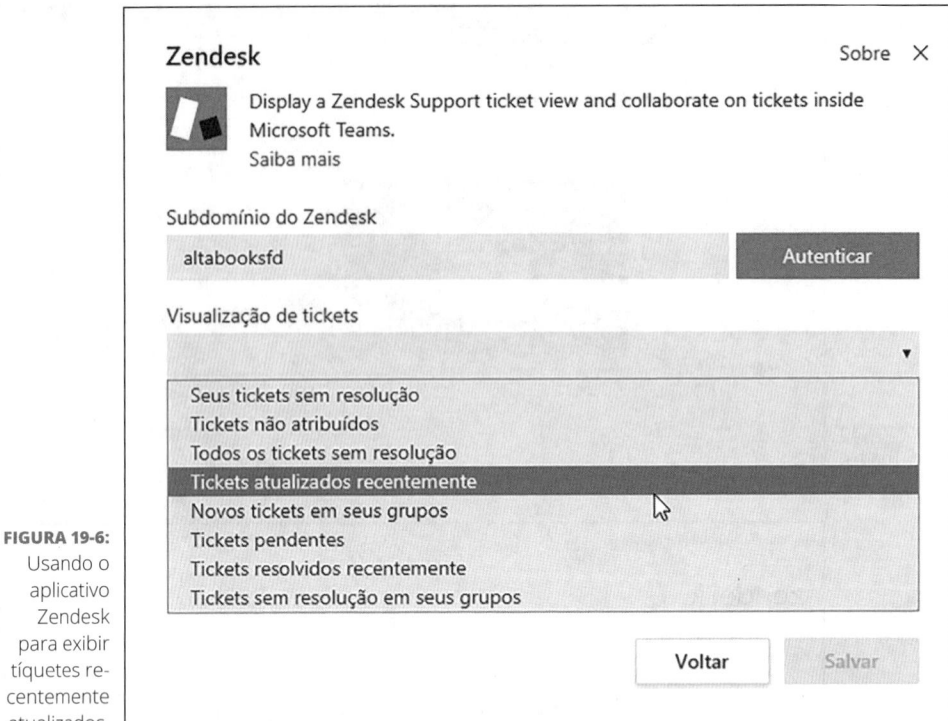

FIGURA 19-6: Usando o aplicativo Zendesk para exibir tíquetes recentemente atualizados.

Desenvolvimento

O desenvolvimento assumiu um significado totalmente novo na era moderna. Praticamente qualquer um que trabalhe com um computador está envolvido em um projeto de desenvolvimento, e as soluções de software de desenvolvimento não são mais uma questão de escrever apenas código. Ser um desenvolvedor significa construir algo usando ferramentas e, em geral, essas ferramentas podem ser integradas com aplicativos no Teams. Por exemplo, a plataforma de desenvolvimento GitHub (https://github.com — conteúdo em inglês) é usada para desenvolver conteúdo e sites. Eu não sou desenvolvedora, mas sempre me vejo trabalhando no GitHub atualmente. Outros clientes com quem trabalho usam o Azure DevOps (https://azure.microsoft.com) e outros usam o PowerApps (https://powerapps.microsoft.com) para criar soluções móveis.

Usando o aplicativo GitHub no Teams você pode:

» Ver informações sobre solicitações por pull.

» Escrever comentários em problemas e solicitações por pull.

» Criar, ler, atualizar, fechar e reabrir problemas.

» Adicionar notificações aos canais do Teams com base nas mudanças feitas no GitHub.

» Trabalhar com suas assinaturas de repositórios.

» Ver repositórios disponíveis.

» Pesquisar problemas e solicitações por pull, e ver os resultados nos canais.

Os aplicativos que resultam da pesquisa do GitHub no Teams são exibidos na Figura 19-7.

DICA

Eu utilizo muito a funcionalidade de busca da loja de aplicativos do Teams. Por exemplo, na Figura 19-7, procurei o termo "github". Vejo o aplicativo GitHub em meio aos resultados, mas também vejo outros aplicativos que fazem referência ao termo. O GitHub é muito usado para o gerenciamento de código, então, se estou procurando aplicativos de desenvolvimento, posso explorar os outros que aparecem pela busca da palavra-chave. Você pode fazer o mesmo com outras palavras-chave em suas pesquisas.

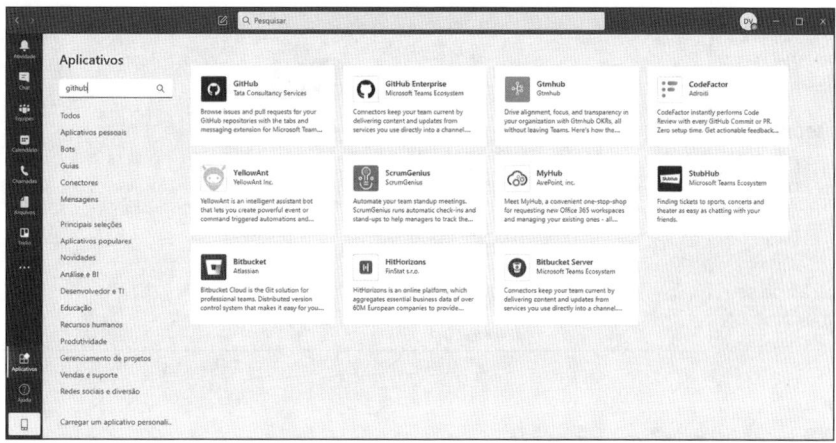

FIGURA 19-7: As ferramentas de desenvolvimento disponíveis para o Teams.

Educação

A educação é uma área única e que abrange desde ensinar crianças pequenas a usar talheres até a colaboração de pesquisadores renomados nas últimas descobertas de inteligência artificial. Um aspecto crucial para garantir o sucesso em qualquer nível de estudo é a comunicação. Os pais precisam se comunicar com os professores; os alunos precisam se comunicar uns com os outros e com seus professores; e os pesquisadores precisam colaborar e se comunicar com o restante da comunidade. Vários aplicativos do Teams são destinados especificamente para a educação. EdCast, FlipGrid e Haldor Ed são alguns dos serviços que utilizei e recomendo.

DICA

Um tema comum nos vários aplicativos educacionais para o Teams é que eles fornecem um modo de permanecer dentro do Teams e ainda usar o valor fornecido por esses serviços e produtos. Os aplicativos do Teams para esses serviços oferecem vários níveis de integração com a ideia de que pessoas na área de educação e em torno dela possam usar o serviço sem sair do hub central de comunicação do Teams. Por exemplo, o aplicativo FlipGrid (https://info.flipgrid.com — conteúdo em inglês) possibilita que os educadores façam perguntas no Teams usando vídeo, que podem ser respondidas posteriormente pelos alunos. Estes também podem se comunicar uns com os outros, o que cria uma rede de aprendizagem estudantil facilitada pelo Teams. A Figura 19-8 mostra a página de ajuda do FlipGrid que descreve a integração ao Teams fornecida por seu aplicativo.

FIGURA 19-8: A página de ajuda do FlipGrid explicando a integração de seu aplicativo ao Teams.

Redes Sociais

As redes sociais fornecem um mecanismo para que as organizações se conectem diretamente com seus clientes. Hoje, é comum que os clientes usem redes sociais para interagir uns com os outros e falem sobre organizações e produtos.

Você encontrará dois tipos de aplicativos de redes sociais para o Teams. Existem os aplicativos para as próprias plataformas, como Facebook, Twitter e LinkedIn, e existem ferramentas usadas para ajudar as organizações a gerenciar sua presença nessas plataformas, como o Sociabble (www.sociabble.com/microsoft-office-365 — conteúdo em inglês).

Um aplicativo que acho particularmente útil é o Twitter. Usando esse aplicativo, podemos acompanhar os tuítes e as hashtags que seguimos, e que podem ser entregues diretamente no canal do Teams para as equipes apropriadas. A Figura 19-9 mostra a adição do aplicativo Twitter a uma equipe do Teams.

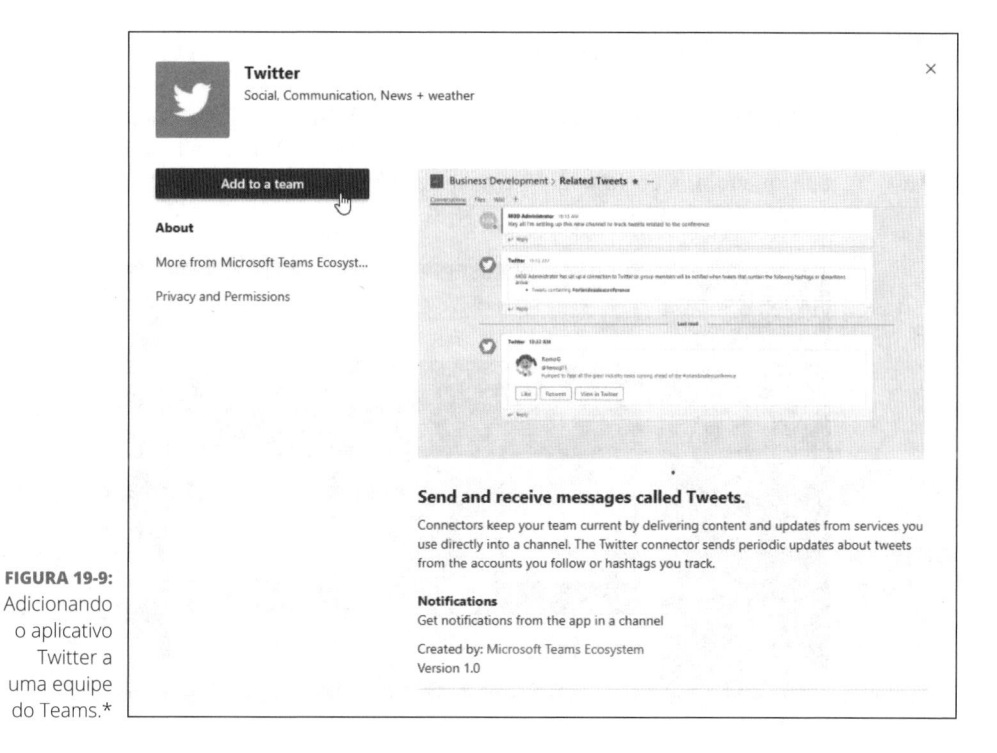

FIGURA 19-9: Adicionando o aplicativo Twitter a uma equipe do Teams.*

Pesquisa

É sempre uma boa ideia saber o que as pessoas pensam. Há diversos aplicativos para o Teams que podem ser usados para enviar pesquisas para pessoas dentro e fora de sua organização. Um de meus favoritos está predefinido no Office 365 e é conhecido como Forms. Outro serviço de pesquisa popular é o Survey Monkey. Há aplicativos do Teams disponíveis para ambos.

---

* N. E.: No momento de desenvolvimento deste livro (2020), o Twitter não tem mais suporte no Teams, porém nada impede que, em atualizações futuras, ele volte a ter, por isso mantivemos os exemplos relacionados ao tema.

Marketing

A maioria das organizações precisa pensar em marketing, e há muitos serviços e produtos relacionados para escolher. A maioria dos principais produtos de marketing do mercado fornece um aplicativo para integração ao Teams. Alguns de meus favoritos incluem o Constant Contact, o Google Analytics Insights e o MailChimp. A Figura 19-10 mostra a adição do aplicativo Google Analytics Insights (https://marketingplatform.google.com) a uma equipe. Uma vez adicionado, o Google poderá enviar relatórios e métricas diretamente para o seu canal do Teams.

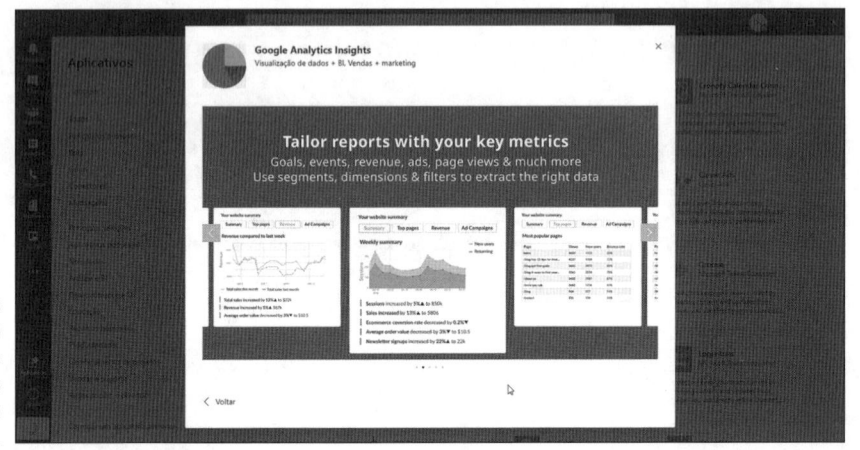

FIGURA 19-10: O aplicativo Google Analytics Insights no Teams.

Diversos

Dois outros aplicativos que acho extremamente úteis são o Power BI e o Stream. Ambos são serviços da Microsoft que se integram bem ao Teams. Microsoft Power BI (https://powerbi.microsoft.com) é um serviço de análise de dados (veja a Figura 19-11). Utilizando-o, podemos extrair dados de praticamente qualquer fonte imaginável (bancos de dados, planilhas do Excel, serviços web, e assim por diante) e, então, criar relatórios com os dados usando a ferramenta Power BI. Também podemos definir um cronograma para que os dados que o Power BI puxa para o serviço sejam atualizados. Por exemplo, podemos configurá-lo para rodar a cada hora e obter dados de vendas de um banco de dados, dados de marketing de outro e dados de atendimento ao cliente de algum outro serviço web. Todas essas fontes de dados separadas poderiam ser combinadas em um único relatório, que é atualizado a cada hora. O Power BI é uma ferramenta poderosa e se integra bem com o SharePoint.

Microsoft Stream (`https://products.office.com`) é um serviço de streaming de vídeos que podemos usar para enviar, compartilhar e ver vídeos. Ele é integrado ao Teams e podemos usá-lo para incorporar vídeos. Ele pode ser encontrado como opção quando adicionamos uma guia a um canal, como mostra a Figura 19-12.

FIGURA 19-11: A página do produto do Microsoft Power BI.

FIGURA 19-12: Adicionando o Stream como uma guia em um canal do Teams.

CAPÍTULO 19 **Dez Aplicativos do Teams que Valem a Pena Descobrir** 267

> **NESTE CAPÍTULO**
>
> » Descobrindo os melhores lugares para aprender mais sobre o Teams
>
> » Descobrindo quais recursos usar para aprendizados presencial e online
>
> » Dando o próximo passo em sua jornada com o Teams

Capítulo 20
Dez Maneiras de Aprender Mais Sobre o Teams

Como boa parte do mundo atual, o Microsoft Teams continua a evoluir e mudar aparentemente a todo momento. A interface do usuário muda, novos recursos são adicionados, os existentes são ajustados e os detalhes mudam. Resumindo, a Microsoft melhora o Teams continuamente para torná-lo um produto melhor e deixar você mais produtivo. Este livro serve como uma boa introdução. Os conceitos aqui contidos não mudarão, mas as especificidades, sim.

Neste capítulo final, listo dez modos de obter mais informações e continuar a aprender em sua jornada com o Teams. Descobri que os lugres listados aqui têm o melhor conteúdo sobre como maximizar o que o Teams oferece. A lista contém recursos gratuitos e pagos em formatos online e presencial. Trabalhar com um serviço moderno em nuvem como o Teams é uma jornada constante de aprendizado, e sigo aprendendo coisas novas todos os dias.

Obtendo Informações Diretamente da Microsoft

O Microsoft Teams cresceu mais rápido do que qualquer outro produto da história da Microsoft. Isso não foi acidental, e a Microsoft dedicou uma quantidade gigantesca de recursos para garantir o sucesso de seu produto. Ela mantém alguns sites que incluem a documentação do Teams. Eles contêm um tesouro de recursos de aprendizagem e abordam tudo, de orientação para o usuário final até os procedimentos mais avançados de administração. Favorite esses sites para que possa acessá-los com frequência.

» `docs.microsoft.com` foca a execução de tarefas mais administrativas, mas também inclui conteúdo para usuários comuns e avançados. O Teams é encontrado na seção Office. A Figura 20-1 mostra a página principal para administradores Teams.

» `support.microsoft.com` é um site relativamente novo que substitui o `support.office.com`. Essa mudança reflete o fato de que a Microsoft integrou seus produtos e serviços, e o Microsoft Office não é mais um produto individual. O mantra interno da Microsoft é que agora ela é "Microsoft Una". Isso em oposição à antiga cultura da Microsoft em que cada equipe de produto era quase uma empresa própria e a integração entre os produtos era difícil de encontrar. Quando chegamos à página `support.microsoft.com`, podemos rolar a tela e selecionar Microsoft Teams para ver o centro de ajuda. Aqui encontraremos aulas online, treinamento e mais dicas sobre o uso do Teams.

FIGURA 20-1: A página Bem-vindo ao Microsoft Teams no Microsoft Docs.

Matriculando-se em Aulas Online

Um modo popular de aprender coisas novas é por plataformas de aulas online. Elas oferecem vídeos explicativos que apresentam tarefas ou cenários específicos. Eu usei as plataformas a seguir para aprender sobre o Teams e a recomendo.

> **DICA** Confira em sua biblioteca local para descobrir se existe uma assinatura para uma plataforma de aprendizagem online. Muitas disponibilizam isso, e a única desvantagem é ter de ir até a biblioteca para fazer login na plataforma.

» **Lynda.com/LinkedIn Learning:** O site Lynda.com se tornou uma de minhas fontes favoritas para aprender sobre tecnologias da Microsoft. Lynda.com (`www.lynda.com` — conteúdo em inglês) costumava ser um site independente, até que o LinkedIn o adquiriu e o transformou no LinkedIn Learning (`www.linkedin.com/learning`). Depois a Microsoft adquiriu o LinkedIn, então faz sentido que a plataforma continue a incluir ótimo conteúdo de treinamento da Microsoft. Uma busca rápida por treinamento do Microsoft Teams exibe 69 cursos, como mostra a Figura 20-2.

» **Udemy.com:** Esse site (`www.udemy.com`) oferece outra variedade de cursos de aprendizado online. Pesquisei Microsoft Teams e o site forneceu 7.809 resultados. Com tanta variedade de conteúdo, tendo a filtrar os resultados com base nas classificações dos instrutores. É uma de minhas fontes favoritas para todos os tipos de aprendizagem online, e inclui uma grande quantidade de conteúdo sobre o Microsoft Teams.

» **Edx.org:** Este site oferece cursos de nível universitário online em diversos assuntos. Quando pesquiso Microsoft Teams, recebo 42 cursos. Cada um deles é individualizado e a interface é fácil de usar. Gostei muito de realizar cursos por aqui.

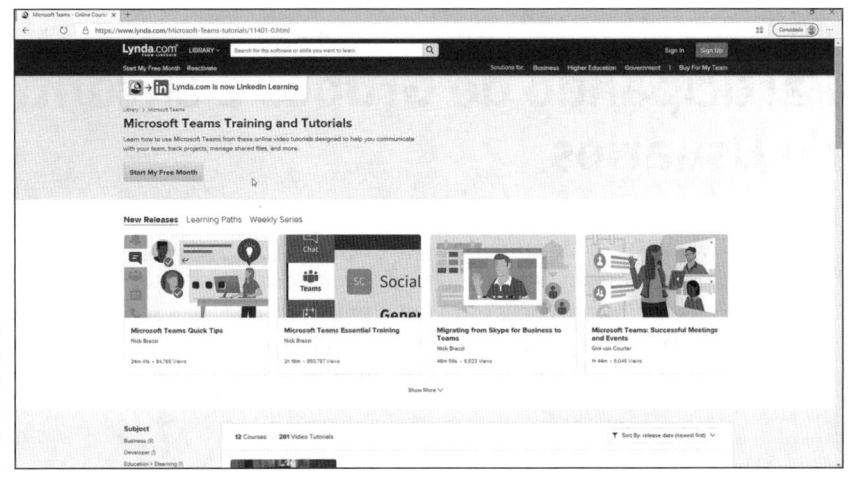

FIGURA 20-2: Procurando cursos de Microsoft Teams no Lynda.com.

CAPÍTULO 20 **Dez Maneiras de Aprender Mais Sobre o Teams**

Acompanhando os Especialistas

A Microsoft continua a alimentar programas para especialistas. Ela oferece um título para contribuidores-chave da comunidade e especialistas em várias tecnologias e produtos da Microsoft. O título é conhecido como Most Valuable Professional (MVP) e é considerado uma grande honra. A maioria dos MVPs mantém blogs e você pode se atualizar sobre os últimos recursos lendo seus posts mais recentes.

> **DICA**
>
> A maioria dos MVPs mantém um blog em que abordam os últimos acontecimentos em suas áreas de especialidade.

Você pode procurar MVPs em `https://mvp.microsoft.com`. Eu inseri Teams nos parâmetros de busca e recebi uma lista de 533 MVPs de todo o mundo, como mostra a Figura 20-3.

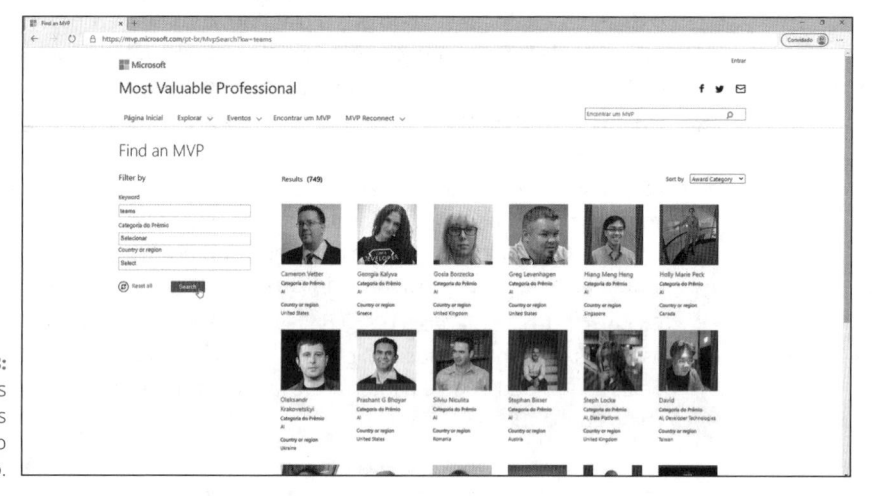

FIGURA 20-3: Vendo MVPs do Teams de todo o mundo.

Participando de Grupos e Encontros de Usuários

Reunir-se com outras pessoas acerca de uma causa comum é uma ótima maneira de investigar mais a fundo qualquer assunto. Cite qualquer tópico e provavelmente encontrará um grupo de pessoas que se reúne uma vez por mês para discuti-lo. E o Microsoft Teams não é uma exceção! Use seu mecanismo de busca favorito para encontrar grupos próximos a você.

DICA

Recomendo começar um grupo dentro de sua organização para outras pessoas interessadas em aproveitar o Teams ao máximo. É um ótimo jeito de ter um grande impacto na organização. Você pode aprender e compartilhar com outras pessoas como o Teams pode ser utilizado para melhorar a produtividade.

O Microsoft Teams Users Group se define como "O encontro definitivo para profissionais do Microsoft Teams". Seu site é https://teamsug.com, exibido na Figura 20-4, e nele você pode procurar grupos em sua área. Outro ótimo local para descobrir encontros de todos os tipos é o Meetup (www.meetup.com — ambos com conteúdo em inglês). O site tem um tópico específico para o Microsoft Teams, e você pode pesquisar encontros em sua área no site.

FIGURA 20-4: O site do Microsoft Teams Users Group.

Obtendo uma Certificação

As certificações da Microsoft sempre tiveram muito peso. Elas não são fáceis de obter e são consideradas referências de um alto padrão de qualidade. A Microsoft tem uma certificação destinada para o Teams chamada Microsoft 365 Certified: Teamwork Administrator Associate. Ela trata vários aspectos do trabalho em grupo usando o Teams, o SharePoint e o OneDrive. Obtenha informações sobre essa e outras certificações em www.microsoft.com/learning.

DICA

Anteriormente neste capítulo, mencionei o site docs.microsoft.com. Também podemos encontrar nele informações sobre treinamento e certificação. Use seu mecanismo de busca favorito e pesquise "Treinamento Microsoft Teams". A primeira listagem exibida (depois dos anúncios) deve ser a página dedicada ao treinamento do Teams, como mostra a Figura 20-5.

FIGURA 20-5:
Treinamento do Microsoft Teams no site docs.microsoft.com.

Assinando o Podcast do Microsoft Teams

Adoro acordar de manhã e ouvir um podcast enquanto me preparo para o resto do dia. Para aprender mais sobre o Microsoft Teams, adicione o podcast Teams on Air [conteúdo em inglês] à sua lista de execução. Ele é dedicado a tudo em relação ao Microsoft Teams. É criado e apresentado pelo grupo do produto, que lança um novo episódio a cada duas semanas. O podcast apresenta atualizações do produto, tutoriais explicativos e os últimos lançamentos de recursos. O Teams on Air é um podcast em áudio, mas também inclui um componente visual.

Você pode assinar o podcast Teams on Air em diversos lugares. O site oficial é o https://aka.ms/TeamsOnAirPodcast [conteúdo em inglês], como mostra a Figura 20-6. Eu escuto no Apple Podcast, mas também já o vi disponível no Player FM, YouTube, Libsyn Pro e até no Spotify.

FIGURA 20-6: O site do podcast Teams on Air.

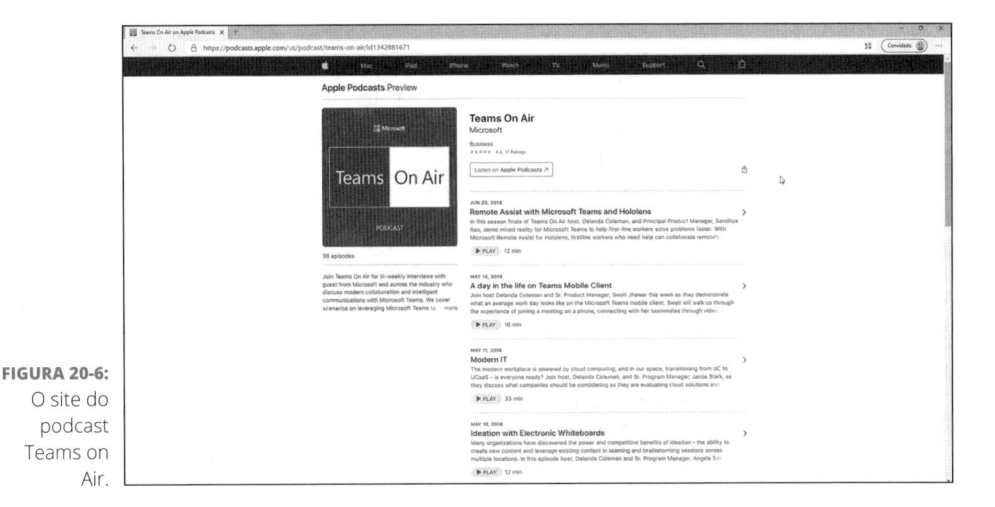

Participando da Conferência Microsoft Ignite

Falei anteriormente sobre encontros locais e grupos de usuários, e as conferências são similares. A diferença é sua escala. Enquanto um encontro local ou um grupo de usuários inclui 25 pessoas, a conferência Microsoft Ignite pode ter até 25 mil pessoas.

DICA

Outras conferências focam o Teams, mas a maior delas é a Ignite, a mãe de todas as conferências da Microsoft, e recomendo que participe dela quando tiver orçamento para isso.

A Ignite ocorre sempre próximo do fim do ano. Ultimamente tem sido realizada em Orlando, na Flórida, mas também já foi realizada em Las Vegas, Nevada. A Ignite aborda todos os produtos da Microsoft, incluindo o Teams. Encontre mais informações sobre ela em seu mecanismo de busca favorito.

A Figura 20-7 mostra a abertura da Ignite apresentada pelo CEO da Microsoft, Satya Nadella, em novembro de 2019. Fiquei feliz em ver o Teams como um grande foco das apresentações de abertura. Houve um número enorme de sessões sobre o Teams na conferência de 2019, e muitas delas podem ser encontradas no YouTube.

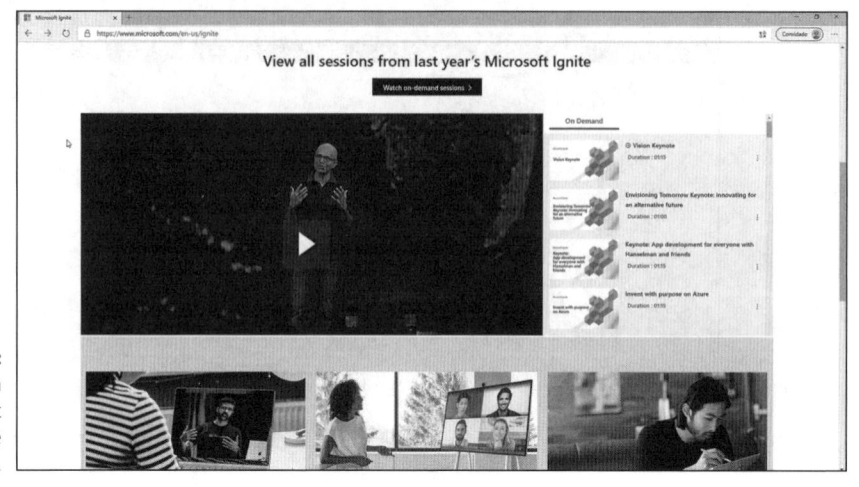

FIGURA 20-7: A abertura da Microsoft Ignite de 2019.

Recebendo Atualizações em Sua Caixa de Entrada

A Microsoft mantém um blog do Teams e você pode assiná-lo para que todos os novos posts sejam enviados para sua caixa de entrada. Para isso, use seu mecanismo de busca favorito e pesquise "Microsoft Teams Blog". Na página do blog [conteúdo em inglês], você encontrará um botão RSS feed, como mostra a Figura 20-8. Utilize esse link para configurar o feed em seu cliente Outlook.

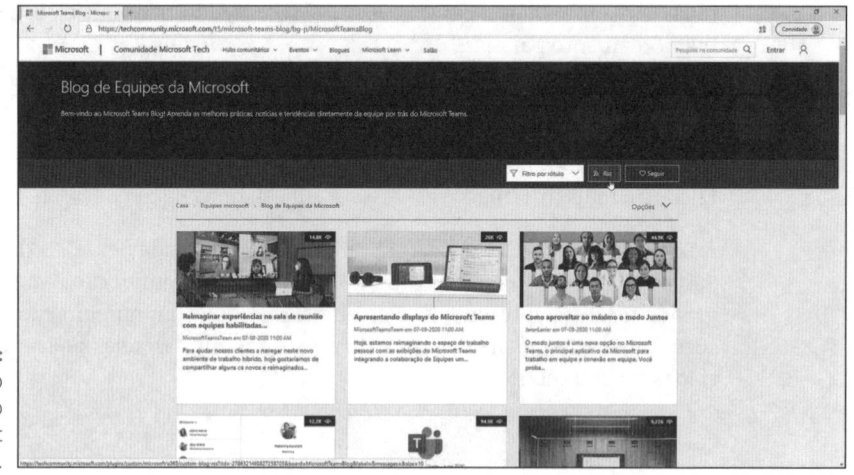

FIGURA 20-8: Assinando o blog do Microsoft Teams.

> **DICA**
> O grupo do Microsoft Teams também mantém uma conta do Twitter onde você pode obter atualizações instantâneas sobre o Teams. O usuário do Teams no Twitter é `@microsoftteams`.

Descobrindo o Roteiro Microsoft Teams

A Microsoft costumava lançar novos recursos e softwares a cada três anos, como um relógio. Isso tudo mudou com novos serviços como o Teams. A empresa adiciona novos recursos ao Teams em ritmo frenético. Parece que toda semana eu acordo e existe um novo recurso no programa. Para acompanhar os recursos futuros, sigo o roteiro que a Microsoft fez para o Teams. Você pode encontrá-lo pesquisando "Roteiro Microsoft Teams" em seu mecanismo de busca favorito. Ele é exibido na Figura 20-9. Veja quais recursos a Microsoft está desenvolvendo e quando seu lançamento está programado.

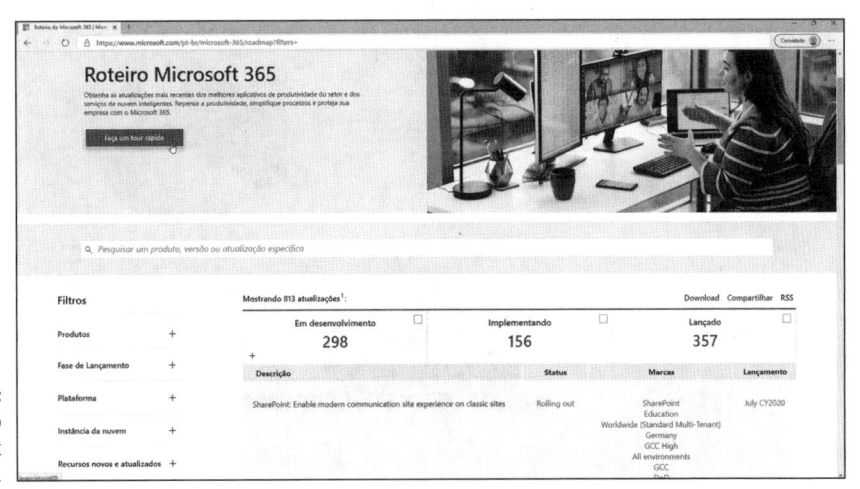

FIGURA 20-9: O roteiro Microsoft Teams.

> **DICA**
> Se houver um recurso que você gostaria que fosse adicionado ao Teams mas ele não está no roteiro, adicione sua voz sugerindo-o no Teams User Voice. O site é `https://microsoftteams.uservoice.com` [conteúdo em inglês]. Nele, a comunidade pode adicionar novas ideias de recursos e votar nas existentes. A Microsoft sempre está de olho no site e implementa os pedidos de recursos mais populares.

Continuando o Aprendizado com Rosemarie (Sua Autora)

E por último — mas não menos importante! —, embarquei em uma jornada de compartilhar meu conhecimento adquirido com outras pessoas. Compilei uma quantidade incrível de dicas e truques que aprendi trabalhando com centenas de clientes ao longo dos anos. Trabalhando com organizações com o Microsoft 365, o Office 365, o SharePoint e o Teams, descobri o que funciona e o que não funciona.

Neste livro, compartilhei algumas de minhas experiências mais amplas. Agora quero trabalhar com você, sua equipe e sua organização nas especificidades. Encontre minha página Learning with Rosemarie em `www.m365.tech` [conteúdo em inglês], como mostra a Figura 20-10.

FIGURA 20-10: Meu site Learning with Rosemarie.

Índice

SÍMBOLOS

@menções, 37

A

acesso de convidados, 91
acesso externo, 103
administrador
    acidental, 210
    Conformidade, 221
    Faturamento, 221
    Licenças, 221
    Segurança, 221
    Usuário, 221
AIM, 49
    AOL Instant Messenger, 45
Alexander Graham Bell, 144
Amazon Web Services, 95
análises, 225–226
Android, 80
    telefone ou tablet, 81
anexar arquivos
    chat, 59–62
aplicativo móvel, 80–90
    Adicionar conta, 86
    Ajuda e Comentários, 86
    Avalie-nos, 86
    configurações adicionais, 85
    dados e armazenamento, 84
    instalar, 80
    mensagens, 86
    notificações, 84
    perfil, 86
    Relatar um problema, 86
    Sair, 86
    Shifts, 86
    sobre, 86
aplicativos, 63–78
    disponíveis para a organização, 197
    instalar, 66
Apple App Store, 80
App Studio, 78
área específica, 30
armazenamento em nuvem, 75
arquivamento de equipe, 216

Arquivos
    biblioteca, 64
    guia, 64
Asana, 74
assinatura educacional, 230
    A1, 230
    A3, 230
    A5, 230
assistência médica, 233
atalhos, 113
atalhos de teclado, 40
atualizações do Teams, 40
audioconferência, 125
aulas online, 271
autoatendimento, 171–172
avisos jurídicos, 40
Azure Active Directory, 92
Azure DevOps, 262

B

Bell Telephone Company, 144
Biblioteca de Documentos, 72
blog
    assinar, 276
bot, 78
    IRC, 78
Box, 27
busca, 112

C

caixa de diálogo
    Mais opções, 51
caixa postal, 166–168
calendário, 118–119
Câmeras, 132
canais, 46–55
    adicionar pessoas, 48
    conectores, 54
    criar mais canais, 48
    editar, 54
    e-mail, 53
    excluir, 54
    FAQ, 48
    gerenciar, 53

  link, 54
  nome, 46
  notificações, 52
  ocultos, 108
Centro de Administração do Office 365, 145
Centro de Administração do Teams, 175–186
  administrador, 187
  análises e relatórios, 181
  aplicativos do Teams, 180
  atalho, 177
  configurações Toda a organização, 182
  dispositivos, 179
  encontrar, 176
  equipes, 179
  localização, 179
  pacotes de políticas, 181
  planejamento, 182
  políticas de mensagens, 180
  reuniões, 179
  usuários, 179
  voz, 181
certificações, 273
chamadas
  caixa postal, 142
  contatos, 142
  customizar, 161–162
  discagem rápida, 142
  histórico, 142
  painel, 141
  particulares, 95
chat, 55–62
  fixar, 58
  privado, 56
  título, 57
  várias pessoas, 57–62
    histórico, 57
cliente para Microsoft Edge, 220
cliente Teams
  instalar, 21
cloud voice, 224
coexistência de usuários, 185
compartilhamento de tela, 95
comunicação digital instantânea, 49
conector, 68–69
conexão de internet, 206–207
configurações, 37–39
  categorias, 40–41
  chamadas, 42
  dispositivos, 42
  geral, 41
  notificações, 42
  permissões, 42
  privacidade, 41
consultoria e serviços, 233
convidado, 34
convite, 35–37
Creative Cloud, 259
criação de equipe
  Privado, 32
  Público, 32
  Toda a organização, 32
Customer Edge para Microsoft Edge, 220

D

delegar acesso, 163–166
design thinking, 24
dispositivos
  áudio
    configurar, 158–172
  físicos, 130
  gerenciamento, 201–202
DNS, 221
documentação do Microsoft Teams, 103
Dropbox, 27

E

EagleEye Director 2, 133
ecossistema Office 365, 37
Edx.org, 271
Elon Musk, 145
e-mail, 49
  convite, 98
  indesejado, 194
emojis, 59–62
  atalhos de texto, 60
  lista completa, 60
  palavra-chave, 60
empresas externas
  aplicativos, 73–78
engenheiros de rede, 219–221
equipe
  configurações, 101
  exibir, 107
  gerenciar as configurações, 188

link de convite, 99
oculta, 107–108
padrão, 30
especialista, 227
estrutura de atualização
Teams, 227
eventos ao vivo, 192
Excel, 70
Exchange, 221
excluir uma equipe, 219

F

feed Atividade, 106–107
filtro, 106
figurinhas, 59–62
fila de espera, 169
filtragem, 109
equipes e canais, 109
ícone do funil, 109
firewall, 220
FlipGrid, 231–232
Flow, 73
Forms, 71
Freehand, 259
freelancers, 91
Freshdesk, 74
função administrativa, 221
funcionalidade de busca, 35

G

GCC
Government Cloud Computing, 232
Geral
canal, 47
gerenciamento de equipe, 214–219
Aplicativos, 38
Canais, 37
Configurações, 37
Membros, 37
opções rápidas, 215
GIFs, 59–62
gigabit, 207
GitHub, 262
Google Drive, 70
Google Hangouts, 17
Google Play Store, 80
GoToMeeting, 192

governo, 232
grandes empresas, 213–228
grupos
pesquisar, 272

H

habilitar Acesso de Convidado, 93
Hangouts, 140
hashtag, 114
híbridos, 225

I

ícones, 24–28
Arquivos, 26
Atividade, 24
Chamadas, 26
Chat, 25
Equipes, 25
Reuniões, 25
integração, 63
inteligência artificial, 263
internet rápida
reunião, 133
iOS, 80
IP, 221
iPad, 80
iPhone, 80
IRC, 49
Internet Relay Chat, 45

J

Jamboard, 136
JEDI
Joint Enterprise Defense Infrastructure, 232
Jira, 54

K

Kronos, 76
gestão de trabalho, 76

L

latência, 220
licença, 145
plano de chamadas, 152
ligação
configurar, 143
telefônica, 141

Linux, 83
loja de aplicativos, 66
Lync, 125
Lynda.com, 271

M

mãos livres, 131
   headsets, 131
   viva-voz, 131
      microfones omnidirecionais, 131
marketing, 266
Marvel App, 259
membro de equipe, 34
mensagem de status, 39
mensagens, 40
   chat, 96
   editar, 96
   excluir, 96
   figurinhas, 97
   Giphys, 96
   ilimitadas, 10
   instantâneas, 45–47
   interações, 87
   leitura imersiva, 97
   memes, 96
   reagir, 62
menu hambúrguer, 83
Microsoft 365
   assinatura, 10
   Business Basic, 13
   Business Premium, 13
   Business Standard, 13
   Business Voice, 146
   E5
      plano, 168
Microsoft Bot Framework, 78
Microsoft Forms, 230
Microsoft Ignite, conferência, 275
Microsoft Office, 70
Microsoft Outlook, 25
Microsoft Stream, 243
Microsoft Whiteboard, 250
modo peer-to-peer, 206
monitorar a integridade do serviço, 221
mudar a ordem, 110

MVP
   Most Valuable Professional, 227

N

Não incomodar
   status, 163
nome de domínio, 14
notificações
   configurações, 112
   silenciar, 111
nova equipe, 30
novo canal
   criação, 49
novos usuários
   adicionar
      Teams e Office 365, 183
número da versão, 40
número de telefone, 144
   assinante, 168
   atribuir, 152
      cancelar, 154
   audioconferência, 168
   autoatendimento, 169
   fila de chamadas, 168
   mudar o número atribuído, 154

O

Office 365
   assinatura, 13–18
OneDrive, 26
OneNote, 70
organização
   2 a 25 pessoas, 210
   25 a 250 pessoas, 211
   individual, 208
   sociedade, 208

P

pacote de assinatura de serviços, 10
pacotes, 140
PBX, 224
PDF, 71
pequenas e médias organizações, 205–212
perda de pacote, 220

perfil
    configurações, 39
permissão, 163
    configurar, 77
pesquisa
    serviço, 265
Planner, 73
podcast, 274
política de retenção, 222
política de reuniões, 191
políticas de mensagem, 200
ponte de audioconferência, 190–191
portabilidade, 153
Portal Legacy, 182
PowerApps, 262
Power BI
    ferramenta, 266
PowerPoint, 70
Private Branch eXchange (PBX), 147
proprietário de equipe, 34

R
relatórios, 225–226
representante, 163–164
REST
    Representational State Transfer, 234
reunião, 118–128
    agendar, 122
    chat, 126
    configurações, 190–202
    entrar, 124
    gravar, 243
    instantânea, 120
    personalizada instantânea, 118
    privada, 118
    regular ou recorrente, 118
Reunir agora
    criar, 119
    funcionalidade, 96
RPTC
    Rede Pública de Telefonia Comutada, 140

S
sair, 40
Salesforce, 76
    CRM, 76
serviços telefônicos, 145
ShareFile, 27
SharePoint, 71–73
    bibliotecas, 71
    listas, 71
    sites, 71
    somente leitura, 216
Shifts
    aplicativo, 235
silenciar, 111
sistemas de sala, 135
Skype, 26
Skype Meeting Broadcast, 123
Slack, 17
Sociabble, 264
solução gerenciada internamente, 227
spam, 194
StaffHub, 86
Starlink, 145
status, 39
storytelling digital, 230
streaming de vídeo, 267
Surface Hub, 136

T
tela
    controlar, 253
telefone, 49
    de conferência, 135
    de mesa, 133–134
    do Teams, 155
tema escuro
    aplicativo, 84
tenant, 101
terminologia, 17–18
    canal, 17
    convidado, 18
    equipe, 17
    Teams, 17
    thread, 17
    usuário externo, 18

threads, 46
tíquete de suporte, 95
trabalhadores de linha de frente, 235–237
Trello, 66
Twitter, 54
    hashtags, 75

U

Udemy.com, 271
usuário
    configurações, 185–186
        configurações de perfil, 39
    convite, 12
    localizações físicas, 195
usuário convidado, 92–104
    adicionar, 97
    artigo, 101
    configurações, 95
usuário externo, 91
    configurações, 104
    interação, 103–104
usuários B2B, 92

V

varejo, 234
    canais, 234
versão gratuita, 11
versão web, 11
    logar, 20
videochamada, 125–128
videoconferência, 126
vídeo IP, 95
viva-voz, 158
VoIP, 140

W

WebEx, 192
webinar, 192
Wiki
    guia, 65
Word, 70

Y

Yammer, 114

Z

Zendesk, 74
zoom
    configurações, 40